JN051947

福祉ライブラリ

改訂 現代の社会福祉

2021年度社会福祉士・精神保健福祉士養成
新カリキュラム対応

都築光一　編著

阿部裕二・工藤健一・熊坂　聡・佐藤英仁・菅原好秀
高橋　聡・照井孫久・二渡　努・吉田守実
共著

建帛社
KENPAKUSHA

は し が き

　今わが国では，社会福祉に対する期待が高まっている。少子高齢化と並行して人口減少が進行する中で，社会福祉の制度利用者や，サービスメニューおよび提供量の整備が図られ，国民生活を支える仕組みが地方を基盤に展開されてきており，今後ますます重要性が高まると思われている。

　こうした中で国民はもとより，国民生活を支える多様な関係者において，社会福祉に対する理解が，一層求められるようになってきた。それは，とりもなおさず社会福祉が，国民の生活を基本的に支える社会の仕組みとして定着してきている証左でもある。こうしたことを背景に，社会福祉の人材もかつてとは比べることができないほど各方面から求められるようになってきており，社会福祉人材の養成は喫緊の課題となっている。

　しかし一方で東日本大震災にみられたように，非常時にあって社会福祉の取り組みが，あらゆる人々に対して十分になされたとは必ずしも言い難い側面も見受けられた。こうした経験を貴重な教訓と捉え，社会福祉のより一層の充実を図るべく改善に取り組むことは，社会福祉関係者にとってこれからの大きな課題となっている。

　こうした点から，今社会福祉を学ぶことは，社会の課題に向き合うことを学ぶことでもある。その意味では，社会福祉を学ぶことを通じて，社会福祉に関する実践について理解を深め，社会福祉を志し，従事する者としてあるべき姿を常に自らに問いかけるひたむきな姿勢が求められてもいるといえる。

　近年は社会福祉にかかわる従事者の専門職化も図られ，併せて様々な福祉サービスの開発と，事業主体における福祉専門職の役割への期待が大きくなってきている。また，社会福祉以外の関係者や専門職の人たちに，社会福祉や社会福祉専門職に対する理解を深めていただくことも必要となってきており，第一線で業務にあたっている社会福祉専門職にもそれを説明することが求められてきているといえる。

　本書ではそうした要請に応えるべく，社会福祉士，介護福祉士，保育士など社会福祉にかかわる専門職が，社会において十分に期待に応えることができるような基本的視点を養うことを目指した。それとともに，社会福祉にかかわる専門職が，様々な専門職とともに実践場面で重要な役割を担っていくための基本的な力を身につけることを狙いとして編集した。

　社会福祉を学ぶ多くの学生や，社会福祉に関する基礎的な学習を目指す人々に，本書が広く活用されることを願ってやまない。

　2015年3月

編著者

改訂にあたって

　本書は，2015（平成27）年に初版，2017（平成29）年に第2版を発行してきた。そのような中，毎年のように社会福祉関係の法改正が相次ぎ，加えて2021（令和3）年度より，新しい社会福祉士養成のカリキュラムが順次導入されることとなった。これら一連の動きは，社会福祉分野に限らない福祉的視点の重視と，福祉行政の重点化ともいえ，本書もそれらに対応すべく，改訂版を発行することとした。

　今日，少子高齢化が進行する一方，人口減少が進行し福祉対象者が増加している。これに伴い，制度の拡充だけではなく，地域社会や民間事業者の役割を重視する，社会福祉分野の新たな方向性を示唆する動きは見逃すことができない。

　このような状況を受け，本書の改訂では，改めて社会福祉の基本的な考え方を捉え直したうえで，激変する社会の中における社会福祉の視点や機能をしっかりと押さえ，今後の方向性を確認できるよう，内容を見直した。

　多くの方々に活用いただければ幸いとするところである。

　2021年1月

編著者

目　　次

第4章　社会問題と福祉政策

第5章　援助技術と専門職（専門技術と国家資格）

第6章　福祉政策の展開

序章　社会福祉学を学ぶ

第1節　社会福祉学を学ぶ意義

1　社会福祉の社会的背景の理解

　私たちは，日常生活を送る上で，多くの人々と共に生活している。その中には，毎日健康で生活している人もいれば，病気がちな人も生活している。子どもや高齢者もおり，かつ障害を抱えている人々も，共に生活している。私たちは長い歴史的な経験に基づいて，あらゆる人々とともに安心・安全に生活できる社会という仕組みをつくり上げ，一人ひとりのいのちと暮らしを支えてきた。社会福祉の取り組みも，このうちの一つなのである。

　社会福祉学は，社会（世界）の歩みの中で発生する矛盾を解決していこうとする取り組みの中から，具体的な実践を展開していくために必要とされて生まれた学問である。むろん，よりよい社会を築いていこうとする様々な学問分野による取り組みは，これまでの歴史の中で多方面から試みられてきた。しかしそうした様々な取り組みがなされる一方で，絶えず社会の中で弱い立場に置かれる人々が出現してもきた。しかもその要因となっているのは，それぞれの時代背景を反映した形で出現しているのである。

　こうした点から社会福祉については，社会的背景をしっかりと押さえ，その中で弱い立場に置かれる人が出現してしまう構造を理解した上で，人権を保障すべき取り組みについて学び，考えていく力をもつ必要がある。

2　社会福祉の思想の理解

　また社会福祉の取り組みにおいては，それぞれの社会的矛盾の解消に向けた取り組みを展開する中で，一定の社会的な思想・価値を提唱し，その社会的な

思想・価値の普及推進にも取り組むところがあった。この中には，「人間はどのような人であっても，単に手段として利用されることはできず，常に同時に目的として用いられなければならない」という考えや「人間性は，人間の目的」さらには「自分の過去の行為そのものとその動機を反省し，あることを是とし，あることを非とすること」という現代社会を形成するために不可欠となっている考え方も基底とされているところである。

　こうした点から，社会福祉を学ぶ上においては，社会的矛盾の解消に向けた取り組みそのものと同時に，実践のための基本的な思想や価値を踏まえたものであることを理解する必要がある。これと併せて，社会的思想・価値と実践の表裏一体となった関係性の中で，実践のあり方と社会福祉学について理解を深めていくことの重要性を知る必要がある。

第2節　社会福祉学の理解を深める

　社会福祉の取り組みには，いくつかの特徴がある。社会福祉を学ぶためには，この特徴となっている点に注目しつつ，学びを深めていく必要がある。

　特徴の一つは，あらゆる人々を対象とする取り組みと，社会的に弱い立場にある人々に対する取り組みの二種があるという点である。

　個人や任意団体ではなく，社会の意思としての取り組みとして，国内のあらゆる人々に対して，安心・安全な暮らしを送ることができるようにするための取り組みは，常に例外なく支援が行きわたるように展開されるものでなければならない。そのために，対象となる条件を明確にし，条件を満たした人は例外なく，支援が行きわたる必要がある。こうした枠組みや仕組みをつくるための考え方を学ぶことが，社会福祉を学ぶ上では重要な点であり，基本的な点として理解しなければならない点である。そのために，制度や政策などの仕組みや，福祉行政の仕組みや役割などを学ぶ必要がある。

　一方，社会的に弱い立場にある人々に対する取り組みは，個人の尊厳に対応し，個別具体的に対応していく必要がある。一人ひとりは，すべて社会の中でかけがえのない存在であるからこそ，社会の中で不利な条件を克服し，自己実

現できるように支援されなければならないのである。そのために専門的な判断
と個別的なニーズ等に対応した支援やサービスのあり方が求められる。こうし
た専門的な判断や対応のあり方と併せて，社会の中で様々なつながりを形成し
ながら支援やサービスの提供の手法などについて，援助技術や関連領域との連
携のあり方など，しっかりと理解を深めていく必要がある。

　社会福祉は，よりよい社会を求めるための具体的な取り組みの一つであるた
め，様々な分野の取り組みと共に，具体的な展開を図ることにより，一層の効
果を発揮することが期待できる。実際に地域において実践する際には，連携の
仕組みの形成を考えていくことになる。

　こうした様々な点を踏まえ，社会福祉を学ぶ必要があるのである。

■参考文献

・森口美都男・佐藤全弘訳：世界の名著39　カント　人倫の形而上学，中央公論社，1979，
　p.629
・カント著／熊野純彦訳：実践理性批判─倫理の形而上学の基礎づけ，作品社，2013，
　p.159
・池田次郎・伊谷純一郎訳：世界の名著39　ダーウィン　人類の起源，中央公論社，1967，
　p.549

第1章 社会福祉とは何か

　社会福祉について理解するには，社会福祉の基本的な事項を学び，しっかりと理解を深める必要がある。そのためにも社会福祉の基本となる理念や原理，体系について概観することが必要である。以下，その概要を説明する。

第1節　社会福祉の思想

　社会福祉は，人と人とが協力し，すべての人が例外なく社会の中でともに生きていくことを基本としている。人は一人では生きていけない。そのために人類は社会という，人と人とが協力し合って共に生きていくシステムを創り出した。このため本来は，社会の中で生きていくことが困難な人がいるということは，あってはならないはずである。それは社会が未熟であったり，あるいは脆さがあったりという，内部に矛盾を孕んでいる証でもある。社会福祉は，人々と社会との意志とこうした社会の矛盾や脆さを解消させ，さらに向上させるための，重要な取り組みの一つなのである。

　社会は，様々な人々によって構成されて，はじめて民主主義としての内実を確保できるのである。この場合の「様々な人々」の中には，高齢者や子どもはもちろん，障害を有している人や貧しい生活を余儀なくされている人々なども含んでいる。こうした人々も，安心した社会生活を営むことができるような社会の構築を目指し，様々な制度の構築や，あるいは制度に至らないまでも，地域社会における何気ない取り組みなどによって，一人として例外なく幸せな生活を営むことができるように実践し，社会の仕組みを構築していくための具体的な取り組みが望まれている。

第 2 節　現代社会福祉の理念

　社会福祉の考え方の基本には，人間の尊厳に立脚した思想がある。国際的にも世界人権宣言（1948年）において，「世界における自由，正義および平和の基礎をなしている」と述べているように，社会福祉は，人類の自由・平和・正義の基礎をなすものとして理解される必要がある。

　日本国憲法においては，「個人の尊厳」を規定している。「人間の尊厳」という表現ではなく「個人の尊厳」として規定された。そして2000（平成12）年に改正された社会福祉法第 3 条には，日本国憲法の規定を受けて「個人の尊厳」という表現が盛り込まれた。尊厳の考え方は，少なからず議論としてあるが，本書においてはその議論を本題とはしないので「その人をその人たらしめるもの」としておくものとする。このことは福祉サービスを提供する際に「その人をその人たらしめるもの」である尊厳を旨とするものとされ，福祉サービスの提供の基本的理念とされている。福祉サービスは，利用者一人ひとりに十分対応したサービスであることが求められ，その基本は個人の尊厳である。そして個人の尊厳は，単に福祉サービス利用者にとどまらず，広く国民一般を対象とする，社会福祉に関する基本的な原理なのである。

　ここで注意すべきは，「個人」についての捉え方である。「個人の尊厳」「個人の尊重」など「個人」は，実は明確な意味を内包した言葉なのである。

1 　個人の尊厳

　社会福祉法第 3 条には，福祉サービス提供のための基本理念として，個人の尊厳の保持を明記している。相談援助の業務も，一連の福祉サービスに含まれることは，言うまでもない。別な言い方をすると，支援を目的として計画されたものや，サービスが提供される場合などにおいて，個人の尊厳の保持を旨とした内容でなければ，適切ではないとさえいえる。社会福祉の広い意味での実践において，基本理念とされる「個人の尊厳」とは何か，考えてみる。

　上述のように，福祉サービス提供の理念を規定した社会福祉法第 3 条には，

「個人の尊厳」が明記されている。一般的には，「個人」については尊重される
べき対象と捉えることが多く，「個人の尊重」という用語が一般に定着している。
これに対して「尊厳」という言葉は，国際的な法規定上も「人間の尊厳」とい
う規定を用いることが通例である。しかし，日本国憲法第24条においては，家
族に関する事項に関して，個人の尊厳に立脚して法律を定めることとされ，社
会福祉法も，これを受けたと思われる。ではここにいう「個人の尊厳」とは何
であろうか。

　「個人の尊厳」は「dignity of each individual」の和訳であるが，ここにいう
「each individual」が日本語では「個人」となっている点に着目すべきであろ
う。「individual」の語源はラテン語で「個」を意味するが，その際の「個」とは，
あるものを構成する要素としての「個」を意味し，「個」そのものだけを意味し
てはいない。一つ一つは小さいパズルのピースが，一つ欠けてもパズルが完成
しないように，社会の構成員一人が欠けても社会を構成できない，という理念
をもった意味での「個人」という考え方がある。

　日本国憲法が国会で審議された当時，「個人の尊厳」に関する質疑がなされた
とき，当時の金森国務大臣は「国家を構成している単位としての人間」と答弁
している。つまり個人とは，ただ生物として存在していることを定めているの
ではなく，国家を構成している主権者としての人間の意味している言葉なので
ある。さらに「尊厳」の解釈においては「人間を客体として扱ってはならない」
ことを基本とする。ここに国民主権の原理があり，個人の意志表示に基づく自
己決定を基としているのである。ここにいう尊厳は，人間を人間たらしめるも
のである，ともいわれている。人間が社会の中で価値ある存在とする基本が人
間の尊厳なのであり，その人間が集まって，はじめて社会が構成されるという
ことである。そこでは法の下に平等であって，いかなる理由においても差別さ
れてはならないという考え方がある。

2 サービス提供の理念

　社会福祉法第3条では，個人の尊厳が常に保持されることを基本に，福祉サー
ビスが提供されなければならないことを規定している。言い方を変えると，福

祉サービスは，人間を人間たらしめている尊厳を維持することができるように，良質かつ適切に提供することを使命としている。また，「尊厳」の解釈においては「人間を客体として扱ってはならない」ことを基本とするため，福祉サービスの提供は，利用者主体でなければならないということになる。

3　ソーシャルインクルージョン

　社会福祉法第 1 条において地域福祉とは「地域における社会福祉」と定めている。したがって法の上では，社会福祉の具体的な実践上の基本形態と考えられる。社会福祉法第 4 条は2020（令和 2 ）年に改正され（令和 2 年 6 月法律第52号改正，令和 3 年 4 月 1 日施行），その第 2 項には，地域福祉の推進として「福祉サービスを必要とする地域住民が地域社会を構成する一員として日常生活」を営むことを規定している。この条文は，福祉サービスを必要とする地域住民が，福祉サービスを必要とする状況にあることを理由に，地域社会で不利な状況に置かれることのないように，地域福祉の推進を図るべきであることを定めている。福祉サービスを利用することによって，孤立したり他者から白い目で見られたりするようなことがあってはならないし，地域社会を構成する住民がそのような状況に置かれるようであってはならないと謳っている。これは同条第 1 項にいう「共生社会」に通じるものである。

　この条文にいう「福祉サービスを必要とする地域住民」は，社会福祉法第 3 条で定める「個人」である。一方の福祉サービスを必要としない地域住民も，当然のことながら「個人」である。その上でさらに社会福祉法第 4 条第 2 項では，その地域福祉の推進の主体として，地域住民，社会福祉を目的とする事業を経営する者，社会福祉に関する活動を行う者の三者をあげて「地域住民等」と規定している。この規定によって地域福祉の推進は，住民主体で活動を展開することが期待されていることが理解できる。この場合の住民主体の中には，当然のことながら「福祉サービスを必要とする地域住民」も含まれる。福祉サービスを利用していることを理由に，あるいは福祉サービスが必要な状況にあることを理由に，地域社会の集まりや行事への参加の道が閉ざされるようなことがあってはならない。社会福祉法第 4 条第 2 項には，「社会，経済，文化その他

あらゆる分野の活動に参加する機会が確保されるように，地域福祉の推進に努めなければならない」と定められており，ここにソーシャルインクルージョンの理念が息づいている。

　以上説明したように，「福祉サービスを必要とする地域住民」は，地域社会のあらゆる人々と同様に，地域社会の一員として日常生活を送ることができるよう，主体的かつ適切に福祉サービスを利用し，間違っても地域社会の中で孤立するようなことがあってはならないのである。

4　ノーマライゼーション

　20世紀に入ってから，個人の尊重の考え方が徹底されてくるにしたがって，社会福祉の対象者の中でも，障害者に対する差別や偏見の意識に関する言及がなされるようになった。その中でも今日，社会福祉の理念に通じるものとして，文献その他で取り上げられることの多いものとしては，糸賀一雄の「この子らを世の光に」と，バンク-ミケルセンのノーマライゼーションであろう。この二人に共通する考え方の根底にあるのは，「なぜ，障害を有することが，社会の問題とならなければならないのか」という問題意識である。

　バンク-ミケルセンは，ノーマライゼーションとはヒューマニゼーションであり，イクォーライゼーションであるとも述べている。これは，障害を有する人であっても，他の多くの人々と同様な生活を送る権利を有しており，そのために生活条件を整えることが必要とされ，「ノーマライゼーションは実践である」ともいっている。ノーマライゼーションが「実践理念」といわれる所以である。

　こうした点から，社会福祉の取り組みは，規範的な社会の構築を目指すところの具体的な取り組みを指すものといえる。すなわち様々な理由でこの社会において生活することが困難になった人々が，社会生活を送る多くの人々とともに安心して社会生活を送ることができるようにするために，その規範的な社会と現実の社会との間に存在する矛盾や乖離等の問題を，市民と政府関係機関が協働して解消するための，あらゆる取り組みが社会福祉なのである。

　なお，これとは別に社会福祉を，資本主義社会の矛盾でもあり必然でもある貧困の再生産から生じる諸問題への諸政策の体系と捉える考え方もある。

第3節 目的概念と実体概念

　社会福祉の考え方として，その概念を目的概念としての社会福祉と，実体概念としての社会福祉に区分して理解する見方がある。これは一番ヶ瀬康子が提唱した。それによれば，目的概念としての社会福祉は「社会の福祉」が問われることになり，社会福祉の目標や理念など，これらの背景となる社会福祉の価値などが基本的な内容となる。これに対して実体としての社会福祉は，社会福祉に関する制度や活動，運動などが問われることとなる。したがって社会福祉の目的や理念などが，社会福祉の実体となっている個々の取り組みに現れる。ただし，現実には様々な場において社会福祉は，理念として目的を掲げつつも，現実の問題解決という実体概念で説明されることが一般的である。

　この場合，何が福祉の問題なのか，という社会福祉が取り扱う問題の把握方法に特徴がある。その一つは，先に示した諸政策の体系の立場では，資本主義体制の矛盾から発生する貧困対策の予防として，労働政策に着目する立場である。この場合は常に社会政策の補完的領域に社会福祉は位置づけられる。

　第二の立場は，福祉の問題を，一定の社会公準（ナショナル・ミニマム）等の基準からの乖離状況に着目し，これらの社会的ニーズに対する対応として社会福祉を位置づけるものである。この場合，社会公準の設定がなされるという

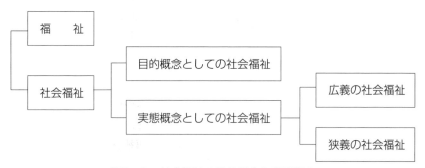

図1-1　社会福祉の目的概念と実体概念

北川清一・遠藤 興一：社会福祉の理解―社会福祉入門，p.18，ミネルヴァ書房，2008

制度的要因によって，対象者が変化する場合もある。

　第三の立場は，人間の社会生活の上で基本的に必要とされる要求（経済的安定，職業的安定，家族的安定，保健・医療の保障，教育の保障，社会参加・社会的協同の機会，文化・娯楽の機会）が，通常は社会関係で充足されるものの，それが困難になった際に必要となるのが社会福祉であるとする立場である。

　上記三つの視点とは異なり，一般社会において「これが福祉における問題である」とする場合がみられる。これはメディア等において福祉について議論されたりするものなどがあげられる。通常こうした議論においては，必ずしも学術的な根拠はない。ただし多くの市民が賛同することによって概念化されることも少なくないため，学術的な意味づけが必要となる場合も想定される。

　以上のように，社会福祉に関する概念は，立場において様々に捉えられている。これらは，政策的な議論もあれば，医療や教育などの関連領域に関する議論もある。そこで，政策的な見地から，社会福祉固有の部分と，関連領域の部分を明確にしようという動きが出てきている。

　近年，社会福祉を単なる社会政策の一部としてだけでなく，社会政策の近接領域との関係において，現実的に捉える考え方が実際的であると理解されるようになってきている。それは，古川による社会福祉のL字型構造（図1−2）といわれるもので，社会政策の一部としての社会福祉を理解した上で，実際には

図1−2　社会福祉のL字型構造
古川孝順のL字型構造を，都築が一部改変した。

近接領域においても，具体的に政策を適用する段階になって，社会福祉のアプローチを必要とする住民が存在することも事実である。

第4節 社会福祉の原理

　社会福祉について基本的な認識を深め，確かなものにするためには，社会福祉の原理に関する理解が不可欠となる。社会福祉の原理を認識する上では，基本的に社会福祉の理念に基づき，なぜ概念が構成されているのか，認識を深めることに通じるものである。社会福祉の原理としては，「個人の尊重の原理」「人間の変化の可能性の原理」「人間の社会性の原理」「社会の意思としての福祉対応の原理」の4点があげられる。

1 個人の尊重の原理

　社会福祉においては，あらゆる人々が例外なく，個人として尊重されなければならない。そのためにも「①個別化」と「②自己決定」が貫かれなければならない。社会福祉において具体的な活動が展開される場合，一人ひとりの生活がすべて異なるのと同様に，社会福祉の対応も一人ひとりの生活の実態に合わせて行われるものであるという原理である。加えて具体的な対応として制度の利用やサービス利用にあたっては，自己決定が基本である。

2 人間の変化の可能性の原理

　社会福祉は，人間の成長や良心などに対するゆるぎない信頼がある。それゆえ様々な活動を展開する際には，救済でも指導でもなく，あくまで支援として対応するものである。支援は，活動する側も支援を受ける側も対等の立場でなければならず，決して上下関係を形成してはならないのである。

3 人間の社会性の原理

　社会福祉において，何らかの支援等対応する際には，制度やサービスの利用者が社会の中の一人ひとりの人間であり，常につながりを持ち，孤立せずに生

きていることができなければならない。制度やサービスを利用することによって，間違っても地域社会等において，孤立するようなことがあってはならないのである。誰もが，社会のメンバーなのである。したがって地域社会のメンバーであるはずの個人が，地域社会においてその存在が忘れられるようなことがあってもならないのである。

4　社会の意思としての福祉対応の原理

　社会福祉は，社会の意思として対応するものである。かつて福祉の取り組みは，取り組めば慈善活動として社会から称賛される対象であった。そして取り組まなくても，咎められるものではなかった。したがって法制化されるわけでもなく，決して制度化されるものではなかった。しかしイギリスの工場法（1833年）に代表されるように，国家の意思として取り組むようになることによって，慈善から社会制度としての社会福祉が成立したのである。

　ここで重要なのは，個人が主目的であるという点である。社会の維持安定や，組織の継続性を目的とするものであってはならないという点は，確認されなければならない。それはあくまで人間が目的でなければならないからである。

　なお，ここにいう「社会」とは，国家のみをいうものではない。地方公共団体もあろうし，地域社会もあるであろう。様々な「社会」を単位として，社会の仕組みとして対応するものである。福祉政策の場合は国をはじめとする行政の区域を単位とする「社会」となり，活動の場合は，活動の主体となる組織や団体が，活動の対象とする「場」を「社会」とすることとなる。一般にはこれらが複合的に展開されるのであって，それぞれの国家がどのように仕組みのあり方を考え，どこまで多様な仕組みを取り入れるかによることとなろう。

第5節　社会福祉と人権

　社会福祉の発展の方向は「慈善から権利へ」と進んでおり，社会福祉実践の根拠として人権意識の一層の共有が望まれるところである。社会福祉の権利による基礎づけや実効性の確保への試みは，国や社会状況により，苦難の連続な

がらも，確実な歩みを進めてきた。ここでは現在の状況を確認する。

1 福祉に関する権利の多相性

　一般的に「すべて人間には○○の権利がある」という言い方をすることが多い。日常的によく使われる「権利」には，いろいろな側面がある。

　有力な理解の一つである「権利の複合性」論によると，社会福祉の権利には①実体的給付請求権，②手続的権利，③救済争訟権という三つの側面がある。

　①は，必要（ニード）を有する者が一定の基準を満たす適切な給付を請求できることを意味する。請求の対象は財やサービスだけではなく，負担の免除や虐待・拘束からの自由，プライバシーなども含まれる。

　②は，サービス利用過程において適切な手続きが保障されることを指す。内容として「十分な情報の提供を受ける権利」「利用申請から必要の判定，利用決定に至る過程での諸権利」「処遇過程での諸権利」などが含まれる。

　③は，①の権利侵害に対して訴訟の提起，行政部内再審査を求める権利である。権利があることと権利が実現することの間にはかなりの距離があるので，手続きや社会の中の様々なプロセスに目を配ることが求められる。

　一方，義務との関係にも注目してみると「自分の権利と他人の義務」に論理的なつながりがある。誰かのある権利が保障されるとは，権利の実現に他の人々が協力することを義務づけることである。したがって権利の存在を主張して終わるのではなく，その執行すなわち協力を義務づけることが権利論には含まれる。なお「自分の権利と自分の義務」に必然的なつながりはない。

2 「社会権」の憲法的根拠

（1）「生存権」と「社会権」

　社会福祉を裏づける権利は「社会権」であり，その根拠は日本国憲法に条文化されている「生存権」である，と一般に理解されている。

　日本国憲法第25条は「すべて国民は，健康で文化的な最低限度の生活を営む権利を有する」（第1項）「国は，すべての生活部門について，社会福祉，社会保障及び公衆衛生の向上及び増進に努めなければならない」（第2項）と，生活

に関する権利そのものに加え，その保障にかかる国の責務を定めている。ここにいう責務とは，ある目的実現のために従事する義務のことを指す。手段に選択の余地がある点で，特定の行為を求める法的義務とは意味が異なる。

　憲法典（明文化された憲法）自体には「社会権」は存在しない。条文上は生存権，教育権，労働権，労働基本権…と続き，「社会権」を目にすることはない。社会権は，個別の法規範全体を統合的に解釈するための観点なのである。学説史的には，宮沢俊義をはじめとする戦後憲法学の主流が，「日本国憲法の社会国家的志向」を前提に社会権の議論を立てたことが通説化したものである。

　より包括的な根拠は日本国憲法第13条（幸福追求権）に求められる。この場合保障される幸福とは何なのか，一般的な行為の自由を指すとする広い「一般的自由説」がある一方で，人間存在の本質に関わる尊厳や自律に関わる項目に限定するという「人格的利益説」が通説となっている。

（2）判例の展開

　日本国憲法が定められてしばらくの間は，生存権が裁判実務で直接根拠に使える実体的規範なのかどうかに関心が集まっていた。権利保障の理念と戦後復興がこれからの課題であり生活に関わる諸制度も未整備な現実との差は大きく，当時この権利は「プログラム規定」つまり将来の政治や立法に対する基本的方向を指示したものであり，請求権としての実効性は認められないと理解する学説が有力であった。

　その後「朝日訴訟」第1審判決（1960（昭和35）年，生活保護基準の違憲性を争う）「堀木訴訟」第1審判決（1972（昭和47）年，児童扶養手当法が障害福祉年金の併給を認めないことを違憲とする）は，生存権が財政や制度の現状に規定されるものではなく，むしろそれを先導すべきであるとする解釈を提示し，学説にも大きな影響を与えた。これらの訴訟も上告審では幅広い立法裁量（具体的に保障水準をどう定めるかについての立法者の裁量の範囲は広く，どの水準が違憲かは一概にはいえない）を規定しており，請求権としての実効性が判例上認められたとはいえず限定的ではあるが，「立法・予算を通じて生存権を実現すべき法的義務」があるとして，政治の側に制度的配慮を求める抽象的権利説は，学説上通説となっている。

（3）比較対照：憲法典の構成による状況の違い

　権利は人類に普遍的であるとはいっても，その国のそれぞれの法体系において基礎づけられなければ実効性をもたず，しかも国によって事情は大きく異なる。そこで憲法典における解釈原理の有無の違いについて，解釈原理が存在するドイツと，存在しない国としてアメリカを比較してみよう。

1）ド　イ　ツ

　ボン基本法（憲法典にあたる）冒頭に「社会国家条項」が存在する。社会国家（Sozial Staat）とは，社会連帯を前提とした国家秩序を表現する言葉である（ドイツでは福祉国家という語は扶助中心，救貧的等の文脈で捉えられることがあり，普遍的な文脈では社会国家の語が用いられる）。この条項は「国家目標規定」とも呼ばれ，内容上直接の関連があると思われる条文以外も含めて，社会連帯による国民の共生，という文脈で法と権利を解釈すべきことを意味する。ヨーロッパ諸国では「社会的」という語を，単に複数の人々というのではなくその連帯的共存という意味で使い（「社会的ヨーロッパ」），その前提があることで政策の根拠も得やすくなっている。

2）アメリカ

　アメリカ合衆国憲法には生存権や社会権に関する具体的規定はなく，社会国家規定のような解釈原則も含まれていない。社会福祉は，あくまで国民が政治の中で必要を認めた際に行われるオプションである。その意味で社会福祉は「権利」ではなく「特権」であるという言い方がなされてきている。

　アメリカ合衆国憲法は1778年に制定されて以来何度も改正されているが，原型を保ったまま修正条項を付加する形である。あくまで建国の理念との連続性を重視し，現代的解釈を最小限にとどめるべきとする（原意主義）政治的保守派の立場と，時代の変化を反映させ，現代的人権の思想を解釈に含めることを主張するリベラル派の立場に分かれ，両者の対立は近年先鋭化してきている。保守派の見方からすれば，社会福祉を含む権利保障のための制度と政策には憲法的根拠がないことになり，具体的な条項に依拠せずにかつ社会福祉の権利を裏づける議論の考案に力が注がれてきた。「福祉権」を構築する議論（ライク，マイケルマンなど）は，日本を含む他国の権利論にも多く参照されている。

③ 社会福祉の権利をどのように基礎づけるか

（1）「自由」を根拠とする社会福祉—福祉国家の基礎づけ論

　戦後憲法学（宮沢俊義，芦部信喜，樋口陽一等）の社会国家原則を想定した権利論の背景には，当時日本を含む資本主義国家への対抗的な政治思想であった社会主義の間接的影響があった。戦後しばらくの資本主義国家では，権利に基づく社会福祉の思想は発展途上であり，国民の生存権と平等を強力に主張する社会主義国家への対抗上，経済発展だけでなく先方が主張する水準の福祉水準をも保障できることを示す必要があった。他の分野でもいわれるように，社会主義という競争相手が，資本主義社会の改革を促したのである。

　1990年台となり，冷戦が終了した世界では状況が変わり，「自由」の理念は社会思想の最も強力な根拠となり，社会福祉もまた自由から導き出される議論へ傾斜した。

（2）自律基底的生存権論

　社会福祉に関わる近年の権利論は，自由や自律という価値から，共生に向かう社会の関わりをも導く方向に向かっている。この権利論の考え方を，社会保障法学を中心に有力となっている「自律基底的生存権論」という。

　自律基底的理論の基盤は，憲法学の佐藤幸治が示す議論である。これは，自律した個人も挫折しうる前提の下，自律性獲得の過程も視野に入れて，自律性の獲得・維持・終結に重要な社会権は人権と考えるべきとするものである。

　自律を日常感覚で捉えると「自分で決める，助けを借りず自力で行う」こととなる。これを援助の場面で考えると，利用者の主体性を優先すべきであると理解できるものの，「主体性」の内容が問題となる。例えば「助けを借りるのは悪いことなのか？　そうしなければならない立場の人は，権利の担い手にはなりえないのか？」という文脈を想定すると，この議論は「強い個人」の仮定に立つ一方的な議論なのではないか，との批判を受けることにもなる。

　社会保障法学の菊池馨実はこの批判に「自律に対する潜在的能力を想定し，選択を適切に補完する法制度整備への規範的要請を強力に導ける」と反論する。

　ここには，社会福祉にとって根本的な価値次元の難問がある。例えば「障害

をもつ人は不幸である，などと一方的に決めつけずに各自の多様なあり方を認める必要がある」と通常は考える。しかしそれ自体はもっともでも，一方では生活上不利を有する人々の状況を改善するための取り組みを皆に要請し，かつ，義務づけなければならない。共通の目標を確定するならば方向づけの原理が必要であり，自律や自由もその原理として機能するように，社会のシステムとして構築することが期待されている。

（3）「人間の尊厳」による権利の基礎づけ

尊厳という言葉は，当の個人に属する道徳的性質を指す。しかし実際その人がどういう人なのかによって権利の程度が変わるわけではない。尊厳に基づく権利はその人の実際の性質にかかわらず，他人に対してその相手方を尊重し，また侵害しないように要求するものである。

先述の「2　「社会権」の憲法的根拠」でも言及されたように，日本国憲法における尊厳は「国家の構成員，主権者」としての立場に結びついている。主権者としての関わりとは，それぞれが自分の自律性を発揮しようとして道徳的主体性を示し，互いがそれを善いものとして認め合うことを意味する。尊厳もそれぞれ孤立した存在ではなく，互いの善き生のあり方を認め合う社会的共生の次元に存在するのである。

4 社会権の社会的基礎と人間の尊厳

社会権は社会あっての権利であり，人間ならば必然的に持っているはずの権利（自然権）とは異なる文脈の上にある。

社会権に関しては，概ね次のような文脈が特徴的であろう。

① 他者（理解に限界がある，自分の思い通りにならない）との共生が前提。
② 権利の中身や程度は所属する社会の常識や良識に依存する。
③ 誰かの権利を実現するにはそのために他の人々が協力する必要がある。

その意味で，社会権の本質はその時々で共有可能なよりよい生のあり方を，社会的協働の組織によって創り続ける，常に現在進行形のプロジェクトともいえる。社会福祉の実践においてこの認識を持つことは，人々の存在のあり方により敏感かつ創造的であるための道であろう。

第6節　社会福祉の基本体系

　理念（目標）の実現に向け，現状からいかに目標達成のために実践していくのか，という一連の展開のあり方を考えるところに，社会福祉学の基本視点がある。そうした社会福祉のあり方を考える上では，理念・原理・実践という構図で捉える必要がある。

　この理念・原理・実践という構図は，社会福祉学の体系を考えていく上で，基本的な展開のあり方である。

　これまで社会福祉学においては，こうした取り組みを通じて形成されてきた歴史がある。これを概括的に図示すると図1-3のようになる。

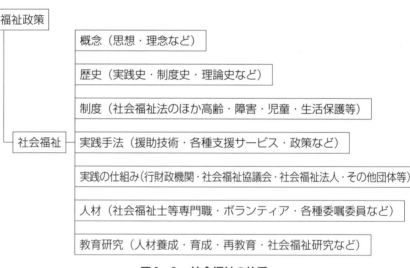

図1-3　社会福祉の体系

　以上は，L字型の社会福祉の領域において捉えたものである。先に示したところの，社会福祉政策のL字型構造と併せて考えてみると，様々な分野とのコラボレーションによって具体的に展開されるものであることを基本に，幅広い視点で福祉政策や福祉支援を捉える必要がある。

■参 考 文 献

・古川孝順：社会福祉の新たな展望　現代社会と福祉，ドメス出版，2012

・古川孝順：社会福祉の拡大と限定，中央法規出版，2009

・古川孝順：社会福祉の理論と運営，筒井書房，2012

・一番ケ瀬康子：社会福祉事業概論，誠信書房，1972

・岡村重夫：社会福祉原論，全国社会福祉協議会，1983

・北川清一・遠藤興一：社会福祉の理解　社会福祉入門，ミネルヴァ書房，2008

・糸賀一雄：福祉の思想，日本放送出版協会，1968

・花村春樹：「ノーマリゼーションの父」Ｎ・Ｅ・バンク-ミケルセン，ミネルヴァ書房，1994

・青柳幸一：個人の尊重と人間の尊厳，尚学社，1996

・ゾフィア・ブトゥリム著／川田誉音訳：ソーシャルワークとは何か，川島書店，1986

・稲沢公一・岩崎晋也：社会福祉をつかむ，有斐閣，2012

・中村剛：社会福祉学原論，みらい，2010

・吉田久一：日本社会福祉理論史，勁草書房，1995

・濱野一郎・遠藤興一編：社会福祉の原理と思想，岩崎学術出版社，1998

・岡村重夫：社会福祉研究方法論，日本社会福祉学会：社会福祉学，創刊号，1960

・岩崎晋也：福祉原理，有斐閣，2018

・杉本栄一：近代経済学の解明（上），岩波書店，1981

・尾形健編著：福祉権保障の現代的展開－生存権論のフロンティアへ，日本評論社，2018

・菊池馨実：社会保障の法理念，有斐閣，2000

・長谷川晃：権利・価値・共同体，弘文堂，1991

・小山剛：「憲法上の権利」の作法（第3版），尚学社，2016

社会福祉の理論

　今日の社会福祉の現状に関して理解を深めていくためには，これまでの社会福祉に関する様々な考え方を学ぶ必要がある。そのためにも社会福祉の理論について概観することが必要である。以下，その概要を説明する。

第1節　戦後社会福祉の展開と理論

　第二次世界大戦後の日本における社会福祉は，アメリカ軍の占領政策と憲法制定の局面を通じて，徐々に理論化が図られていった。

　日本国憲法第25条は，はじめは現在の第2項だけの条文であった。しかし衆議院議員・森戸辰男による発案で，現在の第25条の条文になっている。これはイェリネック（Jellinek.G.）の公権論の影響があったといわれている。当時は，社会福祉関係の法令としては，児童福祉法，生活保護法および民生委員法がすでに制定されていた。ここでGHQ（連合国軍総司令官総司令部）により，1945（昭和20）年12月8日付け「救済並びに福祉計画に関する件」として，①無差別平等の原則，②公的責任の原則，③必要充足の原則の三原則が示され，後に定められた憲法第25条と併せて，社会福祉行政制度確立の基本とされた。その後1950（昭和25）年4月に身体障害者福祉法の施行を予定した状況で，GHQの1949（昭和24）年11月の社会福祉行政に関する6項目提案がなされ，GHQ公衆衛生福祉部福祉課と厚生省（現・厚生労働省）との協議が行われた。

　その結果，方向性が定まったのは，地方自治を阻害しないように，国庫負担にて生活保護の事務所を市・郡単位に設置し，訓練をした上でケースワークの担当者を置き，県に監督権を持たせるようにした上で民生委員の役割を限定するというもので，これを1948（昭和23）年4月には実施できるように関連法令を改正するという内容であった。ここで重要な点は，先の三原則と併せて民生委員が果たしていた行政責任をなくして，社会福祉行財政における公的責任を

明確にしたことである。わが国の社会福祉は，こうした第二次世界大戦後のわが国の社会背景をもとに，理論化がなされていった。

第2節 社会福祉の対象とニーズ

1 社会福祉の対象者の考え方

　社会福祉では，対象者をどのように捉えてきたのかを見ていく。社会福祉の対象は「社会的弱者」と表現されることが多い。これは「社会が弱くしてしまった人」と認識する必要があり，その実態をどうにもできない社会の脆弱性を認識すべきであろう。なお，社会福祉の対象者に関しては，社会政策と社会福祉実践の対象者が，必ずしも一致しない点に注意する必要がある。つまり，支援を要する人と，制度上の対象者が必ずしも一致するわけではないのである。

2 社会政策における社会福祉の対象者

　社会政策における社会福祉の対象者は，基本的に制度政策における対象者である。したがって，一般的な社会政策における対象者の一部と，重なることとなる。これに関しては第1章で見たように，古川が社会福祉のL字型構造を唱えていた（p.10，図1-2）。この古川の説は，社会福祉固有の対象者と，関連する政策分野と重なった領域にも，社会福祉の対象者が存在することを説明したものとして，理解することができる。ここでは古川は「多分野横断的アプローチ」と呼び，社会福祉分野と他の関連分野との連携の仕組みによって，政策課題に対応していく必要性を述べている。

　私たちが社会生活を営む上で必要とされるニーズについて考えた場合，人が必要と感じたからといって即ニーズとなるものではない。これについて三浦文夫は，社会的に見て一定の基準からの乖離している状態にあり，その乖離状態からの回復・改善が必要であると社会が承認することによって充足されると述べている。これを武川正吾がさらに発展させ，本人が必要としている主観的ニーズについて専門家等による社会的承認を行う必要性を説いている。こうし

たニーズの考え方を，政策・制度論的ニーズ論と呼ぶ。一方ここでは，平岡公一による潜在的ニーズと顕在的ニーズの議論がある。潜在的ニーズが存在する理由として，①サービスや資源が存在しない，②本人がサービスや資源の存在を理解していない，③サービスや資源が，本人のニーズに適合していない，④制度やサービス利用についてスティグマがある，の四つをあげている。これの解決が現代の社会福祉において大きな課題となっている。

3　社会福祉実践から見た対象者

　社会福祉実践の対象を考えていく上で，援助論で論じられるブラッドショウ（Bradsho, wJ.）のニーズ論がある。ここではニーズ（ニード）を大きく四つに分類し，規範的ニーズ（normative need），感得されたニーズ（felt need），表出されたニーズ（expressed need），比較ニーズ（comparative need）に類型化して説明している（p.92に詳述）。ここで特徴となるのは，規範的ニーズなどのように社会的に承認されるニーズだけでなく，本人が感じ取った主観的なニーズも概念に組み入れられていることである。ブラッドショウによるニーズ論では，感知されたニーズ，表出されたニーズが，基本的には権利擁護の対象と捉えられている。これは，人々が社会生活を送る上で必要となることによって生ずるニーズであり，社会生活を送る上で様々に支援を必要とする「福祉サービスを必要とする人々」にとって，充足されなければならないものであるといえる。これらのニーズは，いわば本人が必要としているという点で，主観的ニーズである。一方でブラッドショウは，専門職や行政担当者が社会規範に照らして必要と認める規範ニーズと，具体的に制度やサービスを利用している人と比較してニーズがあると判断される比較ニーズをあげ，これらのニーズは，本人以外の立場にある「社会」や「専門職」などが判断するところから，客観的ニーズとされている。

　この点を踏まえ，実際には小林が言うように基本的に自立した社会生活を営むことを前提として，第一に社会生活を営む上で必要と考えられるものの充足に焦点を当てること，第二にそのため社会が何らかの責任を負うこと，第三にニーズは充足されるべきことを意識しなければならない点から，支援論との関

連が問われることがあげられる。

４ 対象者の状況から見たニーズ・アセスメント

　社会福祉におけるニーズは，専門職によるアセスメントとしての手続きを経て明確化され，次に支援に至るのが一般的な流れである。したがってニーズを確認して直ちに支援活動に至るわけではない。そしてそのアセスメントは，支援を必要とする対象者の立場から見るように努め，実施するのが通例である。

　現実には，アセスメントを行った上でニーズとして明確化した上で，制度による対応か，それとも制度によらない対応方法を検討するか，さらには比較的急いで対応すべきか，それとも状況を観察しつつ対応するか，一定期間時間を置くかなどの判断が求められる。加えて具体的な対応を検討する際には，必ずしも社会福祉制度だけで対応できるわけではないため，連携したり関係機関と協働したりなど，支援の仕組みも検討することとになる。

　このようにニーズ・アセスメントは，単にニーズを明らかにするという段階でとどまるのではなく，具体的な支援の方法を視野に入れて実施し，時期や支援の仕組みを判断して実際の支援内容を検討し，支援に至ることを念頭に置いた上で実施することになる。

　また政策・制度論以外のニーズは，制度的手続き前の状況についてもいえる。例えば介護が必要な状態にあることが明らかでありながら，家族などをはじめとして周囲の環境がこれを許さないために，手続きに至らない場合や，子どもと二人暮らしではあるものの，子どもが知的障害者で介護を要する状態にある母親の世話が不可欠である場合などがこれに当たる。このように政策・制度論以外のニーズには，状況がこれを許さないために，行政等政策・制度の手続きに至らない場合が少なくないのである。このような困難な状況を把握する考え方として，パールマン（Perlman, H.）の文献を引用して，ブトゥリム（Butryum, Z.）が次のように指摘している。

　① 　対処の手段が現に欠けている場合（例えば物質的不足，身体的・知的な障害，情緒的な障害など）。

　② 　役割課題あるいは役割関係から必要とされていることと，その人の動機

や能力の間にずれのある場合。役割のネットワークに組み込まれている人達の間で，期待することのずれがあったり，現実と現実に対するその人の受け止め方との間にずれがある場合。例えば当事者が対処の仕方に反対されたり，妨害されたり，混乱してしまったりする場合など。

③　人と人，あるいは自己と課題の交互作用への対応を妨げ屈折させている，情緒，思考，もしくは行動上の障害が，パーソナリティ障害の症状としてある場合。

　社会福祉の対象者が，複雑な要因を抱えて対応策が，ややもすると不明確な要素を抱えている理由の一つは，ニーズとそれに対応する支援やサービスが，社会福祉分野だけで完結できないことがあげられる。相談活動は，たしかに社会福祉分野の相談窓口で対応している。しかしこれに対応したサービスは，必ずしも社会福祉分野のサービスとは限らない。そのため他の分野のサービスを利用する際に，他の分野の制度利用に対応した社会福祉以外の理由を必要とすることによって，社会福祉分野で自己完結できないのが実態となっている。このため，ここに掲げた政策・制度論以外の社会福祉ニーズも，部分的に他の分野のニーズと重複する場合は少なくない。古川のいうL字型構造は，このことを説明しているものとして理解すべきであろう。

　社会福祉における対象は，これまで見てきたように，様々な状況において，多様な対象が存在している。それは私たちが望ましい社会を標榜するものの，現実には多くの困難が立ちはだかり，生活困難に陥ることが少なくないからである。その状況から脱却するための手段として各種の社会福祉の制度があり，あるいは制度にはなくても，多くの人材や資源が存在している。そうした制度や人材や資源を必要とする人々が，社会福祉の対象となる人々なのである。

第3節　社会福祉理論の研究史

　今日の社会福祉の考え方は，わが国のこれまでの様々な取り組みに反映された，多くの社会福祉研究が貢献している。そこで第二次世界大戦後の，わが国

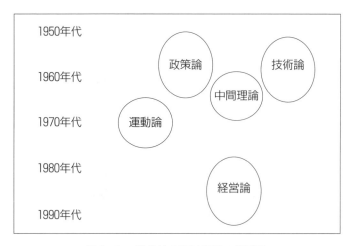

図2-1　戦後社会福祉理論の類型化

田中治和：戦後社会福祉理論の系譜，濱野一郎・遠藤興一編：社会福祉の原理と思想，p.42，岩崎学術出版社，1998

における社会福祉研究の流れを追うこととする。

　わが国の社会福祉に関する理論は，戦後まもなく社会政策的観点からの「政策論」と，ソーシャルワークの理論を軸にした「技術論」を中心に，活発な検討された。その大きな流れを近年までまとめると，図2-1のとおりである。

　ここでは，図2-1にいうところの技術論とされながらも社会福祉学の体系化を図った岡村重夫，政策論として経済学を基礎科学と位置づけて社会福祉の政策論を展開した孝橋正一，その中間理論とされている木田徹郎，社会福祉の運動論・発展論を提唱した真田是ら，そして一番ヶ瀬康子，経営論として今日のわが国の社会福祉をさらに牽引した三浦文夫および古川孝順らの理論を中心に，研究のあゆみを振り返ることにする。

1 岡村重夫の社会福祉理論

　岡村重夫は，社会福祉学と他の学問との違いを重視した。つまり法学や経済学および社会学といった社会科学をはじめとする諸科学の学問領域などとの違いを明確にし，学問としての固有性を重視したのである。

　岡村は，社会における諸制度と生活者との関係の，生活者の主体性に視点を有するところに固有の視座があるとしている。これは，様々な制度や資源を整備できたとしても，生活者が主体的に社会関係を形成できなければならないとしたからである。その上で岡村は，社会の諸制度と生活者の関係に，必要に応じて介入または調整を行い生活者のニーズを充足させることが重要であり，単に社会制度のみでは解決できない生活者の個別性や多様性を重視する社会福祉の視点があるとしている。こうした岡村の理論は，社会福祉援助技術の価値を内包したもので，今日の社会福祉理論の基礎を形成した。

　岡村は，社会福祉の固有の視点を明確に打ち出すことによって，他の学問との違いを明確にしようと試み，グレンジャー（Granger, L.B.）等を参考に，社会生活の基本要求をまとめた。それは，①経済的安定，②職業的安定，③家族的安定，④保健・医療の保障，⑤教育の保障，⑥社会参加ないし社会的協同の機会，⑦文化・娯楽の機会，の7点である。これらの基本要求は，高齢者・障害者・児童などにおいて共通したもので，他によって代替できないものである。また社会生活は，これら7つの生活上の必要を充足させて営まれており，生活上の困難とはこの7つの基本要求のいずれかの充足が困難になっているため，その困難を解消に向けて支援する機能が，社会福祉の機能であるとした。

　岡村はその著書において，はじめて社会福祉の機能を明確に打ち出した。それによれば社会福祉の一般的機能として，①評価的機能，②調整的機能，③送致的機能，④開発的機能，⑤保護的機能の5点をあげている。

　こうした社会福祉の機能を果たしていくために，社会福祉援助の原理として①社会性の原理（生活困難は，社会生活上の困難であること），②全体性の原理（個人のもつ社会関係全体をとおして，各社会関係を規定している専門分業制度全体を視野に入れる），③主体性の原理（生活主体者が権利の主体であり，社会人として責任主体であること），④現実性の原理（生活問題の解決のためには，現実に利用可能な中で対処する）の四つの原理を示し，社会福祉固有の視点からの生活問題の捉え方とした。

　岡村の理論は，まず理念型概念構成を用いて社会福祉事象の論理（概念）化がなされ，方法論的個人主義にみられるようにウェーバー（Weber, M.）の方

法論が採用されている。その上で社会福祉論理（概念）の自己展開過程が，ヘーゲル（Hegel，G.W.F.）の説く「概念の自己発展」と同様の途をたどって展開されている。したがって岡村理論は，ウェーバーの研究方法論とヘーゲルの弁証法に依拠して社会福祉機能論に収斂する論理操作をもつ理論体系なのである。さらに岡村の理論は，学問領域として確立した点にとどまらず，現実に存在する様々な人間生活の諸問題の解決に向けて実践する社会福祉を明確に位置づけた点で，大きな意義がある。

　このほかに，技術論的立場として，竹内愛二，若林龍夫，仲村優一らによる研究があげられる。わが国における社会福祉研究において，重要な役割の一翼を担ってきているのは，とりもなおさず援助技術とされるソーシャルワーク理論の研究である。この研究は，社会福祉実践における具体的な手法として重視され，専門技法として認識されてきており，今日に至っている。

2 孝橋正一の社会福祉理論

　戦後社会福祉に関する政策理論を考える上で大きな役割を果たしたのは，孝橋正一である。孝橋は，社会福祉（孝橋は「社会事業」と定義している）が社会科学である限りその基礎学問を経済学に求めるべきとし，社会政策との関係において社会福祉を位置づけようとした。孝橋は，人と人との関係が物と物との関係として私たちの目に映るとき，その実態はあくまで特殊社会的表現にほかならないとし，したがってここに社会政策や社会事業，社会保障などの対策が，本質的に経済学の課題として理論的・実践的必然性をもつとした。

　孝橋は，「福祉国家」において社会事業が拡充される理由は，「自由社会」の激化に伴って発生する社会的矛盾の緩和・解決が目的であるとし，それは基本的に，国家が本来資本負担を伴う社会政策として展開すべき課題を，資本負担の回避手段として社会事業に転嫁したものであるとした。民間社会福祉事業の取り組みや共同募金などは，本来的な国家責任を転嫁・放棄したものと厳しく指摘している。そしてその理由は，社会問題対策の一種であるにもかかわらず，歴史的にも独自の対象規定が存在してきたからであるとして，社会福祉の対象者を「歴史的社会における国民の特定部分―資本主義的人間関係の基本的な，

そして広く厚い層を形成する社会的障害の担い手としての労働者・国民大衆」と規定した。ここにいう「社会的障害の担い手としての労働者・国民大衆」は，社会政策の対象である「社会的人間＝賃金労働者が労資関係の場面で，労働条件の基本問題の担い手」から必然的に，そして関係的に派生する存在であって，そうであるがゆえに社会事業は社会政策の有する限界性補充性としての性格をもち，利潤経済の法則の作用によって社会政策の実際的限界が押し下げられ，そこに社会事業の代替的な対応の必要性が生じているとし，社会政策の補充・代替政策としての社会事業が位置づけられている。

　これに加えて，資本にとって対象領域の拡大がなされていくとしている。すなわち資本の負担を伴う社会保険の拡充を一定の限度またはそれ以内にとどめて，資本負担を伴わない方法での社会的保護，すなわち公的扶助や社会サービスないしは相互扶助的社会保険による社会的保護を拡充する方法と方向を選択することとなり，これが資本主義の発展過程の中で繰り返され，対象領域が拡大されていくとしている。このため，これを洗練させた方法での埋め合わせの努力として，労務管理やヒューマンリレーションズ，産業カウンセリングなどのほか，社会生活の各場面で，与えられた環境的条件への適応とその体系（アメリカ社会事業と技術論的体系）が奨励・推進されるとした。

　孝橋の功績は，社会政策と社会福祉の関係性を理論的に構築しようとした点にあるだけでなく，社会福祉に関する様々な立場の研究者と議論を展開し，社会福祉学の深化を図った点においても，研究史上評価されるべきであろう。

3 木田徹郎の社会福祉理論

　技術論とされる岡村理論と政策論とされる孝橋理論の中で，中間理論とされたのが，木田徹郎の社会福祉理論である。その著書である木田の『社会福祉概論』（1964）は，その副題が「実践としての社会福祉の理論的体系化」とされている。

　木田は，「社会事業」が「社会福祉」といわれるようになってきたのは，従来消極的・救済的な領域にとどまると考えられがちであった「社会事業」が，より積極的となり幅を大きく広げるとともに，より目的的な性格に変わろうとし

ていると述べている。そのためには現実の社会構造の中に組み込まれなければ
ならず，その上で他分野の諸制度と同様に，社会福祉においても制度確立が必
要となるところから，そこには「科学性」「客観性」「計画性」という条件が必
要とした。そこで木田は，戦後憲法に規定される用語となった社会福祉は，た
だ単に社会の幸福ということではなく，具体的な社会問題を現実の社会生活の
中から発見し，これを社会福祉の方向に変化させ解決することを目的とする事
業であると説明した。その上で，従来は篤志家が担当することが多かった当該
社会問題を，今日では社会福祉専門従事者が担当するように変化してきたと述
べ，アメリカの援助技術論に依拠しながら，わが国の社会福祉が科学性・客観
性・計画性にともない，専門化が進むのは当然であるとしている。

　木田は，社会福祉は，歴史的に展開されてきて，次第に明確になった一つの
社会的目的を目指す現実の社会的機能に対する制度的構造であるとしつつ，一
方で社会事業は，科学的方法を用いて人々を自立できるように援助することで
あり，諸資源を個人・集団および地域社会のニード（ニーズ）に即応せしめる
ようにするアート（技術的実践）である，とするストロープの定義に依拠しな
がら，ソーシャルワークを社会福祉の実践体系の大きな柱として位置づけた。

　この中で①現実社会の諸問題に対処するという意味で，社会的実践であるこ
と，②現実の複雑な社会問題を把握するためにも科学的根拠に基づく専門行動
を必要とし，専門的実践が専門職によって担われるべきこと，③社会福祉の実
践対策は，その構造・制度と機能・行動とに分割され，対象となる個人・家族
等小集団および地域社会という対象区分に対し，権利としてのニードに専門的
行動として対応すること，④社会福祉実践の対象の捉え方とその科学的分析の
方法として，社会的事実ではなく社会問題を対象とし，具体的に諸科学から導
き出される構造の典型化を図式化し，個人や小集団に関しては社会化に向けて，
地域社会にあっては制度化に向けて問題解決を図るべきであるとしている。

4 真田是・高島進の社会福祉理論

　1960年代までの社会福祉理論研究の特徴と違って，社会権保障としての社会
福祉の理論が，真田・高島らによって提起された。真田らによれば，社会福祉

は孝橋のいう社会政策とは違うものの，資本主義社会における国家政策として展開されるものであって，しかもそれは救貧対策としてではなく，権利保障として実施される必要がある点を強調した。ここで真田は，社会問題から社会運動へという関係の必然性を述べ，この中で民主主義の水準を重要な要素としている。その上でわが国では，戦後民主主義の普及が図られたにもかかわらず，独占資本主義が深刻な社会問題を発生させる一方で階級関係の変化に伴い，社会運動を高揚させるに至ったとしている。こうした認識に基づいて，政策体系論と階級的政策の二つの視点から，政策論との関係性の中で社会福祉を捉える必要があることを述べている。このことを基軸にして「住民パワー」を結集して，第一に生活と権利を守る様々な運動の展開が必要であり，とりわけその中心的な役割は労働運動であること，第二に戦後20年以上経過して，労働運動以外の様々な運動が広がりをみせてきていることから，社会運動は様々な階級，階層によって展開されていく必要があること，第三にこれらの新たな社会運動は，社会問題の複雑化に対応して多様なものとすべきこと，第四に，こうした社会運動は，地域化および組織化されて展開される必要があることについて，様々な社会運動の実情から説明している。加えて政策形成に向けた社会福祉運動の重要性を確認しつつ，社会福祉労働をこの中に位置づけている。すなわち，社会福祉の分野は，成熟が遅れた分野の一つではあるものの，そこでの社会福祉実践は，政策主体の機能を代替させられつつ，勤労人民の苦難と要求の相互作用にさらされる社会福祉現場の構造に着目して，人民の参加の方法を探ろうとする実践として社会福祉労働を位置づけている。

　これと併せて高島は，社会福祉の発展段階を唱えた。社会福祉の第一段階は救貧法と慈善事業の段階であり，これはイギリスの政策にその典型をみることができる。わが国では明治期以降がこれにあたる。第二段階は社会事業の段階であり，戦後のわが国の状況がこれにあたる。第三段階が社会福祉の時代であり，これが今後必要とされる権利保障としての社会福祉の段階とした。これらの社会福祉の理論は，社会の変遷とともに，社会福祉の制度を動的に捉えなければならない点や，権利としての社会福祉を明確にした点で意義がある。

5 一番ヶ瀬康子の社会福祉理論

　社会福祉を労働者の生活問題という形で捉え，社会福祉の個別性を重視したのが一番ヶ瀬康子である。

　一番ヶ瀬は，資本主義社会における人々の生活問題がもっとも集約された現象は，窮乏という形で現れるため，その大部分を占める労働者の生活問題に焦点を当てている。労働者は，そもそも生産手段を有していないため，誰かに雇われて自らの体内に宿る労働を賃金に変換している。そしてその賃金で生活を営み，その生活の営みによって労働力を回復して再び労働に従事し，賃金を得るというサイクルで，労働力が再生産され職場で消費されている。このとき，十分な労働力を提供できなかったり，労働力に見合った賃金を得られなかったりすると，その労働者の生活は支障をきたし，労働力の再生産が不十分・不完全なものになる。しかし資本主義社会では，しばしば経済・社会の激しい変動が発生し，これに伴い労働者は，低賃金や失業などに見舞われる。正常な労働力をもたない者は最低限の生活さえ困難になる。このとき労働者は，自殺（自死），非行（犯罪）や一揆，闘争などの行動に出るようになって社会の表面に現れ，社会問題となって表出する。この生活問題は，労働力の再生産部面で発生しているという点で労働問題とは区別されるものであり，かつ労働に関わる雇用や賃金が社会経済的な事情や法則によって規定されるのに対して，生活は労働者個人個人の責任において「自助（self-help）」とすることが原則とされているだけに，労働問題以上に個別性・心理性が強いとしている。

　このため個別性の強い生活問題の把握のために，社会病理学の研究成果から①個人関係（非行・犯罪・精神病理・酒害・自殺など），②家族関係（遺棄・離婚・児童虐待），③地域関係（失業・貧困・移動性・解体された地域の統制および行政の腐敗など）を生活問題として，これを単に現象的・生態的にではなく，社会全体に対して歴史的・構造的に捉える視点が必要と述べている。

　この生活問題に対する国の対応として，社会保障と社会福祉があるとし，このうち，一定の経済給付を平均的・一般的に行うのが狭義の社会保障であり，それが発現している個人および社会的な状態に応じた個別的・特殊的な処遇を

行うものが社会福祉事業であると位置づけている。一番ヶ瀬はその上で，政府資料等によって現状分析を行い，かつ都市部と農村部の社会福祉事業に関する状況を，実証的に説明し社会の問題点を浮き彫りにした。

6 三浦文夫の社会福祉理論

戦後のわが国の社会福祉研究は，政策論を中心にしたものと，援助技術等を中心とした研究とに大きく分離していく傾向がみられた。その代表的な論争が，岸勇と仲村優一による岸・仲村論争である。こうした議論はそれぞれの研究の深化を図る上では意味があるものの，社会において具体的な効果を上げる取り組みに貢献するものとはならない点で「不毛の議論」と揶揄されもした。

こうした反省から三浦文夫は，政策論と援助技術論はともに社会福祉にとって不可欠の要素であることを基本に，それぞれが研究を進めその総体を社会福祉として捉えることを提起し，その上で「社会福祉経営論」を提唱した。三浦のいう社会福祉経営論における「経営」とは，単に社会福祉の運営・管理だけでなく，政策形成も含むものをいう。それは，今日の複雑化多様化する福祉ニード（ニーズ）に対応できないためであるとしている。ここにいうニードは，単に個人が自立した社会生活を営む上で必要としていることではなく，その状態が，一定の目標なり基準からみて乖離の状態にあり，その状態の回復・改善を行う必要があると社会的に認められるものとしている。この場合，「一定の目標なり基準から見て乖離の状態」が明らかであることが求められる。この場合の目標や基準は，当該社会の中で一般的なものであることが前提である。その上でその乖離状態が，社会的に認知される必要がある。次にその状態は，「回復・改善を行う必要がある」と認められる必要があるということである。このようにニードを捉えることを三浦は「ニードの社会的認識」と呼び，こうして社会的に認められたニードは，当該社会の一定の基準等に照らして乖離しているわけなので，社会の努力によって解決されなければならず，そこに社会福祉の役割を説明している。福祉経営論は基本的に，社会福祉ニードとこのニード充足の方法の研究から始まるものであるところから，処遇段階の目標である個々の「自立」や「社会的統合」よりも，これを妨げている要援護問題に着目

し，範疇化あるいは集合化して政策ニードとなるので，社会福祉政策研究にとっては，政策ニードの把握とその充足が重要な課題となる。

　これを具体的に展開するためには，福祉計画（政策）を策定し，効果的に実施する必要がある。効果的に実施するためには，貨幣ニードに比してより個別的に提供されることとなる非貨幣ニードへのサービスを，国民の生活の場により近い市町村において実施されるようにすることが望ましいとした。つまり非貨幣ニードに対する対応として，対人福祉サービスを提供する仕組みが求められ，これがコミュニティケアの推進・在宅福祉サービスの重点化という流れとなっていった。またこのための具体的な実践の場として，三浦は地域における取り組みの必要性を重視し，地域福祉の推進を唱えた。

　三浦は，人間が生活を営む際に何らかの事情によって他人に依拠しなければならないとき，社会が保護・援助を行う機能は，あらゆる社会にビルト・インされていたものであって，今日の社会保障・社会福祉の原型といえるとしている。その上で今日の社会福祉の方向は，単に要援護者に対する保護・救済，援助にとどまらず，自立あるいは主体性の確保という観点から社会的統合に向けて社会成員として社会生活に参加し，行動を求める方向にあることを踏まえ，一般市民に要援護者に対する認識の変容を迫るものとなっていると述べた。

　三浦が提唱した経営論は，現実の制度政策の展開および具体的な社会福祉の実践を推進していく上で，極めて効果的なものであった。このためわが国の社会福祉制度の推進においても，極めて大きな役割を果たした。またその特徴の一つとして，社会福祉の概念を大きく拡大させたことによって，国家政策としての社会福祉のみを意味するものではなくなった点があげられる。すなわち民間事業者も，社会福祉サービスの提供者として認知するようになったのである。これによって社会福祉経営の枠組みも，変わらざるを得ないという状況となった。社会福祉経営という概念は，現在でも議論の中にある。

　ただし，三浦が国家政策として，社会福祉政策の推進に当たる中で，わが国の社会福祉の基本的な枠組みが変わることとなったことから，その後の社会福祉理論も大きく変わることとなった。

7 古川孝順の社会福祉理論

　古川孝順は，これまでの社会福祉における「対象モデル」が変容してきているため，社会保障や社会福祉の前提を見直し，これに対応させた構築が必要であると唱えた。古川は，国民の生活の支援を目的とした生活支援施策の一部として社会保障や社会福祉を位置づけ，今日の社会の変化に対して，個々の制度が縦割りで分立しているために，人々の生活問題の実態とかけ離れており，現代社会の生活問題に機能できていないと述べている。このため今日の生活支援施策は，根本的な再検討と再構築を必要としているという認識に立つ。これまでの雇用や社会保険などを中心としたいわゆる社会政策だけでは，今日の多様で複雑化し，高度化した社会問題（生活問題は，その重要な一部である）に到底対応し得ないため，新たな枠組みが必要であるとした。

　そこで古川は，インクルーシブな社会政策の展開の必要性を述べ，重層構造によるセーフティネットの構築を提案している。この提案の理由は，古川がもつ社会福祉二定点型構造の認識にあり，社会福祉は基本的に政策・制度・援助という要素を包含しているため，ソーシャルポリシーからとソーシャルワークの側面からのみ捉えることは適切でないとしている。その上で，領域としての固有性とアプローチとしての固有性を示し，社会福祉を L 字型構造にて把握する必要性を述べている（p.10，図 1 - 2）。古川は，この L 字型のうち，縦の部分をソーシャルポリシーの他の領域に社会福祉が並立する固有の部分と捉えて並立的独自性とし，一方 L 字型の横の部分を，社会福祉が他の領域と重なり合い，先導・補完する部分として，先導的・相補的独自性とした。こうした点でソーシャルポリシーにおけるアプローチが，生活支援ニーズに対して定型的であるのに対し，社会福祉におけるアプローチは生活支援ニーズに対して個別的であるところにその特徴や固有性があるとしている。その上で古川は，四重構造のセーフティネットの構築を唱え，これを基盤に包摂的社会政策の展開に向け，地域において福祉政策のブロッコリー型展開の必要性を述べている。

　以上，戦後におけるわが国の社会福祉理論を概観した。田中治和は，この中でも岡村と孝橋の理論を，戦後社会福祉理論の双璧とし，岡村は社会福祉の固

有性と機能を明確にし，孝橋は社会福祉を歴史的・社会的存在と捉え，総体的視点を教示した点に，それぞれ大きな功績を遺したとしている。

　今日でも社会福祉理論は，様々な検討の中にある。そうした点で，吉田久一の以下の指摘は，多くの示唆を与えるものとして，研究においても実践においても，心に留め置きたいと思われるところである。

① 日本の社会福祉理論は，社会科学的に見ても，社会福祉価値や哲学から見ても痩土であった。確たる「座標軸」をもたないのである。

② 日本の社会福祉は，科学的な「国民最低限」も「対象」の人間的視点がある「自由」「平等」も，客観化し普遍化することが未熟であった。

③ 理論と実践の乖離が絶えず問題となった。理論は理論としての責任をもたず，処遇理論等も，時の流行に左右されがちであった。両者に望まれるのは「緊張」と「協力」である。

④ 日本の社会福祉は，歴史的にも現在的にも，世界的視点を除いて成立しない。導入された福祉と，在来型の福祉との対決もみなかったので，それ（対決）を通じて理論的蓄積が行われた場合が少ない。

⑤ 社会福祉理論の相互批判や論争もあまりない。最も重要なキリスト教的社会福祉論とマルクス主義的福祉論の相互批判を欠いた。

⑥ 社会福祉理念の支えである社会福祉教育の独立性が乏しい。カリキュラムの編成も理論的基礎を欠いて，時流に流されがちで，特に教育と政治の混濁化があった。

　吉田の指摘は，謙虚に受け止めるべき点が多くある。それは，社会福祉諸理論の研究水準の未熟さと，主体的取り組みの脆弱さにある。かつて岡村は，日本社会福祉学会研究誌『社会福祉学』創刊号（1960）に，次のように論じた。

　「社会福祉を既成の『正統的』親科学の下請けとしての亜流科学の地位から離れて，それ自身独立の科学になりうるためには，社会福祉自身の実践的成果を積み重ねねばならず，またそれが諸科学の応用技術たる地位から，一個の体系を持った科学たるためには，単なる実践的成果の積み重ねだけでは不十分であって，これを独立固有の範疇によって新しい社会福祉的概念を構成する鋭い洞察力を要求される」としている。このため先学の諸理論を学び整理するにと

どまらず，社会福祉が人々の社会生活上の生活問題を対象とする限り，杉本の
いうように，原点中の原点ともいうべき現実生活そのものを読むことが重要と
なる。

第4節　諸外国の社会福祉理論

　様々な社会福祉の理論は，それぞれの社会の「社会福祉」の全体像を説明し，
解くべき課題の本質を明らかにするため，多くの理論が試みられてきた。ここ
では国際的に用いられている，主な理論的アプローチを紹介する。

1　社会連帯理論

（1）「友愛」から「連帯」へ

　社会福祉の基盤には，社会連帯という考え方がある。そこに求められる家族
や友人，身近な人々だけでなく，顔も知らない不特定多数の人々と助け合う「社
会」福祉という所以は，知り合いだけではなく，不特定多数の人々が「協力の
傘」の下に入ることにある，とするのが連帯の理論である。

　連帯思想の出発点はフランス革命の「友愛」に見受けられる。貴族や地主等
の身分制支配を乗り越えた市民（社会のメンバー）同士の結びつきが，新たな
理想として掲げられた。しかし友愛概念が同質性に基づくものであったのに対
し，社会の複雑性が高まり，異質な見知らぬ者同士の相互依存や協力が意識さ
れるようになり，連帯概念が語られるようになった。連帯は価値観を共有した，
同じ目的に基づくつながりを必ずしも意味しない。連帯は役割や協力を含意し
ながらも，個々の相違が前提にある。見知らぬ者が社会生活の中でいつの間に
か相互依存関係をもつ「巻き込まれた者たちの連帯」でもある。この発想を明
示したのは，フランスの政治家ブルジョワ（Bourgeois, L.）だった。

（2）温かい雰囲気と義務の観念

　友愛にしても連帯にしても，温かさや善意を連想させる観念であるものの，
一方では義務の感覚を含んでいる。困っている仲間は，実は知らない人，ある
いは嫌いな人であっても，助けなければならないとする観念である。

　日本における連帯概念は，義務が強調される形で多く語られた。社会保障審議会1950年勧告が社会保障を支える国民的義務を説く文脈で用いたことが典型例で，権利の実現に関心のある人々は，この語を避ける傾向にあった。

　しかし1980年代以降，「福祉国家の危機」時代に情勢は変わった。経済成長と社会資源の限界が強調され，「福祉は天から降ってこない」（社会福祉の条件としての経済成長を強調する田中角栄首相の言葉）と，福祉の権利も条件化相対化される中で，国家に請求すればよいというものではなく，人々が連帯して福祉を創り出す取り組みに関与する義務がないと実効性がないと考えられるようになった。そこで社会保障審議会の1995年勧告では，社会連帯が21世紀の社会保障の基本理念と位置づけられた。

2 資本主義，社会主義と福祉国家

（1）社会問題の発見から資本主義経済の理論へ

　社会福祉と福祉国家の発展は，資本主義経済と深い関係がある。イギリスの例に見るように，産業革命以降，都市における工場が産業の主な舞台となる中で，労働者の困窮が多様な形で進行した。工場法などは，好例であるといえよう。これが個々の労働者や無慈悲な使用者の責任ではなく，資本主義経済から来る構造的な結果としての社会問題であり，社会の責任で対応しなければならないとする考え方が，社会権や社会福祉を要請する思想の基盤にある。したがって，この問題の根本にある資本主義経済社会をどうするのかについては，社会福祉の基本問題の一つでもある。

（2）福祉資本主義とその多様化

　資本主義経済の仕組みや，対する社会主義の考え方の理解は，冷戦終結以降今日の人々にとっては難しくなっている。ここでは社会主義を「社会問題解決のために資本主義に立ち向かう思想」と簡単に理解しておく。立ち向かう姿勢が「対決，廃棄」は共産主義，「制御」が社会民主主義である。日米では社会主義のイメージは前者だが，ヨーロッパでは後者が主流である。

　社会的な自由を守りつつ市場経済を制御することを通じて，人権を守ろうとする社会民主主義の政治思想は，福祉国家を擁護する思想として，ベヴァリッ

ジ時代のイギリス，次いで北欧諸国の福祉国家形成の思想となった。ただしあくまで福祉国家は資本主義の枠内で，それを補完しつつ持続可能にする構想である。エスピン-アンデルセン（Esping-Andersen, G.）が，後述する古典的名著において用いた「福祉資本主義」の名称の背景にある考え方である。また冷戦以降，資本主義の枠内での多様性の大きさが注目されるようになった。

アルベール（Albert, M.）は『資本主義対資本主義』の中で「ライン型（アルペン型）」と「アングロサクソン型」に分類した。前者の大陸ヨーロッパ諸国における協調型（労使協議を政府が仲介して利益調整を行う，ネオコーポラティズム）経済社会運営は，英米型の競争経済社会とは論理が大きく異なる。

市場原理と社会保障の目的は違うように見えるが，「社会全体の効率的な生産のための調整の仕組み」と考えると共通性も多い。例えば，生活を経営する能力に欠ける労働者たちが，生活不安の中で無秩序に自己主張してくる状況は経営側に不都合である。そのために求められるのは，生活保障や労働者の自己規律，そして能力の養成など多々課題が存在する。加えてこれらに要する膨大な費用を，資本家である自分たちではなく社会の仕組みによって，政府が対応してくれるのであれば，負担は社会の側にある。いずれにしろ必要な調整のコストを誰が負うのかについての分岐と考えるのである。

このような「資本主義の多様性」（以下「VOC」という）論では「自由な市場経済（以下「LMEs」という）」と「調整された市場経済（以下「CMEs」という）」に分類する。違いは，例えば労働者のキャリアや，求められる職能の内容に影響する。LMEs は流動的な労働市場を前提に，職域や職場を超えて一般的に通用する能力を重視する。CMEs は長期的なキャリアの継続を想定し，特定の職域や職場を前提とした文脈的職能の蓄積を評価する。

この違いは雇用保障の問題を超えて，公教育や居住など幅広い社会政策に関わる。社会保障制度の比重も，LMEs タイプの社会は（競争に対するセーフティーネットとして）公的扶助を重視する制度構築を目指すのに対して，CMEs タイプの社会では（継続的貢献への報いとして）社会保険重視の制度設計となる。これらの理由づけで英米と大陸ヨーロッパ諸国の福祉システムを分類する場合，日本の特徴は後者に関連づけられることになる。

（3）「第三の道」—市場経済と社会権の両立？

　1980年代以降，普遍主義的権利観に立つ福祉国家への批判が強まった。国家が人々の生活保障の責任者として前面に立つことが，少子高齢化や財政危機によって持続困難であるばかりか経済社会の衰退を招く，という批判が新自由主義や新保守主義の思想から強力に打ち出された（自由競争による経済成長と，それを支える規律重視の組み合わせに特徴があり，新自由主義は前者，新保守主義は後者に比重がかかっている）。

　社会民主主義的主張も，経済社会への寄与をも保障する必要を迫られるようになった。1990〜2000年代にかけてヨーロッパで復活した社会民主主義政権は，市場経済への貢献と社会権保障の両立を掲げた。イギリスの労働党政権が標榜した「第三の道」政策で，教育と就労支援を重視し国民の雇用可能性を高めることを重視した。Social exclusion unit に窓口を一本化する政策は，この時期のイギリスの政策的発想を示している（2010年以降保守党政権となって再度の転換がなされた）。

　この思想だけでなく，福祉と雇用・労働を結びつけようとする思想は，「ワークフェア」と呼ばれて国際的に広く政策化された。対照的に両者を切り離そうとする思想である「ベーシックインカム」は，後で述べる脱生産主義の立場からそのオルタナティブとして有力視されつつある。

3　社会的リスクアプローチ

（1）「過失責任」「危険」「リスク」

　「人生で直面するリスクへの対応」「リスクの共有による分散（例えば災害や病気に直面した際，一人で背負うことはできなくても集団なら背負える）」は，特に社会保障論でよく用いられる説明である。リスクと社会福祉の結びつきの理解は，類似性があっても内容は相違するものと認識する必要がある。

　通常法的責任は，本人に過失がなければ問われない。反面，被害を受けた側からすると，相手に過失がなければ補償が受けられないことにもなる。無過失責任を政府や企業に一定程度認めることが，権利保障の根拠となる。

　かつて労働災害は，使用者側の過失が証明されない限り，補償は行われなかっ

た。これを変えたのは「フォート（過失責任）からリスクへ」の考え方の転換である。フォール（Faure, F.）による「職業危険」の考え方は，経済活動の開始によって必然的に，誰かは特定できないが誰かには起こる損害が存在するとし，そのリスクに予め備えた上で，当事者ではなく社会の責任によって補償する法制がフランスで採用された。リスクを予測することで，不確実性は消えないものの保険原理によるその制御はある程度可能であり，同時に当事者の範囲が社会全体に広がることによって社会保険による生活保障の論拠となった。

ただし社会保険と民間保険の原理的な違いは，前者は具体的リスクの違いを反映していない点である。実際には人生におけるリスクはすべて異なる点に目をつむり，同一条件で相互扶助するところに社会連帯の発想がある。

（2）基本的な社会的リスク

1）ライフサイクルの段階によるリスク

幼少期は一般に大人の保護なしに生存は不可能である。高齢期は個人差が大きいものの，健康状態の低下や経済力の喪失などによって，援助を必要とする例が多くなる。これらを一般化して対処する仕組みが「児童家庭福祉」や「高齢者福祉」である。

2）一般に認められた共通の必要に関わるリスク

医療や初等・中等教育は，現代社会を生きる上ではほぼ必須の条件であり，その欠如は生活上決定的な不利となるため，すべての国民の普遍的必要と位置づけられることが一般的となっている。

3）社会の基本単位からの排除のリスク

家庭や職業は精神生活や経済生活の基盤であり，参加できないと社会生活は事実上困難になる。これらは国による程度の差こそあれ制度化されており，現実が想定に及ばない場合は権利の問題とみなされることになる。

（3）「新しい」社会的リスク

リスク概念を中心におく社会理論の端緒は，ベック（Beck, U.）の「リスク社会」である。ここでは社会生活のリスクは，社会の近代化・現代化に伴い，人間が自らつくり出したリスクである点に着目する。

リスク事項そのものが新しいわけではない。例えば介護を必要とする人（特

に高齢者）は昔から存在した。しかし，身内（親族）で対応することが前提である限り，それは外からは見えなかった。前提が当然でなくなって初めて「問題」として可視化される。前項1）～3）に対応させると，次のとおりである。

①　青年期や壮年期は「世代としては」リスクが少なく，困難があっても個人の問題と捉えられてきた。しかし「若者の社会移行」「壮年期のメンタルヘルス」などが集団的な問題，社会福祉の対象とみなされるようになった。

②　医療や教育の必要も個別化する。感染症対策や栄養不足，乳幼児の死亡が共通課題だった時代から，長寿が標準となり，個々の生活様式と健康との関連が話題となる。全国民に最低限の機会を与えるだけでなく，福祉国家として，個々人の生活様式と健康の保障が求められるようになった。

③　家族を持っても，家庭内のリスクに対応できなくなった。家族がリスクを負いきれないばかりか，家族の維持そのものが生活を崩壊させるリスク要因にもなり得る。就職すれば終身雇用，若い頃に身につけた知識やスキルは一生通用するとはいえず，常に労働者としての価値を問われ続ける。

通観すると，主たる要因となった社会変動は「ポスト産業化」（「モノを作って売る」産業社会は終わってはいないが，力点がサービスや情報に移行しつつある）「グローバル化」である。これらも近代化のあらわれだが，究極の近代化としての「個人化」がより根本的な変動として背景にある。

4　現代的連帯—包摂アプローチ

（1）「福祉国家の危機」における新しい連帯問題—社会的包摂の主流化—

福祉国家は「階級間協調」の仕組みとしても理解されてきた。労働者は実態の多様性にもかかわらず，労働者階級としての共通の利害をもち，資本家階級と対立するところを，福祉国家を通じて「国民の共通利益」の観点を契機に両者が妥協，共存共栄を図る図式が想定されていたのである。

しかし現代の労働者は多岐に分化し，守るべき既得権を多く所有する労働者は，文字通りの無産者と連帯を感じていない。正規労働者対非正規労働者，大都市居住対地方居住，民間対公共等々，共通の立場や利益は容易には見出せず，連帯の理由と組み立てを考え直す必要が出てきた。

　社会的排除と，その対義語としての包摂が主流化したことにも原因の共通性がある。生活困窮が貧困問題として定義されていた頃，貧困は労働者階級に共通した集団的問題（労働者の困窮）であった。一方，現代において，困窮の構造は労働者の立場性のみに求められない。社会構造に原因を見出す見方は継承されているものの，個別の人生経路との関係で個々が排除されていくプロセスが問われ，それに対抗する働きかけとしての包摂が課題化されている。

　排除に対抗する包摂の取り組みとしての社会政策を先導しているのはEUであり，「ソーシャル・ヨーロッパ」はそのモデル理念となっている。幅広いリスクと課題のあり方を，発見する段階から社会経済の各当事者が対話，交渉して対応の枠組みを考え出す「ソーシャル・ダイアローグ」がその手法である。

（2）シティズンシップ論の展開—義務や執行の観点—

　シティズンシップは文脈により「市民権」「市民性」などと訳されるが「その社会のメンバーであること」とし市民資格を根拠に，権利を導くものである。実質的にこれを支える個々の資質が問題になる場合，市民性の側面が問われる。すなわち，実質的な「市民らしさ」を問う文脈である。

　シティズンシップの古典的定義は，1950年代のマーシャル（Marshall.T.H.）による「コミュニティの完全な成員に授けられた地位。その地位を有する人は全員，権利や義務の点で平等である」というものである。当時，完全な成員とは「国民国家の国民」として明瞭と思われていた。しかしグローバル化が進む現代，誰がどこまで国民なのか，国籍だけで実質は判断できず，国籍自体移動することが珍しくない。移民問題の深刻さの一因は，その社会が蓄積してきた福祉国家の成果を途中参加者が享受することへの反発も大きな要因である。このように同じ国に居住する国民というだけで「完全な成員」とは限らない事態を迎えている。

　EU加盟国では「EU市民」の身分と所属国民の身分が重複し，両者の矛盾により権利保障が担保されないことや，共通原則（例えば財政赤字の上限規定）によって政策が制限されることもある。日本ではその種の問題は顕在化していないが，職業や納税による直接的貢献を，一方では確保しなければならず一方ではこれを欠く者への排除を抑制しなければならない二面性を有している点は

同じである。ライフスタイルの質としても「日本人らしさ」が連帯の傘に入る条件とされる圧力は，ナショナリズムが亢進し，移民排除の運動が起こる欧米諸国と共通する要素と思われる。もともと集団圧力の強い日本社会では，ひとたびことが発生すると，より深刻化する可能性もある。

（3）生産主義や家族主義の克服—福祉国家を超える福祉—

今，包摂を考える際，伝統的な所属だけには頼れない側面がある。新しいリスクの関係もあるが，より根本的な異議も申し立てられている。

それは，①賃労働や家族という包摂元を当然視するのは，産業社会の生産第一の発想や，近代家族の神話を偏重しているからではないかという疑問がある。②社会を支える労働にはアンペイドワーク（賃金につながらない，ケア労働やボランタリーワークなど）もある。③近代家族による包摂は，ジェンダー偏見や性別役割分業を前提としているのではないかという疑問もある。④また生産を無限に拡大して資本主義経済社会を発展させ，物質的豊かさを追求するのは持続不可能ではないのかという問いもある。

これらの問いを正面から受け止めて乗り越えようとするなら，福祉国家それ自体の克服が現代福祉理論の課題であるとさえいえることになる。

現実の政策への現れとして，家族政策とベーシックインカムがあげられる。日本は家族形成において法律婚を重視する国と位置づけられ，家族政策といえば集団としての家族支援となる。一方「個人の集合体」として個人支援を中心に行うスウェーデンや，「パクス」（実際には異性カップルの利用が大半だが，もともとは同性カップルのパートナーシップを公認することが主眼）などより緩い契約的結合を制度化し，法律婚に準じた権利を認めるフランスは，多様化・流動化したパートナーシップのあり方を認める例として知られている。

無条件にすべての人々に所得を分配するベーシックインカム（以下「BI」という）は，一見すると生存権を強く擁護する，あるいは社会主義的政策のような印象を受けるが，多様な政治思想と結びつく（生活保障をBIに限定し，他の社会保障を全廃する政策構想もあり，この場合急進右派の思想と整合する）。これだけで生活できる水準（フルBI）の実施例はまだないが，部分実施（パーシャルBI）の実験的実施として，カナダやフィンランドの実験は有名である。

日本の民主党政権（2009〜2012）における「子ども手当」も一種のパーシャル
BIとも理解できる。

5 社会福祉の国際比較と類型

（1）福祉国家類型論と福祉レジーム論

1）「全体像」を描く意味

　日本の社会福祉の特徴について説明する際には，他と比べての位置づけがな
ければ特徴を語りようがない。しかも「社会福祉」は，全体計画があって諸部
分が整然と配置されているわけではない。それぞれの事情で行われている諸事
象を，共通の論理を見出して整理して，初めて全体像が浮かんでくる。

　その場合，見る枠組みが違うと全体像が違う点に留意する必要がある。いわ
ばモデルが違うと見える現実が違う，ということを意識することが重要である。
各モデルの優劣は一概には言えず，分析の目的，考えようとするテーマ，描こ
うとする全体像次第で，複数の方法があり得るからである。

2）比較論から福祉国家モデルへ

　第二次世界大戦後の経済復興が軌道に乗り，先進諸国が何らかの形で国民の
生活保障に組織的に関与するようになると，傾向の共通性や相違点を説明する
理論が考案されるようになった。

　①　**権力資源動員論**　　生活保障に関わる諸権利が「すべての人々，国民」
に対して保障されるというのは近代的な発想で，歴史的には権利獲得の契機は
第一に労働運動であり，それが全国民に波及していく経緯があった。組織労働，
さらにその利益を代表する政党である社会民主主義政党の強さ（組織率，議席
シェアや政権参加）が福祉国家の発展を左右するという議論である。

　②　**福祉国家収斂論**　　近代国家の発展はいずれ福祉国家という方向に収
斂（一つにまとまる）する傾向性を想定する。その上で国内総生産（GDP）に
占める社会支出の比率の多少（多い国が「福祉先進国」）は，政治的なイデオロ
ギーや体制ではなく経済成長によって規定されるという議論は，ウィレンス
キー（Wilensky, H.）に代表される国際比較統計研究から展開された。

　これらは線形的で量的な見方で，直線的な発展経路のどこに位置づくかとい

う議論が主となるのに対し，類型論による質的な比較研究が発展してくる。

③ ティトマスの福祉国家モデル　イギリス福祉国家論の1950～60年代の代表的論者ティトマス（Titmuss, R.）は，福祉国家の3分類モデルを提示した。

残余的福祉モデル：他の手段で対応できない場合の例外的な手段。

産業的業績達成モデル：社会全体の産業の発展を促進する役割を担う。

制度的再分配モデル：ルールに基づき，全国民に公正に資源を再分配する。

このうち，残余的福祉モデルの典型はアメリカ，産業的業績達成モデルの典型はドイツ。制度的再分配モデルはティトマスの理念におけるイギリスの方向性に近いものだった。この分類はそれぞれの社会の目的，中心的な価値観と福祉国家のあり方を対応させている。同じことは，エスピン-アンデルセンの「福祉レジームモデル」にも当てはまる（p.88参照）。『福祉資本主義の三つの世界』（原著1990年）は，比較福祉国家論「現代の古典」とされる。

④ 福祉レジームモデル

自由主義モデル：選択と経済活動の自由。競争への安全網としての福祉をいい，この典型はアングロサクソン諸国（英米など）である。

保守主義モデル：伝統的価値と基礎集団の維持，継続的貢献への返報をいい，その典型はドイツやフランスなどの中欧である。

社会民主主義モデル：社会権の重視。公正が重要。多様な生き方の尊重を基調とし，この典型はスウェーデン，デンマークなどの北欧があげられる。

優位な政治イデオロギーによる分類だが，政党政治そのものというよりも，社会的な価値観が重視されている。

二つのモデル分類の結果は似通っているものの，分類そのものがモデルの意義ではなく，分類の際の観点が重要である。

3）「福祉レジーム論」理解の観点

福祉レジームモデルを理解する上で，単に分類しているのではなく定量的な指標に基づく議論である点に注意したい。前述の「三つの世界」で用いられている主要な指標は「脱商品化」と「階層化」である。

① 脱商品化　資本制経済では，人は能力や時間を雇い主に譲渡する対価として収入を得る（労働力商品化）。そこでの人間の自由は「商品であること」

からの離脱可能性の程度に左右される。

　②　階層化　　福祉国家は様々な立場によって人々を分類し，権利によって再組織する。集団がどのように再構成されるのかが問題である。

　定量的な比較が可能になるよう，それぞれの構成要素はさらに細かく分岐する。例として年金の脱商品化は，「最低保障水準」「平均給付額」「拠出期間」「個人負担比率」の指標を総合して測られる。

　これらにより，質的な全体像の分岐を量的な要素の組み合わせで議論することが可能になった。特に脱商品化概念は，資本主義と生活保障の関係に関する基本概念としてその後の議論でも引き続き重要である。加えて賃労働偏重の批判に応えるために，後の議論では脱家族化（個人の家族への依存が軽減され，自律した経済生活を送る可能性の高さ）指標が重視されるようになった。

（2）比較福祉国家論の発展

1）福祉国家モデルの発展

　福祉レジームモデルは普遍的な発展可能性をもつものの，基本的にはヨーロッパ諸国を想定しているため，他の事例に対する適用が問題となる。

　日本の位置づけは，「自由主義と保守主義のハイブリッド（複合）」「基本的に保守主義だが，自由主義的側面もある」などとされる。複合，中間と位置づけるか，特有の傾向を定義できるのかも議論されるが，多くの場合着目するのが，福祉供給における家族をあてにする度合の大きさであり，アジア諸国や南欧諸国と共通する特徴とされる（例：日本とイタリアの類似性）。

　新川敏光の「家族主義レジーム」論は，家族主義を「脱商品化低，脱家族化低」のモデルとして，福祉レジーム論に接続可能な形で位置づける。

　アジア諸国の福祉発展についても，それ自体を主題とする研究が増えている。20世紀末から急速に経済発展したアジア諸国のあり方は「開発主義」（国民経済の発展を国家目標とし，後発利益を活用しつつ私企業を政府が指導調整する）と表現され，生活保障がその一翼として労働力再生産を主導する「生産主義的福祉」概念は，NIEs（新興工業経済地域）諸国に共通する動向に適用される。

2）福祉国家論の視野拡大

　賛否は別として福祉レジーム論は，現代比較福祉国家論の基準点となってい

る。近年の批判的論点の中心は，比較の視点がペイドワーク（賃労働）に偏っているというものである。出発点がマルクス主義以来の資本主義分析にあることからすると当然ともいえるが，前項で述べた家族主義や生産主義など前提への批判は，福祉国家論の視野を広げる。また，欧米中心の議論から世界的な視野の議論に発展したことは，より広く深い比較の枠組みを必要とする。

　類型論は質的要素の表現に適する反面，共時的な並列になりやすく歴史的次元を反映しにくい面がある。時間軸を重視する観点には，例えばある時点での選択はその後の経路を規定するとする経路依存性を重視した制度論がある。ここでいう制度は法定された狭義の制度だけではなく，人々の集合的行動を方向づける多様なルールの組み合わせが想定されている。

　マクロな構想変動論の代表的なものに，人口構造の変動と国際的な経済社会の変動との相関研究がある。急激な経済発展の「離陸」の際に出生率の増加を伴い，その後に生産年齢人口比率が高い生産に有利な時期が訪れる（人口ボーナス）。その時期が国際的な変動過程のどの時期に訪れ，どう対処するかがその社会の命運を左右する。例えば日本，韓国，中国が順次高齢社会に突入し，それに対応していく在り様の比較研究が例にあげられる。

3）ケアレジーム論

　生産中心の福祉レジーム論と異なる再生産中心の比較論として，ケアレジーム論も注目されている。両レジーム論は「福祉を供給する基盤」に着目する。

　エスピン-アンデルセンが「脱家族化」視点を前面に出すようになった著作では次のように定義する。「レジームとは，福祉の生産が国家と市場と家庭の間に振り分けられる，その仕方のことである」。

　これら3次元の供給元の比重を基本に，各国のケア体制を比較する枠組みが「ケア・トライアングル」である。近年はコミュニティを加え，4次元で考える「ケア・ダイヤモンド」論が盛んになっている。

（3）関連領域のシステム類型論

　狭義の社会福祉制度だけでなく，生活保障システムは関連しつつ分立している。

1）医療領域のシステム類型論

　医療システムの主要な機能は，デリバリー（医療サービスを実際に届ける），ファイナンス（そのための資源－人，モノ，カネ－を準備する）に大別される。

　伝統的類型論の代表は「ビスマルク型」と「ベヴァリッジ型」である。前者は職域保険を基礎とした制度，後者は国民全体に対する普遍主義的制度の典型で，ティトマスモデルと似ているが，医療システムの理解にもしばしば使われる。それはファイナンスの仕組みが，政府（財源が租税中心）か社会保険かという担い手の違いに大別されるからである。加えて現代では民間（市場原理）の比重が高まり，①Ａデリバリーと Ｂファイナンスを②政府・社会（保険）・民間がどのように担うのかによって類型を理解することができる。

【公民（政社民）の組み合わせ】

　　AB＝政＋政（公営医療）：イギリス，スウェーデン

　　　　民＋民（原則民間保険・民間病院）：アメリカ

　　　　政＋民（国民健康保険）：カナダ，オーストラリア

　　　　社＋民（社会健康保険）：ドイツ，フランス，日本

　　　　※「社」への国家の関与には幅が大きく，日本は国家関与が強い。

　これらを見ると福祉レジーム論と重なる部分もあるものの，イギリスは有名な NHS（国営医療サービス）の歴史的経緯が決定的であり，また社会保険を採用する国々も，それぞれの経緯によって構成が様々であることがわかる。

2）ハウジング・システムの類型論

　ハウジングすなわち居住のあり方も，生活を支える主要な条件の一つである。しかしこれは福祉国家の要素なのか，社会権保障の対象なのかの見方は様々である。ディーセントな（適切な，まともな）居住は基本的な権利の一部なのか，働いて稼いだ成果として得られるものなのかというものである。後者の見方だと，ハウジングはあくまで経済の問題ということになる。

　しかしこの事情はハウジングに限らない。医療の領域で国民皆保険を当然視している国（例えば日本）の常識から，国民医療保険制度への賛否で国論が二分されるアメリカの状況を理解するのは難しい。生活様式と価値観の幅広い条件関係に関わるので，システム全体の理解には複眼的視野を要する。

　ハウジングに対応とした分類論としてはケメニー（Kemeny, J.）の「ユニタリズム」と「デュアリズム」分類が知られている。住宅の供給と所有形態の秩序が統一されているのか二本立てなのか。デュアリズムの二本立てとは持家と賃貸であり，前者が原則とされ，住居資産を所有できるように誘導する仕組みがある。公営住宅は低所得者中心で入居資格が厳しく制限される。ユニタリズムは両形態への政策的な扱いが中立的であり，住宅手当や公的基準が重視され民間賃貸市場にも規制が導入される。

　デュアリズムが自由主義と家族主義，ユニタリズムが保守主義と社会民主主義との重なりが多いといわれる。デュアリズムの例として英米，ユニタリズムの例として独仏やオランダ・スウェーデンなどがあげられるのは周知のパターンだが，前者に日本，イタリア，ノルウェーが含まれるのは持家比率の高さが関係しており，各国の居住の歴史や政策の経緯を反映している。

　ユニタリズムが住居の市場化への対抗力を含んでいることは，脱商品化概念との共通点がある。しかし，ハウジングは雇用や医療以上に生活様式の多様性に対応するため，事情はさらに複雑である。住居や土地が長期資産で，しかも隣人に影響を与え合う性格をもっていることも複雑化の要素である。

　生活や社会の，積み重ねられた複雑な構造が表現されている点で，それぞれの領域で展開されるシステムの多様性と，その中にも見出せる共通性は知的にも興味深く，上手に比較すると実践的なアイデアの源にもなり得る。

■参考文献

・古川孝順：社会福祉の新たな展望　現代社会と福祉，ドメス出版，2012
・古川孝順：社会福祉の拡大と限定，中央法規，2009
・古川孝順：社会福祉の理論と運営，筒井書房，2012
・古川孝順：社会福祉学，誠信書房，2002
・一番ケ瀬康子：社会福祉事業概論，誠信書房，1972
・岡村重夫：社会福祉原論，全国社会福祉協議会，1983
・岡村重夫：全訂 社会福祉学総論，柴田書店，1973
・岡村重夫：全訂 社会福祉学各論，柴田書店，1973

・孝橋正一：全訂　社会事業の基本問題，ミネルヴァ書房，1972
・三浦文夫：増補改訂　社会福祉政策研究　福祉政策と福祉改革，全国社会福祉協議会，1995
・北川清一・遠藤興一：社会福祉の理解　社会福祉入門，ミネルヴァ書房，2008
・糸賀一雄：福祉の思想，日本放送出版協会，1968
・花村春樹：「ノーマリゼーションの父」N・E・バンク‐ミケルセン，ミネルヴァ書房，1994
・青柳幸一：個人の尊重と人間の尊厳，尚学社，1996
・ゾフィア・ブトゥリム著／川田誉音訳：ソーシャルワークとは何か，川島書店，1986
・稲沢公一・岩崎晋也：社会福祉をつかむ，有斐閣，2012
・中村剛：社会福祉学原論，みらい，2010
・中村剛：福祉哲学の構想，みらい，2009
・孝橋正一：社会科学と社会事業，ミネルヴァ書房，1974
・木田徹郎：社会福祉概論，新日本法規出版，1964
・真田是・野久尾徳美編：現代社会福祉論，法律文化社，1973
・吉田久一：日本社会福祉理論史，勁草書房，1995
・濱野一郎・遠藤興一編：社会福祉の原理と思想，岩崎学術出版社，1998
・岡村重夫：社会福祉研究方法論，日本社会福祉学会：社会福祉学，創刊号，1960
・杉本栄一：近代経済学の解明（上），岩波書店，1981
・埋橋弘文：福祉政策の国際動向と日本の選択‐ポスト「3つの世界」論，法律文化社，2011
・G．エスピン＝アンデルセン／岡沢憲芙・宮本太郎監訳：福祉資本主義の三つの世界，ミネルヴァ書房，2001
・G．エスピン＝アンデルセン／渡辺雅男・渡辺景子訳：ポスト工業経済の社会的基礎，桜井書店，2000
・ピーター・A・ホール・デヴィット・ソスキス／遠山弘徳他訳：資本主義の多様性―比較優位の制度的基礎―，ナカニシヤ出版，2007
・J．ケメニー／祐成保志訳：ハウジングと福祉国家，新曜社，2014
・新川敏光編著：福祉レジーム，ミネルヴァ書房，2015
・島崎謙治：日本の医療‐制度と政策，東京大学出版会，2011

社会福祉の歴史

第1節　社会福祉の史的理解の意義

1　歴史を学ぶ意義

　福祉専門職としてクライエントを支援するためには，法制度に関する理解が不可欠であることは自明の理である。しかし，現行の法制度さえ理解していれば，その歴史を学ぶ必要はないと考えている人もいるかもしれない。

　現在，わが国では，日本国憲法第25条において，「すべて国民は，健康で文化的な最低限度の生活を営む権利を有する」として生存権が規定されており，その権利は関係する諸制度によって保障されている。しかし，関係諸制度は自然に発生したものではなく，当時の社会問題に対応するため，様々な検討を経て制定された。

　また，法律は不変的なものではなく，社会状況に応じて随時改正が行われている。したがって，現在の法律の内容だけではなく，法律の誕生した背景と現在までの変遷を含めて学習することで，その法律の内容をより深く理解することが可能となる。

　制度として法的に規定されるまで，社会福祉が慈善事業を中心としていたことはよく知られている。それは特に宗教的な取り組みなどをはじめとして，「隣人愛」などの考え方が背景にあった。しかしそれは，社会の意思としての仕組みとしては不十分であるという考え方のもとに，社会的に弱い立場にある人であっても，社会の仕組みによってあらゆる人々が例外なく安心して暮らせる社会を構築しようという考え方が徐々に支配的となってきた経緯がある。社会福祉に関する理解を深めるためにも，歴史的経過を学ぶ必要があろう。

2　社会福祉の変化

　社会福祉の概念や範囲は，時代によって変化する。例えば，第二次世界大戦後の混乱期においてわが国の主な施策は生活保護制度など，経済的な救済を行う「救貧」であり，その対象は選別的であった。

　その後，家制度の廃止による家族の扶養機能低下の影響などから，高齢者の所得保障の必要性が高まり，年金制度など「防貧」の施策が展開される。さらに，人口の高齢化，慢性疾患の増加などにより，介護ニーズへの対応が求められた。私的扶養が強調され，介護は家族が対応すべき課題とみなされる時代もあったが，現在は介護の社会化により介護サービスの利用が可能となり，社会福祉は選別的なものから普遍的なものへと変化してきた。こうして社会福祉の対象や範囲は，社会背景に応じた時代のニーズに合わせて変化，拡大している。

　なお，各種福祉制度の成立以前は，どのような主体がどのように救済を行っていたのであろうか。現在の制度，政策を学ぶだけでなく，現在に至るまでの制度の全体的な流れを，その時の社会情勢とともに理解する必要がある。

3　海外の社会福祉を学ぶ意義

　わが国の社会福祉は，海外から様々な影響を受けて今日に至っている。そのため，わが国に影響を与えた海外の歴史についても併せて学ぶ必要がある。わが国が影響を受けた海外の政策や理念は，どのような社会的背景から誕生したのかを理解しなければならない。

　また，比較という視点も非常に重要である。物事は，比較という行為を通じてその特徴を理解することができる。つまり，日本を分析するだけでは，日本の特徴を理解することはできず，日本と海外を比較することで，それぞれの特徴を把握することが可能となる。例えば，公的介護制度について見てみると，わが国の場合は社会保険制度によって運営しているところではあるが，イギリスの場合はその財源が租税であり，アメリカの場合はそもそも公的制度としては確立されてはいない。この違いは，それぞれの国における社会福祉制度を財源となる国民負担のあり方について，各国の国民の理解が得られるところの違

いとなっているものである。国によって異なる文化，宗教などの様々な違いを踏まえた上で，海外の制度や理念がどのように取り入れられたのか，または取り入れられなかったのか，その要因を考察する姿勢が大切である。

4 歴史を学ぶ視点

社会福祉の歴史の学習は，その法律や制度が必要とされた社会的背景，成立後から現在に至る変遷を理解すると同時に，当時の社会情勢について，経済，政治などの多様な側面から学ぶ必要がある。

また，過去から現在に至る視点に加えて，未来を描く視点も重要となる。制度創設時に完璧な制度と思われてはいても，制度はその時代の課題，要請に応じて変化し，かつ次第に限界も明らかになるものである。現行の制度にどのような課題があり，今後どのように改善すべきなのかを分析し，必要に応じて制度に働きかける，ソーシャル・アクションの視点も意識しなければならない。

社会福祉の歴史の学習においては，わが国のこれまでの社会福祉の歩みと，日本と海外との関わりを理解し，今後の社会福祉のあり方について考察する姿勢が必要である。これらの歴史を踏まえた制度に対する理解は，社会福祉の実践を支える基盤となる。

第2節 欧米の社会福祉の歴史

わが国の社会福祉の枠組みは，外国からの影響を強く受けている。本節では，わが国が影響を受けたイギリス，アメリカ，デンマークの内容について確認する。

1 イギリスの社会福祉の歴史

イギリスは世界に先駆けて資本主義が導入された。資本主義の発展と貧民救済の拡大は不可分の関係にある。困窮者に対して国家的な対応を行った救貧法と，ソーシャルワークの源流となった慈善組織運動について確認する。また，福祉国家の方向性が示されたベヴァリッジ報告を中心に説明する。

（1）救　貧　法

　封建社会下のイギリスでは，1453年，百年戦争の敗戦で大きな痛手を受け，かつ大陸の領地をすべて失ったことにより貴族や商人など失職した人々の大量流入し，土地をはじめ様々な社会不安が増大する真っただ中にあった。また，土地を所有する地主の下で農民が農業に従事したが，15世紀に入ると織物産業が盛んとなり，地主は土地の囲い込みをし，そこで賃金労働者として従事する者が現れた。これらの影響で土地や職をもたずに，生活に困窮する人々が現れる。修道院による慈善活動が，それらの困窮者に対応したが，やがて困窮者の増加に対応しきれなくなり，国家的な対応が必要となった。

　この状況に対応するため，1531年より救貧法が順次実施されていった。それまでの救貧法を整備した1601年のエリザベス救貧法（旧救貧法）では，労働能力の有無を基準として対象者を分類し，労働力のある者には労働を課し，労働できない者は教区が自宅または施設で救済することを原則とする対象者別の対応をとった。しかし，救貧法の意義はそれだけではなく，議会の議決を経て制度を創設するという手順を踏むことによって旧来からの貴族や大陸から移住した没落貴族の発言力の弱体化を図っただけでなく，救貧法の実施機関として全国の教区を支配下に置くことで絶対王政を確立し，これによって国内の政情不安を抑え込む治安対策の意味も有していた。そうした点でエリザベス救貧法は，封建時代の制度の特色を見ることができる。

　こうした封建時代の確立後，17世紀のイギリスは，大航海時代に入り植民地政策を積極的に展開する。その担い手は，主として中産階級の人々で，この中産階級の人々が貧民対策の税負担の軽減措置を求めた結果，労役場という就労施設を生み出し，貧困者に対する就労機会を設けることとなった。

　その後イギリスでは，18世紀から19世紀に入ると産業革命が起こり，資本主義経済が浸透した。マルサス（Malthus, T.）は『人口論』（1798）において，人口増加は幾何級数的であるが，食物は算術級数的にしか増加しないとし，国家による介入を否定した。そのような自由主義的な論調が高まり，旧救貧法に対する異議が唱えられ，1834年に旧救貧法を改革した新救貧法が制定された。その内容は，①全国統一の原則，②その処遇は，扶助を受けていない自立労働者

のうち，最下級労働者を下回るものとする，劣等処遇の原則，③壮健者の在宅扶助を禁止し，老齢等の悲壮健者は在宅扶助か対象ごとに分類される悪名高い労役所に収容させる労役場制度（ワークハウスシステム）が定められた。

（2）慈善組織化運動

　先の新救貧法だけでは，資本主義経済の浸透に伴う貧困者，浮浪者の増加に効果的に対応することができず，慈善団体による活動が救済を補完する役割を担っていた。しかし，その活動は体系的なものでなかったため，濫救，漏救の課題を有していた。この時期には，現在の社会調査の創設につながるブース（Booth,C.）によるロンドンの貧困調査，ラウントリー（Rowntree,B.S.）によるヨーク市の調査などが実施され，いずれも約三分の一の市民が貧困にあえいでいる実態が報告され，労働者や子どもの保護対策の必要性が叫ばれた。

　そこで，1869年，ロンドンにおいて慈善救済組織化・乞食抑制のための協会（後の慈善組織協会（COS：Charity Organization Society））が設立され，地区ごとの要援護者の把握と，地区内の活動の調整が効率的に行われることとなった。「施与ではなく友人として」というスローガンの下，物質的な施しだけでなく，友愛訪問員による訪問指導（友愛訪問）が重視された。しかし，その対象は「価値のあるケース」に限られ，飲酒などの問題を有する「価値のないケース」に該当する者は，救済に値しない者としてその対象とはされなかった。当時，貧困は個人の責任とする考えが根強くあり，問題の背景を捉えようとする視点は一般的なものではなかった。

　こうした取り組みの一方で，国家的な取り組みも順次なされていった。特筆すべきは工場法であり，1833年に成立後，順次改正を重ね，1947年には女性と18歳未満の労働時間を1日10時間に制限した。1967年には50人以上の工場すべてに法を適用し，さらに1974年には，週56時間労働制が導入された。加えて貧困対策としては，1909年に最低賃金法が制定された。子どもに関しては，1889年に児童虐待防止法，1908年に児童保護法が成立した。

（3）福祉国家への歩み―ベヴァリッジ報告―

　第二次世界大戦中の1941年，戦後の社会保障制度の検討を行う「社会保険および関連サービスに関する関係各省委員会」が設置された。翌年，委員長であ

るベヴァリッジ（Beveridge, W.）により，『社会保険および関連サービス』（通称「ベヴァリッジ報告」）が報告され，イギリスは「ゆりかごから墓場まで」をスローガンに，福祉国家の歩みを進めることとなる。

　報告では，ナショナル・ミニマムの給付を社会保険で対応するという考えが示された。被保険者が保険料を拠出し，保険事故があった場合に保険者が被保険者に給付を行う社会保険を包括的な制度とし，社会保険が利用できない人へ資力調査を条件に扶助を行う国民扶助と，それを超える生活保障の任意保険を補完的手段として位置づけた。

　イギリス社会の再建の道を阻む「五つの巨人」（Five Giant Evils）として，欠乏（want），疾病（disease），無知（ignorance），不潔（squalor），無為（idleness）をあげ，欠乏には社会保障政策，疾病には医療保障政策，無知には教育政策，不潔には住宅政策，無為には雇用政策で対応する社会保障政策を構想した。

　また，社会保障計画の前提として，①児童手当の支給，②疾病の予防と治療ならびに労働能力の回復を目的とした，社会の構成員全員が利用できる包括的な保健およびリハビリテーション・サービスの提供，③雇用の維持の三つの政策が不可欠であると強調した。

　この報告は，既存のシステムからの大幅な転換を意味しており，その反響は大きく，イギリス国内ではこの内容を支持する声が多くあった。わが国も第二次世界大戦後，生活上のリスクには基本的に社会保険で対応し，社会保険で対応できない場合には公的扶助によりナショナル・ミニマムを保障する制度が設計された。

　その後，イギリスは福祉国家として社会保障の充実を目指すが，経済の低迷により行き詰まりをみせる。1965年の貧困調査から，イギリスの人口の14.2%が貧困にあえいでいる実態が明らかになり，これによってコミュニティケアの推進を目指したシーボーム報告がなされ，地方公共団体を中心に対人社会サービスを提供することとなり，大規模な地方分権と行政改革が進められた。1980年頃からは，サッチャー政権下において小さな政府を目指し，福祉国家からの脱却を図ることとなる。一方で1982年のバークレイ報告によってコミュニティ・ソーシャルワークが提唱され，具体化されて，さらに1988年のグリフィ

ス報告によって，地方公共団体にコミュニティケア推進のための権限と財源を一元化させ，コミュニティ計画の策定，ケアマネジメントの導入，サービス供給主体の多元化，監査機能と苦情処理などの充実を図った。

　こうしたイギリスの取り組みで特に注目すべき点は，ソーシャルポリシーの理論であろう。マーシャルによれば，ソーシャルポリシーにおいては，①絶対的貧困の解消，②福祉の極大化，③平等の追求，をあげている。このため，完全雇用と労働者保護（最低賃金・労働協約等）を基本として，社会保障制度と住宅・医療・福祉・教育等の諸サービスの提供を行いつつ，税の再分配を実施している。そしてこれに加えて，ソーシャルワークをはじめとするパーソナル・ソーシャルサービススタッフのモラルを重視している点は，多くの点で学ぶべき点が少なくない。

2 アメリカの社会福祉の歴史

　アメリカ合衆国はその建国の歴史の中で，多くの民族やヨーロッパ等の国々からの移民を抱えて現在に至っている。そのため広大な面積に多様な人種・宗教や価値観を前提とし，具体的な生活を支援する公的な政策は州によって運営されている。17世紀から18世紀にわたって移民と独立戦争を経て，アメリカでは史的慈善が宗教的理由もあって一般的であった。その後移民の増加や合衆国に加わる州の増加によって，国家として統一した政策としての取り組みはなされないまま，ソーシャルワークの専門化が図られてきている。

　わが国のソーシャルワーク実践は，アメリカの影響を強く受けている。イギリスの慈善組織運動（COS）が導入された後，それまで善意に基づき経験的に行われてきた実践を，ソーシャルワークとして理論化したアメリカにおける取り組みは，わが国においては学ぶべき点が多い。ソーシャルワークを体系化した実践家とその社会的背景から説明する。

（1）ソーシャル・ケース・ワークの確立

　私的慈善活動が中心であったアメリカでは，南北戦争後において貧困にあえいでいる国民が増加し，「貧困は誰にもそのリスクがあり，社会的なものである」という考え方が広がった。アメリカ社会では，貧困の原因を「個人」と「社会」

に求める風潮が揺れる歴史を有しているのも特徴である。

　私的慈善団体が増加するアメリカでは，イギリスに倣い1877年に慈善組織協会（COS）が設立された。その活動としては，①地域社会における救済資源の組織化（慈善団体間の情報交換のサポート），②友愛訪問員によるケースワーク（貧困調査診断），③クライエントに対する救済処置が行われていた。

　1889年，ボルチモアCOSの会計保佐員の職にリッチモンド（Richmond, M. E.）が採用された。彼女は，就労前にCOSに関する知識をボストン慈善組織協会で1週間学び，そこで，ボストンCOSの初代事務局長であるスミス（Smith, Z. D.）と出会い，以後指導を受けることとなる。

　彼女は友愛訪問を重視した活動を展開し，COSの実践に知識や訓練の必要性を感じ，1897年に全国慈善矯正会議で訓練学校の必要性を発表した。これを受け，1898年にニューヨーク慈善組織協会「応用博愛夏季学校」が開設され，専門職教育の視点が取り入れられることとなった。1899年には貧困家庭の状況と友愛訪問に一般的に当てはまる原則を『貧困者の友愛訪問』（*Friendly Visiting Among The Poor*）に著した。友愛訪問は楽しい娯楽ではなく，厳粛な職業であると述べた。

　その後，リッチモンドはこれまでの実践から，ケースの問題を分析するための社会的証拠をどのように集め，推論し，社会診断を行うのか，社会診断の過程に注視した『社会診断』（*Social Diagnosis*）を1917年にまとめた。さらに1922年，『ソーシャル・ケース・ワークとは何か』（*What Is Social Case Work ?*）を出版した。ここでリッチモンドは「ソーシャル・ケース・ワークは人間と社会環境との間を個別に，意識的に調整することを通してパーソナリティを発達させる諸過程からなり立っている」[1]と定義した。特に「人間と社会環境との間」とは，問題を個人のものとして捉えるのではなく，個人と社会環境との関連と捉えることを示しており，ややもすると当時の慈善組織協会が貧困の捉え方を「個人の責任」としている点に疑問を投げかけ，自身の実務経験からソーシャルワークの視点を示したといえよう。

（2）ソーシャル・グループ・ワークとコミュニティ・オーガニゼーション

　一方，移民の流入によって拡大していくアメリカ社会には，生活環境の悪化

に伴う衛生問題のほかに，限定された職場をめぐる住民間のトラブルが絶えなかった。このため貧困の問題を個人の問題と捉える慈善組織協会の取り組みとは別に，地域社会の問題として捉えるセツルメントによる取り組みが行われていた。1886年にコイト（Coit, S.）がネイバーフットギルドを開設し，地域社会の問題解決を図り，様々な言語・宗教・民族等の地域の人々の中で相互理解と共感による絆を作り上げ，協働による地域社会の形成を目指した。また，1889年にアダムズ（Addams, J.）らがハルハウスを設立し，労働者や移民・人種問題を取り上げ，グループ活動を通じた活動を展開した。これらはやがて，ソーシャル・グループ・ワークとして発展していった。

　こうした慈善団体の活動は，20世紀になって共同募金活動の展開に至った。1914年クリーブランド市においてこれまで共同募金活動を展開していた慈善団体が連帯して社会福祉協議会を組織した。やがて共同募金を地域において展開する慈善団体が，アメリカの主要都市において社会福祉協議会を組織していった。特に世界恐慌による大量の失業者や貧困者の問題が顕著になると，ソーシャルワーカーが社会問題に対処する専門職として配置された。そして1939年のレイン（Lane, R.P.）の報告書によって，ニーズと社会資源を結びつける活動としてのコミュニティ・オーガニゼーション理論が展開された。

　1929年の世界大恐慌により民間救済による限界を迎え，1935年に社会保障法が成立した。これにより，アメリカの社会福祉政策は民間救済から公的救済にシフトすることとなり，ソーシャルワークの専門職化が進むこととなった。

　このようにアメリカの社会においては，民間の様々な取り組みから，ソーシャルワークの理論化と専門職化が図られてきた歴史があり，今日のわが国においてこれを取り入れながら，社会福祉の充実強化が図られてきており，大いに学ぶべき点があるといってよい。

3　デンマークの社会福祉の歴史

　現在，世界の社会福祉の基本理念となったノーマライゼーションは，デンマークで誕生した。デンマークの社会的背景と，「ノーマライゼーションの父」と呼ばれる，バンク-ミケルセン（Bank-Mikkelsen, N.E.）について，彼がノーマラ

イゼーションを生み出すまでの経緯と，その後の展開について説明する。

（1）ノーマライゼーションの背景

　デンマークでは，宗教改革以降，比較的長きにわたって家族による扶助，同業者による扶助，協会による援助という三層構造からなる支援の仕組みがなされていた。やがてそれまで制度的に拘束されていた農民は，自分たちを拘束してきた制度が撤廃されると同時に，貴族に変わって農場主になるにつれて，貧困者を含めた人々の救済を行うようになり，やがて集落が形成された。この仕組みで世界恐慌も乗り切り，やがてこれが今日の地方公共団体の基礎をなすようになった。このように様々な点で，国民が社会の諸課題に対して，自発的に取り組む国民性が醸成されてきた歴史があるといえよう。

　第二次世界大戦においては，国民の自発性がナチスドイツに対するレジスタンスという形で展開された。このときのレジスタンスの活動には「恐怖からの人々の開放」「人間性の回復」というテーマがあり，これがノーマライゼーションの通じるものとなっている。

（2）ノーマライゼーションと福祉改革

　バンク-ミケルセンは1919年にデンマークに生まれた。彼は第二次世界大戦中，デンマークを占領していたナチスのユダヤ系デンマーク人に対する非人間的な暴挙に強い怒りを感じ，人間の平等について関心をもつようになった。レジスタンス活動の地下新聞の記者をしており，強制収容所に収容されたこともあった。終戦後，勤めていた新聞社が解散となり職を失い，大学で学んだ法律の知識を活かすべく，1946年に社会省（厚生省）に入省。障害福祉課に配属となり，行政官として，知的障害に関する施策に携わる。

　彼は，当時のデンマークの福祉政策は世界随一と自認していたものの，障害者家族からの度重なる改善要求に応えるべく，現地視察を行った。そして知的障害者が巨大施設に収容・隔離され，一般とかけ離れた生活をしていること，優生手術が無差別に実施されている現状を目の当たりし，戦時中のナチスの非人間的な扱いや，強制収容所での自身の経験と重ね合わせて衝撃を受け，早速改革に向けた取り組みに着手した。知的障害者の親たちもその現状に問題を感じ，1951年〜1952年にかけて「知的障害者の親の会」が発足した。親の会では，

小規模化の施設を親の住む地域に設立すること，教育の権利の保障などの要望を活動目標とし，政府への対応を求めた。彼の法学の知識と新聞記者の経験により，知的障害の福祉に関する政策が立案・実行に移された。

　彼は親の会とともに活動し，親の会の要望が法律として実現するよう，親の会の願いを一番よく表す言葉として，「ノーマライゼーション」を文書の見出しに用い，要請の書面を覚書として1953年に親の会から社会大臣に提出した。これを受け，社会省は知的障害者に関する福祉政策委員会を設置した。委員会では，知的障害者もノーマルな人々と同様の生活を送る権利をもつという考え方を整理した報告書をまとめ，提出した。この報告書を元に1959年に法律が制定された。この1959年法では，これまでバラバラだった障害者福祉法や高齢者福祉法などを「国民の生活を支援する法律」にまとめることによって，国民から「障害者」という概念を消去するねらいも含まれており，実際に肢体不自由な人はいても「身体障害者」はいない，知的な遅れはあっても「知的障害者」はいない，という社会が実現されたことで，現在これが大きな成果であると評されている。この1959年法に，ノーマライゼーションという用語が法律に初めて用いられた。法文では，「知的な遅れのある人の生活を，できるだけ通常の生活状態と等しくなるよう，生活条件を整えること」とされた。この考えは，ノーマルシィ（normalcy）ではなく，ノーマライゼーション（normalization）であり，いわゆる知的障害者をノーマルな人にすることを目的とはしておらず，これまでの知的障害者に対する保護主義の考えを転換するものであった。

（3）ノーマライゼーションの展開

　バンク-ミケルセンが提唱したノーマライゼーションの理念を発展させたのが，ニィリエ（Nirje,B.）である。彼は1961年から約10年間，スウェーデン知的障害者親の会の事務局長兼オンブズマンとして，知的障害者とその親，施設職員と接し，帰納法的理論による観察を通して，1969年にノーマライゼーションの原理を発表した。①一日のノーマルなリズム，②一週間のノーマルなリズム，③一年間のノーマルなリズム，④ライフサイクルにおけるノーマルな発達的経験，⑤ノーマルな個人の尊厳と自己決定権，⑥その文化におけるノーマルな性的関係，⑦その社会におけるノーマルな経済水準とそれを得る権利，⑧その地

域におけるノーマルな環境形態と水準である。

　その後もニィリエはノーマライゼーションについて検討を重ね，「ノーマライゼーションの原理とは，生活環境や彼らの地域生活が可能な限り通常のものと近いか，あるいは，全く同じようになるように，生活様式や日常生活の状態を，全ての知的障害者や他の障害をもっている人々に適した形で，正しく適用することを意味している」[2]と定義している。

　現在デンマークの社会福祉制度は，ノルウェー，スウェーデンとともに「スカンジナビアモデル」といわれている。保育・看護・介護・の体制が整えられ，その財源は所得税（最高税率59％）や25％の消費税で賄われており，高福祉・高負担の社会システムとしてわが国にも紹介されている。なお，女性の就業率が全就業者数の50％弱と高くなっている。こうした仕組みが成立するには，自発的に社会に関わりを有する国民の認識のあり方が大きく影響している。

第3節　日本の社会福祉の歴史

　わが国の社会福祉の歴史を「1　近代以前」，「2　近代」，「3　第二次世界大戦後の緊急援護と社会福祉制度の基盤整備」，「4　社会福祉政策の拡充」，「5　日本型福祉社会への転換と社会福祉基礎構造改革」，「6　社会福祉基礎構造改革後の福祉制度」の6段階に区分し，その内容を確認する。

1 近代以前

　わが国の近代以前の救済は，仏教，儒教による活動がその役割を果たした。その原点は，593（推古元）年に設立された四箇院（敬田院，施薬院，療病院，悲田院）である。悲田院において，貧窮者や孤児などを救済した。

　奈良時代の僧・行基は，仏教徒として各地を周遊し，池や溝を掘るなどの土木事業や，貧民を救済する布施屋を設置した。

　その後，律令制度において，718（養老2）年に戸令を制定し，貧民の救済が行われた。近親者による扶養を前提とし，鰥（61歳以上で妻のない者），寡（50歳以上で夫のない者），孤（16歳以下で父のない者），独（61歳以上で子のない

者），貧窮（財貨に困窮している者），老（66歳以上の者），疾（疾病，傷害のある者）であって，自ら生活できない者が救済の対象であった。

鎌倉時代に入って，法然や親鸞によって救済の対象が拡大された。しかし，その根拠となったのが，本来仏教の救済の対象が「無差別平等」であるにもかかわらず，例えば障害を抱えた人を「業報」として差別を助長した面も否定できないという点があった。

やがて戦国時代に入ると，ヨーロッパからイエズス会の活動が展開されるようになった。自殺や一夫多妻の禁止，男色や離婚の禁止，堕胎や嬰児殺害の禁止，貞操観念など，およそ当時の封建社会の観念とは対立する側面がみられ，加えて仏教社会とも鋭く対立した。慈善活動においても新たな取り組みがなされるなどこれまでの仏教による取り組みの見直しが迫られた。なお，この時代は一向宗による門徒の自治的取り組みや，堺などにみられる商人による自治など，同業者扶助や地域内の相互扶助の取り組みなどが見受けられた。

江戸時代では，救済活動の基本は「藩」の自治権に任されていた。その中でも五人組制度は藩内の村落支配の基礎をなし，納税組織と相互扶助とが一体となった仕組みであり，村落支配の固定化がなされた。やがて太平の世が長期化し，人口が増加する一方で自然災害や飢饉などが発生すると，貧困がはびこるようになった。1722（享保7）年には，幕府が，貧窮病者の救済を目的とした小石川養生所を江戸に設立した。また救世思想も生まれ，農村の再建に向けた二宮尊徳の仕報実践活動や石川理紀之助の備荒法などの活動も生まれた。

2 近 代

（1）恤救規則

1871（明治4）年に廃藩置県が実施され，藩による救済がなくなったため，それに代わる取り組みが求められた。1873（明治6）年に内務省が設立され，1874（明治7）年に明治政府は全国統一の貧民救済を行う恤救規則を公布した。窮民の救済は「人民相互ノ情誼」で実施するものとし，その対象とならない「無告の窮民」のみを救済するという限定的なものであった。救済の対象は，地縁・血縁がなく，労働のできない極貧者に限定されており，具体的には，①

廃疾（障害者），②70歳以上の者，③疾病者，④13歳以下の孤児であった。

（2）篤志家による貧民救済

　恤救規則による救済は十分なものとはいえず，補完する役割を宗教家や篤志家が担っていた。当時の代表的なものとして，石井十次が1887（明治20）年に設立した岡山孤児院では，無制限主義を貫き，多くの孤児を救済した。石井亮一は1897（明治30）年に孤女学院を滝乃川学園と改称し，知的障害児の教育を本格的に始めた。セツルメントとしては，1897（明治30）年に片山潜がキングスレー館を設立した。また，留岡幸助は1899（明治32）年に家庭学校を設立した。当時はこのような篤志家による救済が，重要な役割を果たしていたのである。1908（明治41）年には，民間慈善団体の連絡を図る業務などを行う中央慈善協会（現在の全国社会福祉協議会）が設立された。

（3）方面委員と社会事業

　また，この時期から貧困者の救済を地域に密着した形で行う取り組みが始まった。岡山県の笠井信一は，1917（大正6）年から開始された貧困者の救済を行う済世顧問制度の創設に尽力した。翌年の1918（大正7）年，大阪の林市蔵はドイツのエルバーフェルト制度を参考に方面委員制度を創設し，方面委員によって生活実態の調査や戸籍整理が行われた。その後，方面委員制度は全国に広がりを見せ，1936（昭和11）年には方面委員令が全国に公布された。

　1920（大正9）年に国の法令に社会事業の文言が明記され，中央慈善協会は1921（大正10）年に社会事業協会に改称するなど，この時期から従来の慈善事業は社会事業といわれるようになった。

（4）救　護　法

　世界恐慌を受け，貧困者を救済することを目的に1929（昭和4）年に救護法が制定されたが，政府は財源難を理由に施行を延期し，施行は1932（昭和7）年となった。救護法の実現には，先の方面委員制度による活動が政府当局への働きかけとなり，その成立に重要な役割を果たした。

　救護法では市町村に救済の義務が定められたが，恤救規則と同様に，労働能力のある者は保護しない制限扶助主義がとられた。救護の対象は，①65歳以上の老衰者，②13歳以下の幼者，③妊産婦，④不具廃疾，疾病，傷痍その他精神

または身体の障害により労務を行うに故障ある者であり，貧困のために生活できない者となった。恤救規則と比較すると，その対象者は大幅に増加したが，救護を受ける者は男子普通選挙権を剥奪されるなどの問題点もあった。

（5）社会事業法の制定

　第一次世界大戦後の恐慌，世界恐慌などのあおりを受け，民間社会事業の財政難が深刻となった。当時，社会事業は篤志家の私財や一般庶民の寄付によってまかなわれており，公的な支援は存在しなかった。そこで，1938（昭和13）年に民間社会事業の保護助成と同時に，国による指導監督が行う社会事業法が制定された。その後，1940年頃からは第二次世界大戦の影響下となり，社会事業は厚生事業へと変化していった。

3　第二次世界大戦後の緊急援護と社会福祉制度の基盤整備

（1）福祉三法体制

　第二次世界大戦で日本は敗北し，戦勝国であるアメリカの連合国軍最高司令官総司令部（GHQ：General Headquarters）の占領下に入った。貧困にあえぐすべての国民の生活支援のため，1945（昭和20）年，政府はGHQの指示で，「生活困窮者緊急生活援護要綱」を作成した。翌1946（昭和21）年，GHQは日本政府に「社会救済に関する覚書」（SCAPIN775）を提出し，国家責任，無差別平等，公私分離，必要即応の原則を示した。併せて日本国憲法が1946（昭和21）年に公布され，翌年に施行された。これに基づき，（旧）生活保護法も1946年に施行され，さらに1950（昭和25）年，現行の生活保護法が施行された。ここでは最低生活保障と自立助長が定められ，国家責任，無差別平等，最低生活保障，補足性の原理と，申請保護，基準および程度，必要即応，世帯単位の原則が定められた。また民生委員法も制定され，民生委員は生活保護事務において，市町村の補助機関として位置づけられた。

　また戦争により，親を失った戦災孤児への対応が急務となり，1947（昭和22）年に児童福祉法が制定された。そして戦争で障害を負った傷痍軍人等への救済として，1949（昭和24）年に身体障害者福祉法が制定された。

　1950（昭和25）年の社会保障制度審議会の「社会保障制度に関する勧告」で

は，社会福祉を「国家扶助の適用をうけている者，身体障害者，児童，その他援護育成を要する者が，自立してその能力を発揮できるよう，必要な生活指導，更生保護，その他の援護育成を行うことをいうのである」としており，この時代の社会福祉政策は「救貧」施策が中心であった。上記の生活保護法，児童福祉法，身体障害者福祉法は「福祉三法」と呼ばれる。

（2）社会福祉事業法の成立

　福祉三法が整備されると，社会福祉事業の基本的共通事項を定める必要性が生じ，社会福祉事業法が1951（昭和26）年に制定され，前身の社会事業法は廃止された。第一種社会福祉事業，第二種社会福祉事業，社会福祉法人，福祉に関する事務所などについて定められ，今日の社会福祉の基礎構造が構築された。

　本法は，社会福祉事業そのものを定義しておらず，社会福祉事業を，「第一種社会福祉事業及び第二種社会福祉事業」（法第2条）と定め，その内容を限定列挙した。第一種社会福祉事業は，生活保護法の救護施設や身体障害者福祉法の身体障害者収容授産施設（当時）を経営する事業，共同募金を行う事業などで，第二種社会福祉事業は，児童福祉法の助産施設などが位置づけられた。

　第一種社会福祉事業はその事業内容の重要性から，国，地方公共団体または社会福祉法人による経営が原則とされ，経営主体が制限された。ここにいう社会福祉法人とは，「社会福祉事業を行うことを目的として，この法律の定めるところにより設立された法人」と定められている（法第22条）。社会福祉法人は，日本国憲法第89条の「公金その他の公の財産は，宗教上の組織若しくは団体の使用，便益若しくは維持のため，又は公の支配に属しない慈善，教育若しくは博愛の事業に対し，これを支出し，又はその利用に供してはならない」という公金支出禁止規定を回避するために誕生した。これにより社会福祉法人への助成が可能となり，社会福祉法人は社会福祉事業の中で重要な役割を担うことになる。

　社会福祉事業法では，社会福祉事業の趣旨を，「援護，育成又は更生の措置を要する者に対し，その独立心をそこなうことなく，正常な社会人として生活することができるように援助することを趣旨として経営されなければならない」（法第3条）と定め，その対象は「援護，育成又は更生の措置を要する者」であり，今日のように，利用者がサービスを選択する仕組みではなかった。

4　社会福祉政策の拡充（福祉六法体制）

　戦後の混乱期を克服すると，新たな課題が認識されるようになる。その一つに，18歳以上の知的障害者は児童福祉法の対象外となる課題があった。この課題に対応するため，1960（昭和35）年に精神薄弱者福祉法（現：知的障害者福祉法）が制定された。これにより，18歳以上の対象者を入所させ，保護し，更生に必要な指導訓練を行う精神薄弱者援護施設が創設された。法成立の前年にデンマークではノーマライゼーションの文言を盛り込んだ「1959年法」が成立したが，当時の日本ではノーマライゼーションの理念はまだ浸透しておらず，大規模な施設であるコロニーが各地に建設されることとなった。

　高齢化への対応としては，戦後の私的扶養の減退に対して所得保障が必要となった。そこで1961（昭和36）年，健康保険と公的年金について国民すべてを被保険者とする皆保険・皆年金が実現し，所得保障が図られた。

　また，高齢者人口の著しい増加は，それまでの所得保障とは異なる介護問題への対応という新たなニーズへの対応の必要性を生み出した。1963（昭和38）年に制定された老人福祉法では，特別養護老人ホームの設置や，現在の訪問介護員の前身となる老人家庭奉仕員が位置づけられた。

　翌年の1964（昭和39）年には，母子家庭の福祉を図ることを目的とした母子福祉法が成立した。1981（昭和56）年，子どもの成人後の母親の支援の必要性を踏まえ，母子及び寡婦福祉法に改称され，2014（平成26）年には父子家庭もその対象となった（現：母子及び父子並びに寡婦福祉法）。

　先の福祉三法に，精神薄弱者福祉法（現：知的障害者福祉法），老人福祉法，母子福祉法の三つの福祉法制を追加して「福祉六法」といい，「救貧」から「防貧」にシフトした。

5　日本型福祉社会への転換と社会福祉基礎構造改革

（1）日本型福祉社会への転換

　日本は高度経済成長を迎え，政府は福祉の充実を打ち出した。老人福祉法の改正により，1973（昭和48）年から70歳以上の老人の医療費の無料化（所得制

限あり）が行われ，「福祉元年」といわれた。しかし，同年，オイルショックに見舞われ，高度経済成長が終焉を迎えると，福祉施策について，方針の転換を迫られることとなる。

　1979（昭和54）年に閣議決定された「新経済社会7か年計画」では，先進国に範を求め続けるのではなく，個人の自助努力と家庭や近隣・地域社会等の連帯を基礎としつつ，効率のよい政府が適正な公的福祉を重点的に保障する，いわば日本型ともいうべき新しい福祉社会の実現を目指すものでなければならないという方向性が示され，日本型福祉社会への転換が図られることとなった。

　これを受けて人口の高齢化および長寿化に対応した21世紀の社会の仕組みづくりが本格的に議論され，人生50年時代に制定された各分野の制度を見直し，人生80年時代にふさわしい経済社会システムの構築を図る方向づけがなされ，1986（昭和61）年，長寿社会対策大綱が閣議決定された。

　1951（昭和26）年に成立した社会福祉事業法は，福祉三法体制時に制定されたものであり，その後改正を重ねたものの，高齢化が進行するわが国の社会情勢の変化に対応した内容とするためには，根本的な見直しが必要となった。これはまた「福祉六法」も同様であり，社会福祉制度全般にわたって見直しが必要となった。

　1989（平成元）年，福祉関係三審議会合同企画分科会より，「今後の社会福祉のあり方について（意見具申）」が示された。この中では，社会福祉見直しの具体的方策として，①社会福祉事業の範囲の見直し，②福祉サービス供給主体のあり方，③在宅福祉の充実と施設福祉との連携強化，④施設福祉の充実，⑤市町村の役割重視，新たな運営実施主体の構築の5点が示された。

（2）ゴールドプランの策定と社会福祉八法改正

　少子高齢化への対応が求められ，1989（平成元）年に大蔵・厚生・自治3大臣の合意による，高齢者保健福祉推進十か年戦略（ゴールドプラン）が策定された。そこでは，在宅福祉対策としてホームヘルパーや，施設整備として特別養護老人ホームなどの数値目標が定められ，「寝たきり老人ゼロ作戦」の展開など，十か年の目標が掲げられた。

　この流れを受け，1990（平成2）年に「老人福祉法等の一部を改正する法律」

（社会福祉八法改正）が行われた。改正の趣旨は，住民に最も身近な市町村で，在宅福祉サービスと施設福祉サービスがきめ細かく一元的かつ計画的に提供される体制づくりを進めることである。改正のポイントとしては，①在宅福祉サービスの積極的推進，②在宅福祉サービスと施設福祉サービスの市町村への一元化，③市町村および都道府県老人保健福祉計画の策定，④障害者関係施設の範囲の拡大等という点があげられる。

　「社会福祉八法改正」では，社会福祉事業法も大幅に改正された。これにより，実施主体が「国，地方公共団体，社会福祉法人その他社会福祉事業を経営する者」と明確にされ，市町村における高齢者福祉等の措置権が市町村に一元化される「措置権の移譲」がなされた。そしてその対象は「援護，育成又は更生の措置を要する者」から「福祉サービスを必要とする者」とされた。また，国，地方公共団体，社会福祉法人その他社会福祉事業を経営する者は，「社会福祉事業その他の社会福祉を目的とする事業の広範かつ計画的な実施」に努める観点から，この後は福祉計画が本格的に策定されていくこととなった。これは21世紀までに新たな福祉制度としての公的介護制度等を運用できるようにするために，全国の市町村において介護資源をはじめ，福祉サービス資源を整備する必要もあり，そのため計画策定を義務化する必要があったためである。

　1993（平成5）年度に地方老人保健福祉計画がとりまとめられると，ゴールドプランを大幅に上回るサービス整備の必要性が明らかとなった。1994（平成6）年に「高齢者保健福祉推進10か年戦略の見直しについて」（新ゴールドプラン）で，ホームヘルパーは10万人から17万人，特別養護老人ホームは24万床から29万床に整備目標が引き上げられた。同年に「今後の子育て支援のための施策の基本的方向について」（エンゼルプラン），翌年に「障害者プラン～ノーマライゼーション7か年戦略～」が策定され，児童，障害分野にも具体的な数値目標を盛り込んだ計画が策定されたことは意義のあるものであった。

（3）社会福祉基礎構造改革

　国民一人ひとりの自立と社会連帯の意識に支えられた所得再分配と相互援助と併せ，国民生活の安定基盤，社会全体の安定要素（セーフティネット）としての社会保障の機能を役割として，1994（平成6）年3月に「高齢社会福祉ビ

ジョン懇談会」は21世紀福祉ビジョンをまとめ今後の方向性を示した。さらに1996（平成8）年11月，社会保障制度審議会会長会議は，社会保障制度改革の方向（中間まとめ）をまとめ，個人の力のみでは対処し得ない生活の安定を脅かすリスクに係る国民の基礎的・基盤的需要に対応することにより社会・経済の安定や発展に寄与する，セーフティネットとしての役割を確認した。

　これを受け1997（平成9）年，社会福祉事業等の在り方に関する検討会の「社会福祉の基礎構造改革について（主要な論点）」を皮切りに，1998（平成10）年，中央社会福祉審議会社会福祉構造改革分科会は，「社会福祉基礎構造改革について（中間まとめ）」を発表し，改革の基本的な方向を示した。同年，中央社会福祉審議会，社会福祉構造改革分科会は，「社会福祉基礎構造改革を進めるに当たって（追加意見）」を報告し，1999（平成11）年に厚生省は「社会福祉基礎構造改革について（社会福祉事業法等改正法案大綱骨子）」を公表した。この改革の趣旨は，社会福祉の共通基盤制度の見直しであり，個人が尊厳をもってその人らしい自立した生活が送れるよう支えるという社会福祉の理念に基づいて推進することとされた。具体的な改革の方向としては，①個人の自立を基本とし，その選択を尊重した制度の確立，②質の高い福祉サービスの拡充，③地域での生活を総合的に支援するための地域福祉の充実の3点が示された。

6　社会福祉基礎構造改革後の社会福祉制度

　先の社会福祉基礎構造改革を経て，今日の社会福祉制度の基本的な枠組みが構築された。それは特に，1995（平成7）年の社会保障制度審議会が勧告した「社会保障体制の再構築」を軸にしている。改革の考え方は，①自立と社会連帯，②国民の不安に有効に対処，③利用者の必要や考えに沿って行われる給付，④分野間・制度間の連携・調整の促進，⑤社会保障の国際調整・国際貢献，⑥国民の参加，⑦少子化社会における子育て支援の強化，生涯現役社会の実現，社会保障制度の総合化・簡明化などであった。

（1）社会福祉法について

　先の社会福祉基礎構造改革を受け，2000（平成12）年，社会福祉事業法は関係法と合わせて，「社会福祉の増進のための社会福祉事業法等の一部を改正す

る等の法律」により改正され，社会福祉法に改称された。この社会福祉法は，福祉サービスの基本理念，地域福祉の推進，福祉サービス提供の原則，国および地方公共団体の責務などを明記し，加えて地域共生社会の実現を目的として具体的な実現を図るため，改正を重ねながら内容の充実を目指している。

（2）権利擁護について

1）サービス利用支援について

福祉サービスが原則として措置制度から契約制度に移行したことに伴い，認知症，知的障害，精神障害などにより判断能力が十分でない人のサービス利用支援，権利擁護を図るため実務的な手続きの必要性が生じた。

2000（平成12）年にスタートした成年後見制度は，判断能力が不十分となる場合に備える任意後見制度と，本人の判断能力に応じて「後見」「保佐」「補助」の三つの制度を利用する成年後見制度がある。

また，自己決定能力の低下した者に配慮し，民法の成年後見制度を補完する地域福祉権利擁護事業（現在は日常生活自立支援事業に改称）が創設された。社会福祉協議会を実施主体とし，判断能力が不十分であり，本事業の契約の内容について判断し得る能力を有していると認められる人を対象に，福祉サービスの利用援助や，苦情解決制度の利用援助のサービスを受けることができる。

福祉サービスは，サービス提供者と利用者の情報の格差である「情報の非対称性」に対応するため，介護保険制度では2006（平成18）年から介護サービス情報の公表制度がスタートした。障害分野においても，2018（平成30）年より同様の障害福祉サービス等情報公表制度が始まっている。

2）各虐待防止法について

児童，高齢者，障害者は，虐待を受けていても自身に支援が必要であることを自覚できないケースがあり，虐待防止への対応が求められていた。それぞれ2000（平成12）年に児童虐待防止法（児童虐待の防止等に関する法律），2005（平成17）年に高齢者虐待防止法（高齢者虐待の防止，高齢者の養護者に対する支援等に関する法律），2011（平成23）年に障害者虐待防止法（障害者虐待の防止，障害者の養護者に対する支援等に関する法律）が制定された。なお，児童虐待，高齢者虐待，障害者虐待の類型には，若干の相違が生じている。

（3）介護保険制度について

　介護保険法はわが国で5番目の社会保険として，1997（平成9）年に成立，2000（平成12）年に施行された。

　介護保険スタート時の2000（平成12）年は，要介護（要支援）の認定者は約218万人で，2018（平成30）年にはおよそ3倍の約644万人となっている。今後は，高齢者の中でも特に75歳以上の後期高齢者の増加，認知症高齢者の増加，世帯主が65歳以上の単独世帯や夫婦のみ世帯の増加が指摘されている。

　団塊の世代が75歳以上となる2025年を目途に，重度な要介護状態でも住み慣れた地域で自分らしい暮らしを人生の最後まで続けられるよう，住まい・医療・介護・予防・生活支援が一体的に提供される地域包括ケアシステム（図3−1）の構築が求められている。人口が横ばいで75歳以上人口が急増する大都市部，75歳以上人口の増加は緩やかだが人口は減少する町村部等，高齢化の状況には大きな地域差があるため，保険者である市町村や都道府県が地域の自主性や主体性に基づき地域の特性に応じてつくり上げていくことが必要とされている。

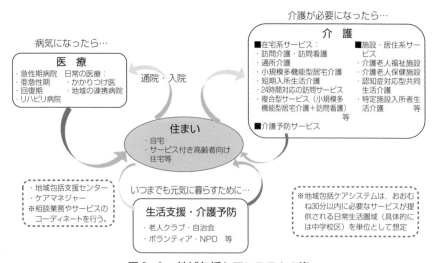

図3−1　地域包括ケアシステムの姿

厚生労働省：地域包括ケアシステムについて，2013，p.1を改変

（4）障害者支援制度について

1999（平成11）年，身体障害者福祉審議会・中央児童福祉審議会障害福祉部会・公衆衛生審議会精神保健福祉部会の合同企画分科会は「今後の障害保健福祉施策の在り方について」を報告した。その基本的考え方は，「ノーマライゼーション及び自己決定の理念の実現のために，利用者の選択権を保障し，また，利用者とサービス提供者との間の直接で対等な関係を確立するなど個人としての尊厳を重視した，21世紀にふさわしい利用者本位の考え方に立つ新しいサービス利用制度とする必要がある」とするものであった。

これを受けて2003（平成15）年4月より，障害福祉サービスは原則として支援費制度に移行され，利用者は事業所の選択が可能となった。そして，2006（平成18）年4月から障害者自立支援法が施行され，利用者負担は応益負担を原則とし，障害者に対するサービスは，自立支援給付と地域生活支援事業で構成されることとなった。2013（平成25）年4月には，「障害者の日常生活及び社会生活を総合的に支援するための法律（障害者総合支援法）」が施行され，法に基づく日常生活・社会生活の支援が，共生社会を実現するため，社会参加の機会の確保および地域社会における共生，社会的障壁の除去に資するよう，総合的かつ計画的に行われることが法律の基本理念として新たに創設された。

また，2016（平成28）年4月から，障害の有無によって分け隔てられることなく，相互に人格と個性を尊重し合いながら共生する社会の実現に資することを目的とする，「障害を理由とする差別の解消の推進に関する法律（障害者差別解消法）」が施行されている。

（5）今後の社会福祉について

現在，わが国にはホームレス，引きこもり，8050問題などの多様な課題があり，その内容は複雑化，多様化している。これまでわが国の福祉制度は，分野別に縦割りで発展してきたが，世帯内の複合的なニーズや個々人のライフステージの変化に対する包括的な対応が課題とされている。

本章では，海外と日本の社会福祉の歴史を概観した。社会福祉は社会情勢に応じて変化するため，その学びに終わりはない。社会福祉専門職として国内外

の動向に目を向け，今後の社会福祉について考え続けることが大切である。

■引用文献

1）M.E.リッチモンド／小松源助訳：ソーシャル・ケース・ワークとは何か，中央法規出版，p.57，1991
2）ベンクト・ニィリエ／河東田博ほか訳編：ノーマライゼーションの原理〔増補改訂版〕—普遍化と社会変革を求めて，現代書館，p.21，2000

■参考文献

・伊部英男：新救貧法成立史論，至誠堂，1979
・R.J.クーツ／星野政明訳：イギリス社会福祉発達史—福祉国家の形成，風媒社，1977
・ウィリアム・ベヴァリッジ／一圓光彌監訳：ベヴァリッジ報告—社会保険および関連サービス，法律文化社，2014
・M.E.リッチモンド／星野晴彦・山中裕剛・陳麗婷訳：善意からソーシャルワーク専門職へ　ソーシャルワークの源流，筒井書房，2014
・M.E.リッチモンド／小松源助訳：ソーシャル・ケース・ワークとは何か，中央法規出版，1991
・仲村優一：ケイスワークの原理と技術，社会福祉調査会，1959
・花村春樹：「ノーマリゼーションの父」N・E・バンク−ミケルセン，ミネルヴァ書房，1994
・ベンクト・ニィリエ／河東田博ほか訳編：ノーマライゼーションの原理〔増補改訂版〕—普遍化と社会変革を求めて，現代書館，2000
・厚生省社会局老人福祉課編：老人福祉法の解説，中央法規出版，1984
・三浦文夫：増補改訂　社会福祉政策研究—福祉政策と福祉革命，全国社会福祉協議会，1995
・厚生省社会局・大臣官房老人保健福祉部・児童家庭局監修：社会福祉8法改正のポイント，第一法規出版，1990
・右田紀久恵・高澤武司・古川孝順編：社会福祉の歴史〔新版〕—政策と運動の展開，有斐閣，2001
・社会福祉法令研究編：社会福祉法の解説，中央法規出版，2001

社会問題と福祉政策

　現在わが国では，人口減少や感染症など様々な社会問題が生じている。それに対応するため，あらゆる関連領域で福祉政策が実施されている。本章では福祉政策とはどのようなものなのか，具体的な福祉政策にはどのようなものがあるのかを見ることで福祉政策の理解を深めたい。

第1節　現代社会と社会問題

1　感染症と医療

　新型コロナウィルス（Covid-19）が世界的に猛威を振い，パンデミックとなる中，わが国の医療が注目されている。わが国は国民皆保険によって，医療機関でかかった医療費の3割の自己負担で医療が受けられる。この制度のおかげで安心して医療機関を受診できる。さらに，その自己負担額が高額になった場合には高額療養費制度があり，1か月の自己負担額が自己負担限度額を超えた場合，超えた分が戻ってくる。

　しかし，アメリカではわが国のように気軽に医療機関を受診できるというわけではない。ここでは，アメリカの医療制度を見ることで，改めてわが国の医療を考えるきっかけとしたい。

　アメリカの医療は非常に高額である。外務省のサイトを見ると，アメリカの医療がいかに高額であるかが確認できる。ニューヨーク市マンハッタン区で専門医の診療を受けた場合，診察費が1,000ドルを超えることがあることや，入院した場合は室料だけで1日あたり数千ドル，入院費が1日あたり1万から2万ドルに及ぶこともあるという現状が紹介されている。また，「高額な医療費に対しては，渡航後に当地の医療保険に加入するか，渡航前に十分な補償額の海外旅行傷害保険に加入して備えておく必要があります。病気や怪我など1回の

入院で数百万円から1千万円になることを覚悟してください」という注意喚起がなされている[1]。少しでも費用を抑えようと必要最小限の保険にしか加入せずにアメリカ旅行に行き，不運にも現地で病気やけがで医療機関を受診しなければならなくなった場合，大変なことになる。

　さらに，アメリカは国民皆保険ではない。2010年のデータでは全人口の約16％にあたる4,900万人が無保険者であった。非常に高額になる医療費に保険が使えない人が多数いる。

　ところで，アメリカの医療保険制度はどうなっているのだろうか。アメリカの医療保険は，①メディケア，②メディケイド，③マネージドケアの三つに大きく分けることができる。

　①　メディケア　　メディケアは高齢者および障害者向け公的医療保険制度であり，国（連邦政府）が運営する社会保障である。1965年にメディケイドとともに創設された。原則，アメリカに5年以上居住している65歳以上のすべての人が給付の対象となる。65歳未満でも，障害があり社会保障障害年金（Social Security Disability Insurance）を受給している人も一部対象となる。

　メディケアはAからDの四つのパートから構成される。パートAは，病院での入院治療や高度看護施設での介護，在宅医療等を保障する。アメリカで10年以上働き，納税をしていれば受給資格を有する。財源は社会保障税であるため保険料は不要である。

　パートBは，入院以外の外来医療を保障する。パートAではカバーしない大部分をカバーしている。任意加入で，保険料を支払わなければならない。基本的に医療費の2割の自己負担が必要である。

　パートCは，メディケアと契約する民間保険会社が運営する任意加入の保険である。パートAやパートBでカバーされていない医療をカバーするための保険であり，メディケア・アドバンテージとも呼ばれている。

　パートDは，医師から処方される薬に適用される任意加入の保険である。民間保険会社が運営している。

　②　メディケイド　　メディケイドは,低所得者向けの医療保険制度である。主に65歳未満の低所得者が対象である。国（連邦政府）と州（州政府）が共同

で出資しているが，実際の運営は州政府が担うため，医療サービスの内容は州によって異なる。

③　マネージドケア　メディケアが主に65歳以上の高齢者，メディケイドが低所得者を対象とした医療保険であるため，それ以外の一般層は公的な医療保険に加入していないことになる。したがって，高齢者や低所得者以外の一般層は民間の医療保険に加入することになるが，これをマネージドケアと呼んでいる。

　無保険のために医療費が払えず医療機関に受診できない事態にはなりにくいわが国は，パンデミックによる医療崩壊を起こさないことが肝要といえよう。

2 人口減少と高齢化率の上昇

　我々にとって最もなじみのある統計データは「人口」であろう。総務省「人口推計」によると，2019（令和元）年7月（確定値）の日本の総人口は1億2,626万5,000人である。今，この人口が深刻な問題を抱えている。図4-1はわが国の人口と推移と人口構成別に見た割合の変化，将来予測を示している。

　100年前の1920（大正9）年，わが国の総人口は約5,600万人であった。100年で人口は2倍以上になった。戦後人口は一貫して増え続けたが，2005（平成17）年についに人口は減少に転じることになる。2019（令和元）年7月は1年前と比べて26万4,000人も人口が減少している。これは茨城県の県庁所在地である水戸市の人口に匹敵する。ちなみに，2019年の人口は1997（平成9）年の人口とほぼ等しい。大幅な人口減少は今後も続くことが予想されている。

　人口の減少は，人口構造が変化することを意味している。子どもの割合が減り，高齢者の割合が増える。東京でオリンピックが開催された1964（昭和39）年の年少人口（0～14歳人口）割合は26.3％，生産年齢人口（15～64歳人口）割合は67.5％，老年人口（65歳以上人口）割合である高齢化率は6.2％であった。約7割が生産年齢人口であり，この人口構造によってわが国は高度経済成長を実現することができたといえよう。一方，2019年7月の年少人口割合は12.1％，生産年齢人口割合は59.5％，高齢化率は28.4％である。生産年齢人口割合の大

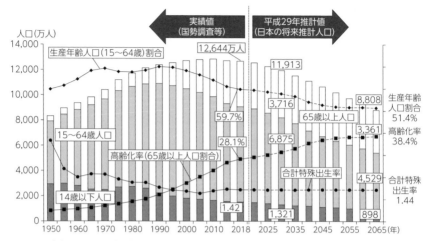

図4-1　日本の人口の推移

厚生労働省：我が国の社会保障制度の構成と概況（https://www.mhlw.go.jp/content/000523234.pdf）

きな減少は経済的な衰退につながらないだろうか。

　たしかに1964年と比べると機械が普及し，人手がいなくとも生産が行えるようになった。しかしながら，医療や介護はどうだろうか。AI（人工知能）の進歩が目覚ましい現在でも，医師や看護師が直接医療サービスを提供し，介護職員が直接介護サービスを提供している。したがって，少なくても医療や福祉の分野では，高齢者の割合が上昇し，医療や介護ニーズが増えるにもかかわらず，若い人の割合が低下することは，それを担う労働者の不足につながることは間違いない。現時点でさえ，医師不足，看護師不足，介護職不足である。将来はより深刻になってしまうことが懸念される。

　また，年金や医療保険の財源についても深刻な問題をはらんでいる。ここでは国民年金を例に考えてみる。国民年金は20歳から保険料を納付しなければならないが，自分の払った保険料はどこかに貯蓄され，受け取れる年齢（通常は65歳）になったときにそのお金を受け取るという制度ではない。年金は定期預

金のような積立方式ではなく，賦課方式がベースとなっている。すなわち，現役世代が納めた保険料は，そのときの年金受給者への支払いにあてられている。人口減少により，保険料を払う若い人が減少している一方，年金を受け取る高齢者が増えているということは，今以上に将来財源不足が深刻になる。これに対応するための施策を早急に講じる必要があろう。

　高齢者の増加は，別の問題も引き起こしている。図4-2は65歳以上を含む世帯の世帯構成の推移を示している。厚生労働省「国民生活基礎調査」における2018（平成30）年の数値を見ると，65歳以上が含まれている世帯は48.9%である。この65歳以上が含まれている世帯のうち27.4%が一人暮らし，28.9%がどちらも65歳以上の夫婦のみである。つまり，65歳以上を含む世帯の6割近くが高齢者のみの生活を強いられている現状が，今のわが国に起こっている。

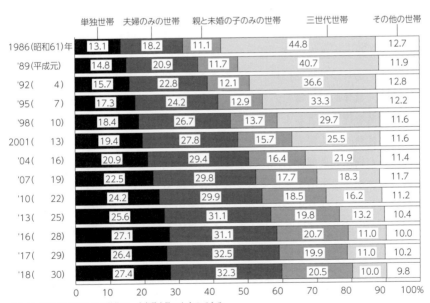

注：1）1995（平成7）年の数値は，兵庫県を除いたものである。
　　2）2016（平成28）年の数値は，熊本県を除いたものである。
　　3）「親と未婚の子のみの世帯」とは，「夫婦と未婚の子のみの世帯」及び「ひとり親と未婚の子のみの世帯」をいう。

図4-2　65歳以上を含む世帯の世帯構成の推移

資料　厚生労働省：2018年国民生活基礎調査の概況，2019

　急病や転倒など，高齢者に何かあった際，一昔前は同居している子や孫が対応することができたが，現在はそれができなくなっている。ますます，訪問看護や訪問介護などの医療，福祉サービスの必要性が高まっている。今一度，国民，特に高齢者が安心・安全に暮らせる社会を考えなくてはならない。

第2節　福祉政策の理念と概念

1　福祉政策の理念

　今日，我々は日々様々な人々と関係を取り結びながら，安心できる生活を送っている。この様々な関係は，多くの意味で基本的に信頼によって結ばれており，人々の関係の深さに応じて多様な形態を形成している。我々は，その生活の安定のために，日々の生活における困難の解消に向けて，人々との諸関係を活用する。しかし，この諸関係が困難の解決に生かせる場合もあれば，生かすことができない場合もある。我々はこれを社会の仕組みによって解決できるようにするため，あらゆる人々に対応できるように，個人を特定せずに対象となる条件を定め，具体的に困難除去の必要に対応できる仕組みや，個人を特定して個別サービスを提供できるような仕組みを創設してきた。「所得保障」や「医療保障」，「福祉サービス保障」などがこれにあたる。

　こうした我々の人間社会は，社会の仕組みを機能させることによって，すべての人々の幸福な生活を確保するシステムを構築している。あらゆる人々が社会の一員として生活を平穏に送ることと，そのためにすべての人々に対して平等に自由が保障されている。しかし，その自由を行使する際に，他の人々に不自由な思いをきたすような行動に出る場合や，平等に権利が保障されているにもかかわらず，生まれながらにしてその権利の行使自体が困難な状況にある人々に対しては，必要な調整措置やあるいは支援などがなされない限り，安心・安全な社会生活を送ることができなくなる。そのための社会による必要な措置や支援などの総体を社会政策といい，その一環として福祉政策がある。

2 福祉政策の概念

　社会政策は，経済政策や政治政策とは区別され，我々の社会生活全般を対象とした政策であり，その中に福祉政策が含まれる。福祉政策には，狭義と広義がある。狭義の福祉政策は，高齢者福祉や障害者福祉，児童家庭福祉などのいわゆる福祉六法として制度化されている領域である。広義の福祉政策は，福祉六法として制度化されている領域のほか，関連領域としての医療・教育・労働・住宅等様々な領域における対策がこれに含まれる。福祉政策はこうした対策の全体を指すものであり，これらの取り組みから，司法領域等の関連領域とのコラボレーションによって具体的に実践される。

（1）狭義の福祉政策

　狭義の福祉政策には，対象を明確にしながら具体的な対応が定められている。社会生活を送る上で，何らかの配慮が必要とされる人々を直接の対象とし，具体的には児童，支援が必要とされる高齢者，身体障害者，知的障害者，精神障害者などがこれにあたるほか，生活困窮にあえぐ人々も含まれる。

　わが国では歴史的に，措置の対象となる人々に対する保護制度を，狭義の社会福祉と呼んできた。これらの制度においては，とりわけ生活保護制度にみられる制度利用の際の社会生活上の屈辱的な対応はスティグマと呼ばれ，社会福祉制度が対象とする社会問題とその対象者に対する特殊性を印象づけていた。その理由は，これら社会福祉制度の対象者は，歴史的には，通常の救済制度でも社会生活が困難になっている人々に対して支援する必要から創設されてきたという経緯があったためである。

（2）広義の福祉政策

　広義の福祉政策には，狭義の福祉政策のほかに関連領域における政策や，部分的に社会保険システムにおける対策，従来からの社会保障制度や関連領域における分野も含まれる。その際，狭義の社会福祉対象者が利用する場合を指す場合もあるものの，社会手当なども含んでいる場合が少なくない。広義の福祉政策の場合は，保護措置という支援のあり方ではなく，一定の支援が必要な条件に達した場合は，必要の程度に応じて予め定められた内容の支援や給付が行

われる。わが国ではその多くが社会保険制度の形で制度化されている。医療保険制度や労働災害補償保険，失業保険や年金制度などがこれにあたる。

第3節　福祉政策と社会保障

1　福祉政策と社会保障の関係

　わが国の場合，狭義の福祉政策は図4-3に示した通り，社会保障制度とその他の制度で構成されている。社会保障制度には年金や児童手当，生活保護制度のような所得保障，医療保険や保健施策のような医療保障，社会福祉サービスや自立支援のような福祉サービス保障がある。一方，その他の制度には教育サービス（義務教育）や就学支援のような教育保障，雇用創出や失業対策，職業訓練のような雇用保障，住宅整備や融資，公営住宅のような住宅保障がある。

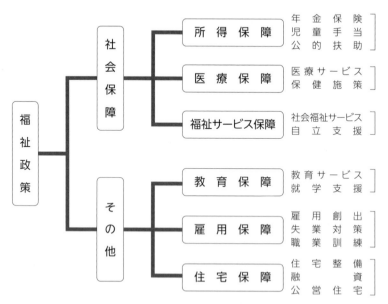

図4-3　福祉政策の範囲

坪　洋一他編：社会福祉原論，p.13，へるす出版，2009

社会保障を含めた福祉政策は経済政策との対比で用いられることが多い。

　また，社会保障は公的扶助と社会保険に大別される。公的扶助は税金（一般租税）が財源となっている点が特徴である。わが国では日本国憲法第25条で規定されている「健康で文化的な最低限の生活を営む権利」の保障を実現するものである。例として生活保護をあげることができる。一方，社会保険は保険料が財源となっている点が特徴である。保険料を徴収し，国や公的な団体が保険者となり，一定基準による給付を行う。なお，被保険者は強制加入となる。例として年金保険や医療保険がなどをあげることができる。

　以下では，社会保障制度の中から生活保護，国民年金，医療保険を概観する。

2 社会保障の諸制度

（1）生活保護

　生活保護は，国民の生存権を保障している日本国憲法第25条に基づいて，「健康で文化的な最低限度の生活」を保障するための制度である。資産や能力等すべてを活用してもなお最低生活費以下であり，生活に困窮する人に対し，困窮の程度に応じて必要な保護を行い，自立できるよう支援することを目的としている。財源は税金（一般租税）である。最低生活費の基準となる生活保護基準は，厚生労働大臣が保護を必要とする人の年齢や世帯構成，居住地などの条件を考慮し，扶助別に毎年度定めている。最低生活費の計算方式は，①マーケット・バスケット方式，②エンゲル方式，③格差縮小方式，④水準均衡方式の4種類あり，現在は水準均衡方式が採用されている。

　生活保護には，生活扶助，医療扶助，教育扶助，住宅扶助，介護扶助，出産扶助，生業扶助，葬祭扶助という8種類の扶助がある。これらの扶助を必要に応じて組み合わせて支給が行われる。その中でも食費，被服費，光熱費などの日常生活費をまかなう生活扶助が基本となる。生活扶助基準は厚生労働大臣が地域の生活様式や物価等を考慮して定める級地区分表により，市町村単位で1級地－1から3級地－2までの6段階に分けられている。また，年齢別に定められた1類費と世帯人員別に定められた2類費があり，これらの合計（正確にいえば1類費には逓減率が掛けられる）で生活扶助基準が決められている。

（2）国民年金

　国民年金は20歳以上60歳未満の国民全員が対象であり，強制加入である。「基礎年金」とも呼ばれている。財源は保険料であり，定額で月額16,540円（2020年度）となっている。ちなみに厚生年金は，国民年金に上乗せされて給付される年金である。受給に際しては国民年金の金額に厚生年金の受給額が加算される。厚生年金保険の対象者は，主に会社員や公務員などがあげられる。国民年金は「積立方式」ではなく，基本的に「賦課方式」が採用され，現役世代が納めた保険料は，現在の年金受給者への支払いにあてられている。なお，学生には学生納付特例があり，保険料の納付を一時的に猶予することができる。猶予された期間は年金を受け取るために必要な期間（受給資格期間）に算入されるが，受け取れる年金額は，保険料を全額納付した場合と比べて少なくなる。また，猶予期間分の保険料を後から追納することもできる。追納は10年以内に行うことが必要である。

　国民年金は，原則65歳から受け取ることができる。ただし，本人の希望によって60歳から64歳までの間に繰上げて受け取ることができる。この場合，65歳で受け取るよりも年金の受給額は減る。一方，65歳で請求せずに66歳から70歳までの間で繰下げて受け取ることもできる。この場合，65歳で受け取るよりも年金の受給額は増える。

（3）医療保険

　1961（昭和36）年に国民皆保険が実現したことにより，わが国の国民は公的な医療保険への加入が義務づけられている。したがって例外を除き，我々は全員なんらかの医療保険に加入している。ただし，生活保護の受給者は公的医療保険には加入していない。医療費は生活保護の医療扶助から支払われる。

　わが国の医療保険は，健康保険，国民健康保険，船員保険，共済保険，後期高齢者医療制度で構成されている。健康保険は会社員（およびその家族）が加入している医療保険で，主に大企業の会社員が加入している組合管掌健康保険（組合健保）と主に中小企業の会社員が加入している全国健康保険協会管掌健康保険（協会けんぽ）がある。組合健保の保険者は組合であり，単一の企業で設立する組合，同種同業の企業が合同で設立する組合などがある。協会けんぽ

の保険者は全国健康保険協会である。

　国民健康保険は主に農家や商店などの自営業者が加入している医療保険である。保険者は市町村である。ただし，一部の業種の自営業者は国民健康保険組合を設立している。

　船員保険は船員法の規定による船員が加入している医療保険である。雇用保険の機能も併せもっている点が特徴である。保険者は全国健康保険協会である。

　共済保険は主に公務員が加入している医療保険である。採用区分の違いから国家公務員が加入している国家公務員共済組合，地方公務員が加入している地方公務員共済組合，私立学校の教職員が加入している私立学校教職員共済の三つに分けられている。保険者は各共済組合である。

　後期高齢者医療制度は75歳以上の全国民が加入している医療保険である。保険者は都道府県単位で全市町村が加入する広域連合である。

　わが国の医療は国民皆保険によって支えられており，安心して医療サービスを受けることができる。医療保険の保険証を持っていることで様々な給付を受けることができる。例えば，被保険者が病気やけがで医療機関を受診した際，医療費が10,000円かかったとしても，窓口で自己負担する金額は10,000円の3割である3,000円のみである。残りの7,000円は医療保険から「療養の給付」として給付（現物給付）される。なお，被保険者が医療機関を受診した場合でも同様に3割負担となるが，医療保険から給付される7割を「家族療養費」という。就学前の子どもの自己負担割合は2割，70歳以上の高齢者の自己負担割合も原則2割だが，現役並みに収入がある世帯は3割の自己負担となっている。「療養の給付」や「家族療養費」の他，医療保険の給付には「入院時食事療養費」，「入院時生活療養費」，「療養費」，「保険外併用療養費」，「高額療養費」，「訪問看護療養費」，「移送費」，「出産育児一時金」，「埋葬費」，「傷病手当金」，「出産手当金」などがある。それぞれの給付の詳細については，第7章第6節に記載するので参考にしていただきたい。

第4節　福祉レジームと福祉政策

1　福祉国家の比較

　20世紀以降の先進国では，国民の生活の安定と福祉の確保を主要な国家目標に掲げ，社会保障制度の充実が重要な政策となっている。このように社会保障制度の充実を通じて国民の生活の安定を図る国家を福祉国家という。

　社会保障や社会福祉の諸政策を見てみると，その様相は国家によって大きく異なる。その一例を社会保障給付費で見てみる。図4-4は国別に見た2013年の社会保障給付費の対 GDP 比である。フランスの社会保障給付費の対 GDP 比が最も高く31.7%となっている。スウェーデン（27.8%）やドイツ（26.2%）も高い。一方，わが国は23.7%とイギリスとほぼ同水準である。アメリカは19.1%と社会保障給付費の対 GDP 比は低い。年金，医療，福祉その他の内訳では，わが国と比べてスウェーデンの「福祉その他」の割合が高くなっている。

　図4-5は社会保障給付費をまかなう財源である社会保障財源の対 GDP 比を国別に示したものである。公費負担を見ると，わが国はスウェーデンの半分程度である。反対に，被保険者本人負担を見ると，わが国はスウェーデンの倍以上となっている。

　さらに国民負担率を見てみる。図4-6に2016年度の国別の国民負担率を示した。国民負担率が最も高いのはフランスで67.2%である。スウェーデン（58.8%）やドイツ（53.4%）も高い。一方，わが国は42.8%とイギリスと同水準である。アメリカは33.1%と最も低い。租税負担率をわが国とスウェーデンで比較すると，わが国の租税負担率はスウェーデンの半分以下となっている。スウェーデンの租税負担率は非常に高い。ちなみに消費税の割合もわが国とスウェーデンでは大きく異なっている。2019（令和元）年10月，わが国の消費税の税率は10%（飲食料品等は軽減税率のため8%）に引き上げられたが，スウェーデンの税率は25%（一部商品は軽減税率のため12%や6%）である。

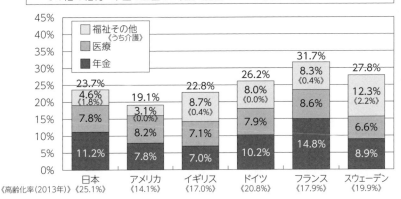

○わが国の社会保障給付の規模を部門別に比較すると,
・年金－米英を上回るが,仏をやや下回る規模
・医療－米国や欧州諸国を概ね下回る規模
・その他の給付－米国を上回るが,欧州諸国をかなり下回る規模　となっている

(注) OECD : "Social Expenditure Database"等に基づき,厚生労働省政策統括官付社会保障担当参事官室で算出したもの。いずれも2013年。
OECD社会支出基準に基づく社会支出データを用いているため,社会保障給付費よりも広い範囲の費用(公的住宅費用,施設整備費等)も計上されている。
高齢化率はOECD : Elderly population (indicator)

図4-4　社会保障給付の部門別の国際的な比較(対 GDP 比)
厚生労働省:社会保障制度等の国際比較について,p.3,2018

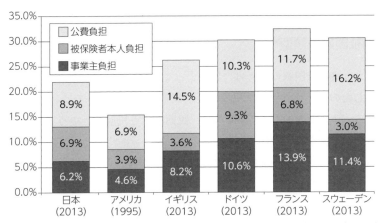

(資料) 社会保障・人口問題研究所「社会保障費用統計」(日本),「社会保障費国際比較基礎データ」(アメリカ),
Eurostat"European Social Statistics"(イギリス,ドイツ,フランス,スウェーデン)

図4-5　社会保障財源の対 GDP 比の国際比較
厚生労働省:社会保障制度等の国際比較について,p.5,2018

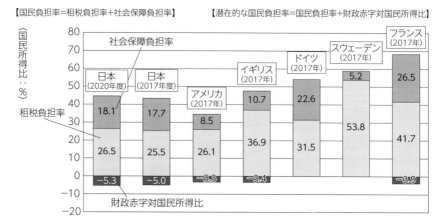

【国民負担率＝租税負担率＋社会保障負担率】　　　【潜在的な国民負担率＝国民負担率＋財政赤字対国民所得比】

	日本(2020年度)	日本(2017年度)	アメリカ(2017年)	イギリス(2017年)	ドイツ(2017年)	スウェーデン(2017年)	フランス(2017年)
国民負担率	44.6(32.5)	43.3(31.7)	34.5(27.3)	47.7(34.4)	54.1(40.5)	58.9(37.7)	68.2(48.3)
潜在的な国民負担率	49.9(36.3)	48.3(35.3)	37.9(30.0)	51.0(36.8)	54.1(40.5)	58.9(37.7)	72.1(51.1)

（注1）日本は2019年度（平成31年度）見通し及び2017年度（平成29年度）実績。諸外国は2017年実績。
（注2）財政赤字の国民所得得比は，日本及びアメリカについては一般政府から社会保障基金を除いたベース，その他の国は一般政府ベース。
（出典）日本：内閣府「国民経済計算」等　諸外国：National Accounts(OECD)Revenue Statistics(OECD)

図4-6　国民負担率の国際比較
財務省：国民負担率の国際比較，2020

2　福祉国家の類型

　このように福祉国家の中身は，国によって異なっている。多様な福祉国家を類型化したのが，デンマーク出身の社会政策学者であるエスピン-アンデルセンである。エスピン-アンデルセンは，脱商品化と階層化という2つの指標を用いて，福祉国家を3つに類型化した。

　脱商品化とは，疾病や加齢などで労働市場を離脱した労働者が社会保障制度によって生活が維持できるかどうかを示す指標であり，社会保障制度によって生活が維持できる場合には脱商品化は高い。階層化とは，職種や社会的階層に応じて給付やサービスにどれだけの差があるかを示す指標である。福祉の供給が職業ごとに行われている場合は，階層化が高い。

　エスピン-アンデルセンの福祉国家の類型化を「福祉レジーム」論という。福

祉国家は脱商品化と階層化の違いから「自由主義レジーム」,「保守主義レジーム」,「社会民主主義レジーム」の三つに分けられる。

（1）自由主義レジーム

　自由主義レジームの例として，アメリカ，イギリス，カナダ，スイス，オーストラリアなどが挙げられる。アングロサクソン・モデルとも呼ばれている。このレジームの特徴を簡潔に述べると「市場の役割が大きい」福祉レジームといえる。社会保障制度は充実しておらず脱商品化は進んでいない。一方，供給される福祉は職業などで異なるため，階層化は高い。したがって，このレジームはリスク管理に対しては個人的責任であり，市場中心の問題解決を重視している。社会保障は国ではなく個人が民間保険などから調達し，市場の環境を整えることが国の役割となっている。

　自由主義レジームでは，機会の平等や個人の自己責任が重視され，国による社会保障は貧困層などの必要最小限にとどまる。そのため，社会保障給付費は比較的低水準となっている。貧困層以外の多くの人は自己責任で民間の医療保険などに加入することになる。労働市場での社会保障が少ないため，雇用が流動的になる。失業期間は比較的短いが，所得格差が拡大する傾向がある。また，失業率は景気によって大きく変動する。子育て支援等も必要最小限であり，児童のいる低所得者家庭を対象とした一時的な給付などに限定されている。

（2）社会民主主義レジーム

　社会民主主義レジームの例として，スウェーデン，ノルウェー，デンマークなどがあげられる。北欧モデルとも呼ばれている。このレジームの特徴を簡潔に述べると「国家の役割が大きい」福祉レジームといえる。

　社会保障制度が充実して脱商品化が進んでいる。一方，国民に等しく福祉が提供されるため，階層化は低い。なお，女性の就業率が高いという特徴もある。このレジームでは，社会保障を受ける権利は個人の市民権にあると考えられ，高所得者，低所得者問わず社会保障は国により普遍的に行われる。

　手厚い福祉サービスが提供されているが，その財源をまかなうために高い税金を課している（高福祉・高負担）。そのため，社会保障給付費は高水準となっている。また，他のレジームに比べて現役世代への給付が手厚い。

労働市場では同一労働同一賃金が基本であり，職業訓練や職業紹介などの積極的労働市場政策を重視しているが，失業率は比較的低くなる傾向がある。

（3）保守主義レジーム

保守主義レジームの例としては，ドイツ，フランス，ベルギー，イタリアなどがあげられる。大陸ヨーロッパ・モデルとも呼ばれている。このレジームの特徴を簡潔に述べると「家族や職域の役割が大きい」福祉レジームといえる。

社会保障制度が充実して脱商品化が進んでいる。また，福祉の供給は職業などによって異なるため，階層化が高い。このレジームでは，社会保障制度は，家族が扶養責任を果たせないときのために用意されているものと考えられている。また，職域別の制度となっており，どんな職業についているかによって内容が異なる。なお，社会保障給付は所得に比例しており，退職後の高齢者向けのものが多い。主な財源は社会保険が中心となる。

労働市場では，職業と福利厚生が一体化しており雇用が保護されているため，雇用の流動性は低い。職業訓練や職業紹介などの積極的労働市場政策への支出は低く，失業率は高くなる傾向がある。

3　福祉レジームとわが国

わが国はどの福祉レジームに属しているのだろうか。医療や年金の財源が社会保険である点や男性に比べて女性の社会進出が低く家族（特に女性）が扶養責任を果たしていることに鑑みると保守主義レジームに該当する。他方，社会保障給費における医療や年金以外の「福祉その他」の割合が低く，生活保護制度のような貧困層への給付にとどまっている現状を鑑みると自由主義レジームにも該当する。そのため，わが国が属している福祉レジームは自由主義レジームと保守主義レジームの間と考えることができる。

なお，『平成24年版厚生労働白書』には「エスピン-アンデルセンは，わが国の現状の福祉システムは，自由主義レジームと保守主義レジーム双方の主要要素を均等に組み合わせているが，いまだ発展途上であり，独自のレジームを形成するかどうかについては結論を留保している」と述べられている[2]。

第5節　福祉政策のニーズと資源

1　ニーズとは

　社会福祉におけるニーズ（ニード）とは，必要不可欠なものを求めている状態のことである。1970年代に福祉サービス供給体制についての理論を発展させ，ニード論を展開した三浦文夫は，「社会的ニードとは『ある種の状態が，一定の目標なり，基準からみて乖離の状態にあり，そしてその状態の回復・改善等を行う必要があると社会的に認められたもの』というぐらいな操作的概念として捉えておくことにしたい。そして『ある種の状態が，ある種の目標や一定の基準から見て乖離の状態にある』ものを仮に依存的状態（dependency）あるいは広義のニードと呼び，この依存的状態の『回復，改善等を行う必要があると社会的に認められたもの』を要救護性あるいは狭義のニードと呼ぶことにしておく」[3] としている。つまり，三浦によればニーズには広義のニードと狭義のニードがあり，広義のニードは「目標や基準から見て乖離の状態にあるもの」，狭義のニードは「回復，改善等を行う必要があると社会的に認められたもの」である。これらは客観的な価値に基づくものであり，ニーズの有無を判断する際にはどのような基準で判断するのかを明確にしておく必要がある。

　なお，ニーズと類似した概念である需要は，なくても生きていけるがあったほうがよいと思っている状態のことであり，主観的な欲求に基づいている。

2　ブラッドショウのニーズの類型

　ニーズの類型について，代表的なものにブラッドショウ（Bradshaw,J.）が提唱した四つのニーズがある。ブラッドショウはニーズをノーマティブ・ニーズ（規範的ニーズ），フェルト・ニーズ（感得されたニーズ），エクスプレスト・ニーズ（表明されたニーズ），コンパラティブ・ニーズ（比較ニーズ）の4つに分類した（図4-7）。

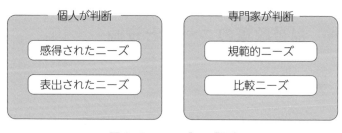

図4-7　ニーズの4類型

（1）ノーマティブ・ニーズ（規範的ニーズ）

　ノーマティブ・ニーズは，ニーズをもつ本人ではなく，専門家や行政職員，研究者などが判断するニーズである。望ましい基準と現状とを比較して，ある個人や集団がその基準から乖離した状態にある場合にニーズがあるとする。法律に規定された福祉の基準や専門的見地で定めた基準がこれに該当する。

（2）フェルト・ニーズ（感得されたニーズ）

　フェルト・ニーズは，ニーズがあるということを本人が自覚している状態である。つまり，ニーズがあるかどうかを専門家などが判断するのではなく，本人の意思によって判断されるニーズである。ただし，このニーズには限界がある。例えば，一般的に見て必要のないサービスでも，本人が希望することもある。また，福祉サービスが必要にもかかわらず，周囲から負の烙印（スティグマ）を気にして利用しない場合もあるだろう。さらに，本人が利用可能な福祉サービスを完璧に理解していないと真のニーズを判断することができない。

（3）エクスプレスド・ニーズ（表出されたニーズ）

　本人自身が「ニーズがある」と自覚し，実際にサービス利用を申し出たニーズである。例えば，本人が「生活保護が必要である」と判断した場合，これはフェルト・ニーズに該当するが，実際に福祉事務所に生活保護を申請しない場合は受給できない。これを申請した時点でエクスプレスド・ニーズとなる。ただし，生活保護を申請しても，審査の結果，申請が却下される人もいる。したがって，生活保護の受給者とエクスプレスド・ニーズには乖離がある。

（4）コンパラティブ・ニーズ（比較ニーズ）

　同じ状況にありながら，サービスを利用している人と利用していない人を比

較して，サービスを利用していない人にニーズがあると判断される。統計的な資料などを用いて，地域レベルで比較し判断される場合もある。

　例えば，ある個人Xが別の個人Yと比較して，家族構成や健康状態が同じなのに，Xはサービスを利用しているのに，Yはサービスを利用していないということになると，利用していないYにはニーズがあると考える。また，人口規模や面積，高齢化率等が類似しているA市とB市を比較して，A市には総合病院があるがB市にはない場合，B市でも総合病院のニーズがあると考える。

3　貨幣的ニーズと非貨幣的ニーズ

　ニーズの類型には三浦文夫の貨幣的ニーズと非貨幣的ニーズの分類もある。

（1）貨幣的ニーズ

　貨幣的ニーズは，ニーズそのものが経済的要件に定められ，貨幣的に測定が可能なニーズのことをいう。主に金銭給付によって行われるというものである。

（2）非貨幣的ニーズ

　非貨幣的ニーズは，ニーズが貨幣的に測ることが困難であり，現金給付では十分な効果が期待できない非現金的な対応を要するニーズである。主に現物給付や人的サービスなどによって提供されるものである。

4　潜在的ニーズと顕在的ニーズ

（1）潜在的ニーズ

　潜在的ニーズとは，顕在的ニーズの対語で，本人が自覚あるいは感得していないとしても，ある一定基準から乖離し，その状態の解決が社会的に見て必要であるとみなされている状態である。隠されたニーズとも呼ばれている。例えば，特別養護老人ホーム等への入所が必要な状態であるが，家族が介護することにより在宅で生活しているような状態があげられる。

（2）顕在的ニーズ

　顕在的ニーズとは，依存状態やその解決の必要性を本人が自覚している状態である。現実的なサービスの需要として顕在化している。

5　ニーズと資源

　ニーズが必要不可欠なものを求めている状態のことであるならば，資源は必要不可欠なものを提供する手段である。社会福祉分野で用いられる資源は特に社会資源と呼ばれ，ニーズを充足するための各種の制度，施設，機関，設備，資金，物質，法律，情報，人材，個人の有する知識や技術等の総称である。社会資源は，フォーマルな社会資源とインフォーマルな社会資源に大別される。

（1）フォーマルな社会資源

　フォーマルな社会資源は，行政によるサービスや公的サービスを提供する民間組織によるサービスである。医療保険制度や介護保険制度などの法律・制度に基づいて提供される。したがって，サービス適用に関する評価基準や利用手続き等が設定されており，安定した継続性のあるサービスや専門的サービスが期待できる。

（2）インフォーマルな社会資源

　インフォーマルな社会資源は，NPO法人やボランティアグループ，家族による一時的なサポート，親戚，友人，知人，近隣の人，ボランティア，自治会等が提供するサービスであり，介護保険などの制度を使わないサービスである。柔軟なサービス提供が期待でき，ネットワークが容易に構築できる。一方，継続性，安定性，専門性に欠ける等の欠点がある。

6　現金給付と現物給付

　福祉政策により供給される社会資源には現金給付と現物給付がある。人々のニーズを充足し，福祉の向上を図るためには，金銭による「現金給付」か，サービスや物品による「現物給付」という手段を用いることが必要不可欠である。

　現金給付は公的年金や児童手当，生活保護などの現金が給付される制度である。また，現金給付にはバウチャー方式として，クーポン券や利用者証の給付もあげられる。一方，現物給付は高齢者や障害者に車いすや補装具を直接提供する物的サービスと在宅や施設で提供される医療サービス，介護サービス，保育サービス，相談援助などの人的サービスがある（図4-8）。

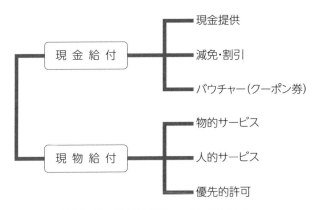

図 4 - 8　　給付によるニーズ充足の方法

　医療保険を考えてみる。本章第 3 節2(3)で示した事例を再度考えると，被保険者が病気やけがで医療機関を受診した際，医療費が10,000円かかっても，窓口で自己負担する金額は10,000円の 3 割である3,000円のみである。残りの7,000円は医療保険から「療養の給付」として給付されるが，この給付は「現金給付」ではなく「現物給付」である。なぜなら，その場で保険者から7,000円を受け取り，これを窓口に支払っているわけではないからである。この7,000円は医療サービスという現物によって給付されたと解釈する。

　医療保険でも「現金給付」の制度もある。例えば，旅行先でけがをしてしまい医療機関を受診した際，保険証を持っていなかった場合，かかった医療費を全額（10割）窓口で支払わなければならない。ところが，後日保険者に申請することで本来保険が適用された 7 割が「療養費」として戻ってくる。この「療養費」は現金給付である。

　また，「現金給付」と「現物給付」の二つの方式が混在している医療保険の制度もある。例えば「高額療養費」である。「高額療養費」は自己負担額が高額となり，1 か月の自己負担限度額を超えた場合，後日，保険者に申請することで，自己負担限度額を超えた分が現金として戻ってくる制度である。したがって，「高額療養費」は原則，「現金給付」である。しかしながら，一旦は高額となる医療費を自己負担しなければならない。その負担を軽減するために，2007（平

成19）年4月から事前に保険者に申請し，認定を受ければ自己負担限度額だけ支払えばよくなった。もし，1か月の自己負担限度額が57,600円（標準報酬月額26万円以下），自己負担する予定の金額が10万円だった場合，事前に申請し，認定を受けていれば（「限度額認定証」の交付）57,600円だけを支払えばよい。本来10万円を自己負担するところを57,600円のみの自己負担となる。残りの42,400円は医療サービス，つまり「現物給付」されたと理解する。

第6節　福祉に関する施設や機関

　本節では，福祉政策の実施を担う施設や機関について説明する。まず，福祉事務所と社会福祉協議会について整理し，次に福祉施設について，それぞれの対象や目的，提供サービス，従事者，財源等について整理する。

1　福祉事務所と社会福祉協議会

（1）福祉事務所

　福祉事務所は，福祉六法（生活保護法，児童福祉法，母子及び父子並びに寡婦福祉法，老人福祉法，身体障害者福祉法，知的障害者福祉法）に定められる援護，育成または更生の措置に関する事務を司る第一線の社会福祉行政機関である。社会福祉法第14条において「福祉に関する事務所」として規定されている。もともと，1951（昭和26）年に社会福祉事業法（現・社会福祉法）に基づく形で発足した。

　福祉事務所は，都道府県および市（特別区を含む）においては設置が義務づけられており，町村においては，任意で設置することができるとされている。2020（令和2）年4月1日現在，都道府県福祉事務所206か所，市福祉事務所999か所，町村福祉事務所45か所の計1,250か所が設置されている。

　都道府県福祉事務所の業務内容は，社会福祉法第14条第5項に規定されており，①生活保護法，②児童福祉法，③母子及び父子並びに寡婦福祉法の各法において定められている援護または育成の措置に関する事務のうち，都道府県が処理することとされているものを司るとされている。生活保護の決定・実施，

助産施設，母子生活支援施設への入所事務，母子家庭等の相談・調査・指導等を行っている。1993（平成5）年には老人福祉法および身体障害者福祉法において，2003（平成15）年には知的障害者福祉法において，施設入所措置事務等が都道府県から町村へ移譲されたことに伴い，これ以降，都道府県福祉事務所においては従来の福祉六法から生活保護法，児童福祉法，母子及び寡婦福祉法（現・母子及び父子並びに寡婦福祉法）の福祉三法を所管することとなったという経緯がある。

他方，市町村（特別区を含む）福祉事務所の業務内容は，同じく社会福祉法第14条第6項に規定されており，①生活保護法，②児童福祉法，③母子及び父子並びに寡婦福祉法，④老人福祉法，⑤身体障害者福祉法，⑥知的障害者福祉法の各法に定められている援護，育成または更生の措置に関する事務のうち，市町村が処理することとされているもの（政令で定めるものを除く）を司るとされており，福祉六法を所管している。生活保護の決定・実施，特別養護老人ホームへの入所事務，助産施設，母子生活支援施設および保育所への入所事務，高齢者，身体障害者，知的障害者の実情把握・相談・指導・施設への入所措置，母子家庭等の相談・調査・指導等を行っている。

福祉事務所には，社会福祉法第15条に基づいて，①所の長，②指導監督を行う所員（社会福祉主事），③現業を行う所員（社会福祉主事），④事務を行う所員を配置することになっている。所の長の職務は，「都道府県知事又は市町村長（特別区の区長を含む。）の指揮監督を受けて，所務を掌理する」こととされている。指導監督を行う所員の職務は，「所の長の指揮監督を受けて，現業事務の指導監督をつかさどる」こととされている。現業を行う所員の職務は，「所の長の指揮監督を受けて，援護，育成又は更生の措置を要する者等の家庭を訪問し，又は訪問しないで，これらの者に面接し，本人の資産，環境等を調査し，保護その他の措置の必要の有無及びその種類を判断し，本人に対し生活指導を行う等の事務をつかさどる」こととされている。事務を行う所員の職務は，「所の長の指揮監督を受けて，所の庶務をつかさどる」こととされている。

福祉事務所の所員の定数については地域の実情に合わせて条例で定めることとされているが，現業を行う所員の数については，社会福祉法第16条において

標準とする数が定められている。都道府県福祉事務所については，被保護世帯数が390以下の場合には現業を行う所員の標準の定数を6人とし，被保護世帯数が65を増すごとに1人を追加することとされている。市（特別区を含む）福祉事務所については，被保護世帯数が240以下の場合には3人とし，被保護世帯数が80を増すごとに1人を追加することとされている。そして町村福祉事務所については，被保護世帯数が160以下の場合には2人とし，被保護世帯数が80を増すごとに1人を追加することとされている。

（2）社会福祉協議会

　社会福祉協議会は，1951（昭和26）年に制定された社会福祉事業法（現，社会福祉法）に基づいて設置された，民間の社会福祉活動の推進を目的とした営利を目的としない民間組織である。2019（平成31）年3月現在，全国社会福祉協議会1か所（職員数131人），都道府県・指定都市社会福祉協議会67か所（職員数約1万5,000人），市区町村社会福祉協議会1,839か所（職員数約14万人）で構成されている。各都道府県や市町村において，地域住民，民生委員・児童委員，社会福祉施設・社会福祉法人等の社会福祉関係者，保健・医療・教育など関係機関とのネットワークを構築し，人々が住み慣れた地域で安心して生活を営むことができるよう様々な活動やサービス提供を行っている。

　市町村社会福祉協議会は，社会福祉法第109条に，下記の四つの事業を行うことにより地域福祉の推進を図ることを目的とする団体と定義されている。

① 社会福祉を目的とする事業の企画および実施
② 社会福祉に関する活動への住民の参加のための援助
③ 社会福祉を目的とする事業に関する調査，普及，宣伝，連絡，調整および助成
④ 前3号に掲げる事業のほか，社会福祉を目的とする事業の健全な発達を図るために必要な事業

　そして，団体の条件としては，「その区域内における社会福祉を目的とする事業を経営する者及び社会福祉に関する活動を行う者が参加し，かつ，指定都市にあつてはその区域内における地区社会福祉協議会の過半数及び社会福祉事業又は更生保護事業を経営する者の過半数が，指定都市以外の市及び町村にあつ

てはその区域内における社会福祉事業又は更生保護事業を経営する者の過半数が参加するもの」とされている（同法第109条）。

市区町村社会福祉協議会は，地域住民に最も身近な社会福祉協議会として，対象を限定せずにあらゆる相談を受け付ける総合相談の窓口機能，高齢者や障害者の住み慣れた地域での在宅生活を支える訪問介護や通所介護といった福祉サービスの提供，高齢者や子育て中の親子などが集えるサロン活動などを実施している。また，障害のある人々の当事者の会や家族の会の組織化・運営援助，ボランティアセンターを設置して相談や活動先の紹介なども行っている。

都道府県社会福祉協議会は，同じく社会福祉法第110条において，下記の四つの事業を行うことにより地域福祉の推進を図ることを目的とする団体と定義されている。

① 前条第1項各号に掲げる事業（上記①〜④－筆者注）であって各市町村を通ずる広域的な見地から行うことが適切なもの
② 社会福祉を目的とする事業に従事する者の養成および研修
③ 社会福祉を目的とする事業の経営に関する指導および助言
④ 市町村社会福祉協議会の相互の連絡および事業の調整

そして，団体の条件としては，「その区域内における市町村社会福祉協議会の過半数及び社会福祉事業又は更生保護事業を経営する者の過半数が参加するもの」とされている。

全国社会福祉協議会は，都道府県社会福祉協議会の連合会として設置されている。社会福祉法第111条の「都道府県社会福祉協議会は，相互の連絡及び事業の調整を行うため，全国を単位として，社会福祉協議会連合会を設立することができる」との規定に基づくものである。全国社会福祉協議会には，47の都道府県社会福祉協議会と20の指定都市社会福祉協議会のほか，社会福祉の分野別の全国団体（15種別協議会・3団体連絡協議会）が組織されている。

現在，全国社会福祉協議会は「地域共生社会の実現」「災害時の福祉支援活動の強化」「福祉人材の確保・育成・定着」の3つを最重点課題として掲げている。地域共生社会の実現には，市区町村社会福祉協議会による地域の相談支援機関のコーディネートや地域住民に寄り添った民生委員・児童委員活動の強化，地

域における公益的な取り組みの実施が責務となった社会福祉法人による各種取り組みの推進支援などが行われている。災害時の福祉支援活動の強化においては，被災地の社会福祉協議会や各種別協議会との連携による支援活動の展開，社会福祉法人の災害に備えた取り組み支援や法人間連携等が進められている。また，福祉人材の確保・育成・定着については，処遇改善やキャリアパスの構築の重要性や専門性の向上等について，取り組み方策の策定や啓発，調査研究や研修の実施等の取り組みが行われている。

② 対象領域別福祉施設の目的，ケアサービス，従事者，財源

　社会福祉施設は，その対象領域ごとに老人福祉施設，障害者支援施設，保護施設，婦人保護施設，児童福祉施設，その他の施設がある。老人，児童，心身障害者，生活困窮者等社会生活を営む上で，様々なサービスを必要としている者を援護，育成し，または更生のための各種治療・訓練等を行い，これら要援護者の福祉増進を図ることを目的としている。

（1）老人福祉施設

　老人福祉施設は老人福祉法第5条の3において規定されており，老人デイサービスセンター，老人短期入所施設，養護老人ホーム，特別養護老人ホーム，軽費老人ホーム，老人福祉センターおよび老人介護支援センターを指す。なお，老人福祉施設の措置費（運営費・給付費）の負担は，養護老人ホーム等保護費負担金が廃止・税源移譲された2005（平成17）年以降は，すべて市町村（指定都市，中核市を含む）において行われている。

1）養護老人ホーム

　65歳以上であって，環境上の理由および経済的な理由により居宅での養護を受けることが困難な人を入所させ，養護することを目的とする施設である。施設長，医師（非常勤）生活相談員，支援員，看護職員，機能訓練指導員，栄養士，調理員，事務職員等が支援サービスの提供に従事している。

2）特別養護老人ホーム

　65歳以上であって，身体上または精神上著しい障害があるために常時の介護を必要とし，かつ，居宅においても常時の介護を受けることが困難な人を入所

させ，養護することを目的とする施設である。入浴，排泄，食事等の介護，その他日常生活の支援，機能訓練，健康管理，療養上必要な支援などのサービス提供を行っている。施設長，医師（非常勤），生活相談員，介護支援専門員，介護職員，看護職員，栄養士，機能訓練指導員，調理員，事務職員等がサービス提供に従事している。

3）軽費老人ホーム

　無料または低額な料金で，身体機能の低下等により自立した日常生活を営むことについて不安があると認められる者であって，家族による援助を受けることが困難なものを入所させ，食事の提供，入浴等の準備，相談および援助，社会生活上の便宜の供与その他の日常生活上必要な便宜を提供することを目的とする施設である。原則60歳以上が対象である。軽費老人ホームには，食事を提供するA型，食事提供のないB型，食事提供があり入所に際して所得制限のないケアハウスの三つの類型がある。軽費老人ホームでは，施設長，介護職員，栄養士，事務職員，調理員等がサービス提供に従事している。

4）老人デイサービスセンター

　65歳以上の者であって，身体上または精神上の障害があるために日常生活を営むのに支障のあるものに対して，通所により入浴，食事，健康チェック，機能訓練等のサービス提供を目的とする施設である。管理者，生活相談員，介護職員，看護師，機能訓練指導員，調理員，運転手，事務職員等がサービス提供に従事している。

（2）障害者支援施設

　障害者支援施設は，「障害者の日常生活及び社会生活を総合的に支援するための法律」第5条第11項において「障害者につき，施設入所支援を行うとともに，施設入所支援以外の施設障害福祉サービスを行う施設」と規定されている。夜間に施設入所支援を行うとともに，昼間に生活介護，自立訓練や就労移行支援や就労継続支援等を行う施設である。

　施設入所支援とは，施設に入所する障害者に対して，入浴，排せつおよび食事等の介護，生活等に関する相談および助言や，その他の必要な日常生活上の支援を行うものである。生活介護とは，入浴，排せつおよび食事等の介護，調

理，洗濯および掃除等の家事，生活等に関する相談および助言やその他の必要な日常生活上の支援，創作的活動または生産活動の機会の提供や，その他の身体機能または生活能力の向上のために必要な支援を行うものである。

　自立訓練には，機能訓練と生活訓練がある。機能訓練は，地域生活を営む上で身体機能・生活能力の維持・向上のために支援が必要な障害者に対し，理学療法や作業療法，その他の必要なリハビリテーションや生活等に関する相談・助言，その他の必要な支援を行うものである。生活訓練は，地域生活を営む上で生活能力の維持・向上等のために支援が必要な障害者に対して，入浴，排泄，食事等に関する自立した生活を営むために必要な訓練，生活等に関する相談および助言やその他の必要な支援を行うものである。

　就労移行支援は，就労を希望する65歳未満の障害者であって，通常の事業所に雇用されることが可能と見込まれる者について，生産活動や職場体験等の機会の提供，就労に必要な知識・能力の向上のために必要な訓練，求職活動に関する支援，適性に応じた職場の開拓，就職後に職場への定着を図るための必要な相談や支援を行うものである。

　就労継続支援は，通常の事業所に雇用されることが困難な障害者に就労の機会を提供するとともに，生産活動その他の活動の機会の提供を通じて，その知識および能力の向上のために必要な訓練，その他の必要な支援等を行う。

　障害者支援施設では，施設長，医師（非常勤），看護職員，生活支援員，理学療法士，作業療法士，職業指導員（就労移行支援，就労継続支援B型を行う場合），就労支援員（就労移行支援を行う場合），事務職員等がサービス提供に従事している。

（3）保護施設

　保護施設とは，生活保護法に基づき生活困窮者を保護するために設置される福祉施設のことである。生活保護法第38条において，保護施設は，①救護施設，②更生施設，③医療保護施設，④授産施設，⑤宿所提供施設の5種類が規定されている。各施設の定義は表4-1の通りである。

　救護施設では，施設長，医師（非常勤），生活指導員，介護職員，看護職員，栄養士，調理員，事務職員等が配置されている。更生施設では，施設長，医師

表4-1　保護施設の種別と定義（目的）

救護施設 （第38条第2項）	身体上又は精神上著しい障害があるために日常生活を営むことが困難な要保護者を入所させて，生活扶助を行うことを目的とする施設
更生施設 （第38条第3項）	身体上又は精神上の理由により養護及び生活指導を必要とする要保護者を入所させて，生活扶助を行うことを目的とする施設
医療保護施設 （第38条第4項）	医療を必要とする要保護者に対して，医療の給付を行うことを目的とする施設
授産施設 （第38条第5項）	身体上若しくは精神上の理由又は世帯の事情により就業能力の限られている要保護者に対して，就労又は技能の修得のために必要な機会及び便宜を与えて，その自立を助長することを目的とする施設
宿所提供施設 （第38条第6項）	住居のない要保護者の世帯に対して，住宅扶助を行うことを目的とする施設

（非常勤），生活指導員，作業指導員，看護職員，栄養士，調理員，事務職員等が配置されている。授産施設には施設長，作業指導員が，宿所提供施設には施設長がそれぞれ配置されている。

　保護施設の措置費（運営費・給付費）の負担割合については，国が4分の3，自治体（都道府県・指定都市・中核市・市）が4分の1となっている。

（4）婦人保護施設

　婦人保護施設とは，売春防止法第36条の規定により，都道府県や社会福祉法人が設置している保護を要する女子を収容保護するための施設である。売春を行うおそれのある女子（要保護女子）を収容保護するための施設として創設されたが，現在では，「配偶者からの暴力の防止及び被害者の保護等に関する法律」に基づく保護も行う施設となっていて，DV（ドメスティックバイオレンス）被害女性等に対して生活支援や心理的ケア，自立支援を行っている。

　婦人保護施設は，全国39の都道府県に47か所設置されている（2019（平成31）年2月現在）。設置主体は都道府県が7割弱，社会福祉法人が3割強となっている。運営主体はおおよそ両者が半々となっており，設置運営の形態としては

公設公営・公設民営・民設民営の3種となっている。

　婦人保護施設の基本方針は，「婦人保護施設の設備及び運営に関する基準」において，「入所者に対し，健全な環境のもとで，社会福祉事業に関する熱意及び能力を有する職員により，社会において自立した生活を送るための支援を含め，適切な処遇を行うよう努めなければならない」（第2条）とされている。職員としては，施設長，入所者を指導する職員，調理員等が配置されている。

　施設内における支援だけでなく，婦人保護施設利用者に対する地域移行支援や婦人保護施設退所者自立生活援助事業も行われている。地域移行支援は，退所後の自立に向けた支援の一環として，施設の近隣のアパート等を利用して生活訓練を行うものである。自立生活援助事業は，施設を退所した女性が，地域社会で安定した自立生活が継続できるよう，訪問指導等による日常生活の援助や地域や職場での対人関係の調整等を行うものである。

　婦人保護施設の措置費（運営費・給付費）の負担割合は，国が2分の1，都道府県が2分の1となっている。

（5）児童福祉施設

　児童福祉施設は，児童福祉法第7条に規定される施設で，①助産施設，②乳児院，③母子生活支援施設，④保育所，⑤幼保連携型認定こども園，⑥児童厚生施設，⑦児童養護施設，⑧障害児入所施設，⑨児童発達支援センター，⑩児童心理治療施設，⑪児童自立支援施設，⑫児童家庭支援センターを指す。それぞれの施設の設置目的や支援内容の概要については児童福祉法各条にて規定されており，表4-2の通りである。なお，障害児入所施設と児童発達支援センターには，福祉型と医療型の2種類がある。

　これらの施設で支援に従事する職種をすべて紹介することはできないが，例えば，児童養護施設においては，施設長，児童指導員，保育士，嘱託医，個別対応職員，家庭支援専門相談員，栄養士，調理員，看護師，心理療法担当職員，職業指導員等が配置されている。また，児童心理治療施設においては，施設長，医師（精神科または小児科），心理療法担当職員，児童指導員・保育士，看護師，個別対応職員，家庭支援専門相談員，栄養士，調理員等が配置されている。

表4-2　児童福祉施設の種別と目的の概要

助産施設 （第36条）	保健上必要があるにもかかわらず，経済的理由により入院助産を受けることができない場合に助産を行う施設
乳児院 （第37条）	乳児を入院させて養育し，あわせて退院した者について相談その他の援助を行うことを目的とする施設
母子生活支援施設 （第38条）	配偶者のない女子等およびその者の児童を入所させて保護し，自立促進のための生活支援，退所者について相談その他の援助を行う施設
保育所 （第39条）	保育を必要とする乳児・幼児を日々保護者の下から通わせて保育を行うことを目的とする施設
幼保連携型 認定こども園 （第39条の2）	義務教育およびその後の教育の基礎を培うものとしての満3歳以上の幼児に対する教育および保育を必要とする乳児・幼児に対する保育を一体的に行う施設
児童厚生施設 （第40条）	児童遊園，児童館等児童に健全な遊びを与えて，健康を増進し，または情操をゆたかにすることを目的とする施設
児童養護施設 （第41条）	保護者のない児童，虐待されている児童等を入所させて養護し，あわせて退所者に対する相談その他の自立のための援助を行う施設
障害児入所施設 （第42条）	障害児を入所させて，保護，日常生活の指導および独立自活に必要な知識技能の付与に係る支援および治療を目的とする施設
児童発達支援 センター （第43条）	障害児を日々保護者の下から通わせて，日常生活における基本的動作の指導，独立自活に必要な知識技能の付与または集団生活への適応のための訓練および治療を提供することを目的とする施設
児童心理治療施設 （第43条の2）	社会生活への適応が困難となった児童を短期間入所させ，または保護者の下から通わせて，心理に関する治療および生活指導を主として行うとともに，退所者について相談その他の援助を行う施設
児童自立支援施設 （第44条）	不良行為をなし，またはなすおそれのある児童等を入所させ，または保護者の下から通わせて，自立支援のため個々の児童の状況に応じて必要な指導を行い，退所者について相談その他の援助を行う施設
児童家庭 支援センター （第44条の2）	地域の児童の福祉に関する問題について，家庭等からの相談に対し必要な助言等を行うとともに，児童相談所，児童福祉施設等との連絡調整等も含め，総合的に援助を行う施設

第7節　社会福祉法人

1 社会福祉法人の基本的な位置づけとその変遷

（1）社会福祉法人の基本的な位置づけ

　社会福祉法人は，戦後の社会福祉事業の展開の中で，国・自治体と並ぶ重要な福祉経営の主体として位置づけられてきた。社会福祉法人は1951（昭和26）

年制定の社会福祉事業法（現・社会福祉法）によって創設され，社会福祉事業の実施を目的とした公益法人として位置づけられた。日本国憲法第89条は「公金その他の公の財産は，宗教上の組織若しくは団体の使用，便益若しくは維持のため，又は公の支配に属しない慈善，教育若しくは博愛の事業に対し，これを支出し，又はその利用に供してはならない」と規定している。社会福祉法人は，この憲法の規定を回避しつつ，「社会福祉施設の修復費や措置委託費の支出を適法化するために設立された」[4]という歴史的な背景を有する。

　社会福祉法人は公共性の高い事業に関わるため，他の公益法人と比べてその設立運営において厳格な規制が適用される。法人の設立に際しては，資金や土地，建物などの寄付行為を前提とし，主務官庁の許可・認可を必要とする。また，法人が解散する場合には，残余の資金・土地・建物はあらかじめ指定された社会福祉法人その他の社会福祉事業を営む者に帰属することとされ，社会福祉法人等の帰属先がない場合の資産は国に帰属することとなっている。これらは，法人運営者の事業からの撤退を抑制するとともに，社会福祉法人に求められる「公益性，規範性，安定性」[5]を担保する要因として働いてきた。

（2）社会福祉法人の成立

　第二次世界大戦直後のわが国における福祉政策，社会保障制度の整備は，連合国軍最高司令官総司令部（GHQ）の指示によるところが大きかった。例えば，1945（昭和20）年9月のGHQ覚書「公衆衛生対策に関する件」では，国内各県における疾病の蔓延状況や医療施設，医師等の状況や伝染病への対応の状況について早急に明らかにし，処置の必要性が示されている。また，同年12月の「救済ならびに福祉計画に関する件」では政府に対して，失業者や貧困者に対する食料，医療，住宅，金融的援助，更生措置に関する「詳細かつ包括的計画」の早急な提出を求めている。これに対し政府は「生活困窮者緊急生活援護要綱」を閣議決定するなどの対応に取り組んでいる。さらに，GHQの「社会救済に関する覚書」（SCAPIN775，昭和21年2月27日）において，困窮者に対する「適当ナル食糧，医療，住宅並ニ医療措置」を与えるための全国的政府機関を設立する必要性およびその責任体制において「私的又ハ準政府機関ニ対シ委譲サレ又ハ任サルベカラザルコト」として公私分離の原則が示された。

このような経緯の中で，1946（昭和21）年に旧生活保護法，1947（昭和22）年に児童福祉法，1949（昭和24）年に身体障害者福祉法，1950（昭和25）年に生活保護法が制定され，さらに，1951（昭和26）年には社会福祉事業の全分野における共通的基本事項を定める基本法としての社会福祉事業法が制定された。憲法第89条では，公的な支配に属さない社会福祉事業に対する公的な資金の支出を禁止していたが，実際には民間の施設を一切活用せずに社会福祉サービスを展開することは困難な状況であった[6]。そのため，行政機関がサービスの対象者と内容を決定し，それに従って事業を実施できるよう「措置制度」を設定し，社会福祉事業法において「措置」を受託する法人に行政からの規制と助成を可能とするために「社会福祉法人」という新たな法人格が活用されることとなった[7]。こうした形で社会福祉法人に対する規制を課すことによって，公的な助成を行うことが可能になるものと解釈された。

（3）高度成長期におけるサービス供給主体の中核

社会福祉法人は，以上のような歴史的制約の下ではあったが，公的な性格の強い法人として福祉サービスの実践に関わっていった。昭和30年代以降の高度経済成長を背景に，社会福祉制度の充実が進み，児童福祉法，生活保護法，身体障害者福祉法に加えて，1960（昭和35）年に精神薄弱者福祉法（現・知的障害者福祉法），1963（昭和38）年に老人福祉法，1964（昭和39）年に母子福祉法（現・母子及び父子並びに寡婦福祉法）などが整備され福祉サービスの供給が拡大していく中で，社会福祉法人の役割が重視され，法人の数も着実に増加していった。昭和50年代以降は，高齢者介護の問題がクローズアップされるようになり，ゴールドプラン（1989年），新ゴールドプラン（1994年）が策定されるに至った（p.66参照）。それに伴い特別養護老人ホームの大幅増加が見込まれ，社会福祉法人の数も急激に増加した。この期間を通じて，まさに社会福祉法人が国の福祉サービスの供給主体の中核を占めていたといえる。

（4）基礎構造改革と社会福祉法人における課題の表出

社会の急激な高齢化と介護ニーズの急増に対応するため，1997（平成9）年，介護保険法が制定された。それまで高齢者介護は，行政の職権としての「措置制度」による制限的なサービスであったが利用者のサービス選択による「契約

制度」により普遍的なサービスへと大きな転換を遂げることとなった。

　超高齢社会の基盤整備を目指す，社会福祉基礎構造改革の流れの中で2000（平成12）年，社会福祉事業法にかわって社会福祉法が制定され，社会福祉法人制度についても幅広い見直しが行われた。それまでの措置制度における行政の指示・監督に基づいたサービス提供から，利用者のニーズに対応するサービス・事業の展開，自主的なサービスの質の向上への取り組み，福祉経営の効率化・安定化が強く求められた[8]。介護保険制度導入以降，サービスの多元化やサービス供給主体の多様化が進み，社会福祉法人が経営する福祉サービス事業が増加する反面，他の経営主体（NPO，株式会社等）も大幅に増加しているため，社会福祉法人が経営している事業の比率は，全体として微減傾向にある。

　こうした社会情勢の変遷の中で，社会福祉法人も新たな方向性を模索する必要に迫られるところとなった。2013（平成25）年の全国社会福祉協議会政策委員会の報告書[9]では，福祉ニーズ把握，複数の社会福祉法人による協業事業の実施，社会福祉法人が有する資源の効果的な活用，福祉経営におけるマネジメント体制の強化，圏域のネットワーク機能の強化等の課題が示された。

（5）2016（平成28）年の社会福祉法人制度改革

　社会福祉法人が抱える新たな課題に対応するため，2015（平成27）年の社会保障審議会福祉部会報告書において，社会福祉法人の制度改革の方向性が示された。2016（平成28）年には社会福祉法人の改革のための法案が成立し，2017（平成29）年から施行されている。この改正法では，①経営組織のガバナンスの強化，②事業運営の透明性の向上，③財務規律の強化および内部留保の明確化，④地域における公益的な取り組みを実施する責務，⑤行政関与のあり方の見直し等に関して社会福祉法人が取り組むべき方向性が示された。

2　社会福祉法人運営の概要

（1）社会福祉法人の所轄庁

　社会福祉法人は原則的に，都道府県知事が所轄する。ただし，主たる事務所のある市内のみで事業を行っている場合は市長が所轄し，主たる事務所が指定都市内にある法人で，事業が一つの都道府県内の二つ以上の市町村に及ぶもの

は指定都市の長が所轄する。事業が二つ以上の都道府県の区域にわたるもので
あって全国的に事業を行うことを目的とするものは厚生労働大臣が所轄する。

（2）社会福祉法人の評議員

　評議員は社会福祉法人の諮問機関として任意設置であったが，2017（平成29）
年の社会福祉法改正後は議決機関として位置づけるとともに必置化し，法人運
営の基本ルールや予算の承認などの重要事項を決議することにより，理事会へ
の牽制機能を有することとなった。評議員会は理事会に対する牽制・監督のた
め，理事監事の選任または解任，理事および監事の報酬等の額，決算および財
産目録の承認，定款の変更等に関する決議を行うものとされた。

（3）社会福祉法人の役員

　社会福祉法人の役員は，理事6名以上，監事2名以上を選任する必要がある。
理事は理事会において①社会福祉法人の業務執行の決定，②理事の職務執行の
監督，③理事長の選定および解任を行う。理事長は，理事会で決定された社会
福祉法人の業務を執行し，日常業務として理事会が定めるものについては，理
事長が意思決定して執行する。理事長および業務執行理事以外の理事は，理事
会における議決権の行使等を通じ，法人の業務執行の意思決定に参画し，理事
長や他の理事（常務理事など）の職務の執行を監督する役割を担う。

　監事は2名以上とされるが，その中には①社会福祉事業について見識を有す
る者，②財務管理について見識を有する者が含まれている必要があり，財務管
理については公認会計士または税理士が望ましいとされている。

　監事または評議員が理事を兼ねることはできない。しかし，理事が職員を兼
務することは可能となっている。

（4）社会福祉法人が行う事業

　社会福祉法人は，「事業を確実，効果的かつ適正に行うため，自主的にその経
営基盤の強化を図るとともに，その提供する福祉サービスの質の向上及び事業
経営の透明性の確保を図らなければならない」（社会福祉法第24条）とされ，事
業内容は「社会福祉事業」「公益事業」「収益事業」として示されている。

　社会福祉事業は第一種社会福祉事業と第二種社会福祉事業とに分類され，社
会福祉法第2条に限定列挙されている。第一種社会福祉事業は，利用者への影

響が大きいため，経営の安定を通じた利用者の保護の必要性が高く，具体的には救護施設，厚生施設，児童養護施設，特別養護老人ホーム，障害者支援施設などが示されている。第二種社会福祉事業は比較的利用者への影響が小さいため，公的規制が低く，デイサービスのような在宅サービスなどが含まれる。

　公益事業とは，社会福祉法人がその経営する社会福祉事業に支障がない限りにおいて行う公益を目的とする事業である。収益事業とは社会福祉事業および公益事業の財源として，一定の計画の下で行われるものであり，特別の制限はないが，社会福祉法人の信用を傷つけるもの，投機的なものは適当でないとされる。公益事業と収益事業に関する会計は，当該社会福祉法人の行う社会福祉事業に関する会計から区分し，特別の会計として経理しなければならない。

③ 社会福祉法人改革までの経過

　これまでみてきたように社会福祉法人は，わが国における社会福祉サービス提供の中核的な存在としての役割を果たしてきた歴史的経緯があり，2013（平成25）年3月の時点で全国に19,407の社会福祉法人が存在していた。その内訳は社会福祉協議会（1,901），共同募金会（47），社会福祉事業団（131），施設経営法人（16,981），その他（347）であり，施設を経営する法人が圧倒的に多い。さらにそこから先の展開として，社会福祉法人は基礎構造改革の流れを受けた様々な福祉制度の改革，さらには少子高齢および人口減少の進行，経済格差が広がる中での貧困層の拡大，地域格差の拡大，地域社会や家族についての意識の大きな変容といった，社会的な変化に対応していくことが求められていた。そして，地域社会とそこで暮らしている人々の福祉ニーズに適切に対応していく上では，社会福祉法人にはさらに真摯な取り組みが求められるようになっていった。このような経過を踏まえ，2014（平成26）年の厚生労働省における「社会福祉法人の在り方等に関する検討会」による「社会福祉法人制度の在り方について」においては，①地域ニーズへの不十分な対応，②財務状況の不透明さ，③ガバナンスの欠如，④内部留保の問題，⑤他の経営主体との公平性の問題（イコールフッティング）が指摘された[10]。

4　社会福祉法人改革の概要

　社会福祉法人に関する課題に対応するため，2016（平成28）年，社会福祉サービスの供給体制の整備および充実を目的に「社会福祉法等の一部を改正する法律」が成立し，社会福祉法人の大幅な改革が推進されることとなった。

（1）経営組織のガバナンスの強化

　任意設置であった評議員会を必置とし，理事や監事の選任・解任の決定などの重要事項を決議できることとした。さらに役員（理事・監事）と評議員との兼務の禁止，評議員には婚姻関係・三親等以内の親族および各理事と特殊な利害関係にある特殊関係者が含まれないこと，理事では婚姻関係・三親等以内の親族および各理事と特殊の関係にある特殊関係者の上限を3名とすることなどが規定された。また，一定規模以上の法人への会計監査の導入も明示された。

（2）事業運営の透明性の向上

　社会福祉法人が作成する貸借対照表・事業活動計算書・資金収支計算書などの計算書類，事業報告書，事業報告の内容を補足する付属明細書，財産目録，報酬等の支給基準を記載した書類などの閲覧対象書類を拡大するとともに，誰でも閲覧できるよう閲覧請求者を国民一般へ拡大した。

（3）財務規律の強化および内部留保の明確化

　適正かつ公正な支出管理の確保のため，役員報酬基準の作成と公表，役員等関係者への特別の利益供与の禁止等が明記された。また，一部の社会福祉法人にみられた多額の内部留保の明確化を目指し，純資産から事業継続に必要な財産の額を控除した後に残る，福祉サービスに再投下可能な財産額（社会福祉充実残額）を明確に示すことが規定された。そして，福祉サービスへの再投下が可能な財産額を有する社会福祉法人に対し，事業の新規実施・拡充を行うための計画作成を義務づけた。

（4）地域における公益的な取り組みを実施する責務

　社会福祉法人は社会福祉事業または公益事業を行うにあたり，日常生活の支援や社会生活上支援を必要とする者に対して無料または低額の料金で福祉サービスを提供することを責務として規定した。

（5）行政関与のあり方の見直し

　都道府県の役割は，社会福祉法人の経営改善や法令遵守について，柔軟に指導監督や勧告を行うための規定を整備し，市が社会福祉法人に対して指導監督を行うにあたり県がこれを支援することとされている。さらに，国・都道府県・市の連携を推進し，都道府県による財務諸表等の収集，国による社会福祉法人に関連する全国的なデータベースを整備することなどが示された。

5　社会福祉法人の今後のあり方

　社会福祉法人はこれまで見てきたように，わが国における福祉実践の中核的な役割を果たしてきた。そして，社会福祉関連のサービスの展開において必要不可欠な制度として位置づけられてきたといえる。しかし近年「地域ニーズへの積極的な対応の必要性」「財務の透明性と内部留保に関する課題」「他の福祉サービス提供主体と比較した場合の有利な条件をどのように社会に還元しているか」といった問題が提起されるようになった。これらの課題に対処するために経営ガバナンスの強化，事業運営の透明性の向上，財務規律の強化および内部留保の明確化，地域における交易的な取り組みを実施する責務，行政関与のあり方の見直しといった制度改革への取り組みが行われてきたところである。

　これらの問題は，社会福祉法人の制度面の現状と課題に関連するものとして捉えられる。それに対して，福祉実践の主体としての社会福祉法人は，現時点において，マンパワーの不足や，地震・水害などの災害への対応，感染症対策などといった様々な問題への対応に迫られている。また，介護保険制度に関連するサービス提供に関わっている社会福祉法人およびその傘下の事業所にとって，サービス体制の整備や一定の職員数を確保することによって得られる介護報酬における加算制度は，マンパワー不足への対応が困難な現状では，実質的な介護報酬の減額につながりかねないという問題があらわになっている。

　さらに福祉を取り巻く状況においては，人口の高齢化と人口減少，地域における共同体機能の脆弱化といった社会構造の変化，および子育てや介護，生活困窮など様々な生活課題の複雑化・多様化が進行しつつある。社会福祉法人の管理運営に大きな影響を及ぼす外部環境の急激な悪化は，先に述べたような法

人内部の改善を目指す制度改革だけでは対応が困難であることが予想される。このような状況の中で，2019（令和元）年12月に厚生労働省の社会保障審議会福祉部会では，社会福祉法人が直面している様々な課題に対応するための方策として「社会福祉法人の事業展開等に関する検討会」による今後の社会福祉法人の連携・協働化のあり方についての報告を取り上げている。そこでは，社会福祉法人が「自主的な判断のもと地域における良質かつ適切な福祉サービス」を提供し，「経営基盤の強化を図るとともに，複雑化，多様化する福祉ニーズに対応する」ために，地域づくりに関わる非営利セクターの中核として，社会福祉法人および関係者が「円滑に連携・協働化しやすい環境整備を図っていく」必要があるとされている。この提言を受け，2020（令和 2 ）年 6 月には「地域共生社会の実現のための社会福祉法等の一部を改正する法律」が成立し，社会福祉法の中に「第11章　社会福祉連携推進法人」が新たに挿入された。

　法の中で，社会福祉連携推進法人はその構成員を①社会福祉法人その他社会福祉事業を経営する者および②社会福祉法人の経営基盤を強化するために必要な者としており，社会福祉連携を推進する業務としては次のようなものを規定している。①地域共生社会の実現に資する業務の実施に向けた種別を超えた連携支援，②災害対応に係る連携体制の整備，③社会福祉事業の経営に関する支援，④社員である社会福祉法人への資金の貸付，⑤福祉人材不足への対応（福祉人材の確保や人材育成）⑥設備，物資の共同購入である。以上に示されるような社会福祉連携推進法人の活動が，円滑的かつ効果的に行われるならば，社会福祉法人の運営基盤の強化に資するとともに，サービスの質の向上と地域との連携強化による地域共生社会の構築に寄与することが期待される。

　社会福祉法人は，第二次世界大戦後のわが国の社会福祉の発展に大きく貢献してきたが，社会構造の変化と社会福祉ニーズの多様化・複雑化に伴う内的・外的な環境変化への対応については十分ではなかったと考えられる。このような現状を乗り越えるために，社会福祉法人は自らの存在意義を問い直し，先に示したような制度改革へ取り組みながら自らの経営基盤を強化し，サービスの質向上と地域との連携強化を目指し，新たな環境に適応するための根本的な改革に取り組んでいく必要があると考えられる。

■引用文献

1）外務省：世界の医療事情（https://www.mofa.go.jp/mofaj/toko/medi/n_ame/ny.html）
2）厚生労働省：平成24年版厚生労働白書―社会保障を考える―，p.85，2012
3）三浦文夫：社会福祉政策研究，全国社会福祉協議会，p.60，1985
4）古川孝順：社会福祉原論，p.198，誠信書房，2003
5）古川孝順：前掲書，p.199
6）西崎緑：「9　近代社会と福祉」，川村匡由・島津淳・佐橋克彦・西崎緑編：現代社会と福祉，p.79，久美出版，2009
7）厚生労働省：社会福祉法人制度の在り方について（報告書），p.4，2014
8）前掲資料，pp.5-6
9）全国社会福祉協議会政策委員会：新たな福祉課題・生活課題への対応と社会福祉法人の役割に関する検討会報告書，社会福祉法人全国社会福祉協議会，2013
10）厚生労働省：社会福祉法人制度の在り方について（報告書），pp.13-15，2014

■参考文献

・G・エスピン–アンデルセン／岡沢憲芙・宮本太郎監訳：福祉資本主義の三つの世界―比較福祉国家の理論と動態，ミネルヴァ書房，2001
・Jonathan Bradshaw，The Concept of Social Need，New Society，30（March 1972）
・厚生労働省：日本の人口推移（https://www.mhlw.go.jp/content/000523234.pdf）
・ミネルヴァ書房テキストブック編集委員会編：社会福祉士テキストブック共通科ダイジェスト版，ミネルヴァ書房，2010
・三浦文夫：社会福祉政策研究，全国社会福祉協議会，1985
・三浦文夫・三友雅夫編：講座社会福祉第3巻　社会福祉の政策，有斐閣，1982
・大島侑：社会福祉概論，ミネルヴァ書房，1998
・小野哲郎ほか：公的扶助と社会福祉サービス，ミネルヴァ書房，1997
・『生活保護50年の軌跡』刊行委員会編：生活保護50年の軌跡，みずのわ出版，2001
・社会福祉士養成講座編集委員会編：現代社会と福祉，中央法規出版，2015
・財務省：国民負担率国際比較（https://www.mof.go.jp/budget/topics/futanritsu/sy3102b.pdf）
・厚生労働省：平成30年版　厚生労働白書，2019
・厚生労働省：婦人保護事業の現状について（第1回　困難な問題を抱える女性への支援のあり方に関する検討会資料），2018
・全国社会福祉協議会：ANNUAL REPORT 2018-2019，2019

援助技術と専門職（専門技術と国家資格）

　政策と制度は，それを担う機関と人によって具体化される。そのため，福祉の基本的な学びの一環として，専門職が政策や制度の実行のためどのように位置づけられているのか，専門職が政策・制度の中でどのような役割を果たすことが求められているのかを理解しておくことは，福祉政策を学ぶ上でも必要である。また，福祉が対象とする問題は複雑化し，様々な問題が発生し，誰もが遭遇する可能性のある問題になっている。そのため，福祉機関の強化が進められ，従事する人の配置の増員とともに，その専門性の向上も求められている。このような背景を受け，福祉分野では近年，資格化と資格取得者の配置が拡大している。本章では，政策・制度の中で福祉専門職をどのように活用しようとしているのか，そして，福祉専門職の制度について学んでいく。

第1節　社会福祉制度と専門技術および国家資格

1 政策と専門職

　福祉分野における政策は，高齢者・障害者・子ども・母子および父子などを対象に，介護・貧困・虐待・就労・生活などの問題について政策を立て，制度をつくって支援やサービス提供を行っていくことになる。その政策に基づく支援やサービス提供を具体化するのが「ひと・もの・かね」である。ここでは，政策実現との関連で，「ひと」つまり福祉人材をどのように位置づけ，活用しようとしているのかを見ていく。政策と専門職の関係を理解するために，ここでは近年話題になっている三つの事案を取り上げる。

（1）地域共生社会と専門人材

　わが国では，高齢化や人口減少が進み，地域・家庭・職場という人々の生活領域における支え合いの基盤が弱ってきている。これを再構築することで，孤

立せずにその人らしい生活を送ることができるような社会にしていくことが必要となっている。また，人口減少の波は，多くの地域社会で社会経済の担い手の減少を招き，それを背景に，耕作放棄地や，空き家，商店街の空き店舗など，様々な課題が顕在化している。このような地域社会の存続への危機感が生まれる中，社会保障や産業などの領域を超えてつながり，地域社会全体を支えていくことが，いっそう重要となっている。さらに，対象者別・機能別に整備された公的支援についても，昨今，様々な分野の課題が絡み合って複雑化する中で，複合的な支援を必要とする状況がみられるようになっている。

　厚生労働省は，このような社会状況を背景として，「地域共生社会」の実現を改革の基本コンセプトとして掲げ，「ニッポン一億総活躍プラン」（2016（平成28）年）や，「『地域共生社会』の実現に向けて」（2017（平成29）年）といった方針を打ち出し，専門職については以下のように述べている。

4．専門人材の機能強化・最大活用
○住民とともに地域をつくり，また，人々の多様なニーズを把握し，地域生活の中で本人に寄り添って支援をしていく観点から，専門性の確保に配慮しつつ養成課程のあり方を見直すことで，保健医療福祉の各資格を通じた基礎的な知識や素養を身につけた専門人材を養成していきます。

　このように，国は地域共生社会の実現という政策推進のために，保健医療福祉分野の資格化を通じた専門人材養成を進め，資格をもった専門職を活用していこうとしている。

（2）児童相談所における専門人材

　児童相談所における専門人材の確保に関して，厚生労働省の通知「児童相談所における専門人材の確保等について」（厚生労働省子発第5号平成30年7月20日通知）で，以下のように方向性が述べられている。

〈前略〉児童相談所への児童虐待相談対応件数は〈中略〉倍増しているほか，子どもの心理，健康・発達や，法律に関する専門的知識・技術等を要する複雑・困難なケースも増加しています。〈中略〉このような現状のもと，〈中略〉子どもの最善の利益を考慮した支援が展開されるためには，〈中略〉児童相談所の専門性の確保・向上を図ることが必要となっております。このため，これまで，

・児童相談所の体制強化を図るため，平成28年に決定した「児童相談所強化プラン」に基づき，平成31年度までの目標を設定し，児童福祉司等の専門職の増員を図るとともに，

・平成29年4月から児童福祉司等の研修の受講を義務化し，研修カリキュラム等を策定・周知するなどにより，児童相談所職員の専門性の向上

を図ってきたところです。また，増加し続ける児童虐待への対応をさらに強化するため，「児童虐待防止対策の強化に向けた緊急総合対策」（平成30年7月20日児童虐待防止対策に関する関係閣僚会議決定）において，当該プランを前倒しして見直すとともに，新たに市町村の体制強化を盛り込んだ，「児童虐待防止対策体制総合強化プラン」（新プラン）を年内に策定することとしています。〈中略〉これを進めていくに当たっては，児童相談所における専門人材の確保が不可欠となっております。〈後略〉

　児童相談所の機能強化は，児童の命を守り，社会の不安を解消していく上で，国にとっても喫緊の課題になっている。その児童相談所の児童虐待対応強化のため，同通知では専門人材の確保への協力・支援を要請している。児童に係る深刻な事態を踏まえて，「児童虐待防止対策の強化に向けた緊急総合対策」および「児童虐待防止対策体制総合強化プラン」を策定することとし，その実施には従来の制度を積極的に活用して専門人材の確保を図るよう自治体に要請している。このように，専門職が政策の実行と深く関わっている。

　なお，厚生労働省は2019（令和元）年9月にワーキンググループを立ち上げ，子ども家庭に関する専門の相談員としての新たな公的資格を創設することを検討している。

（3）国家資格「公認心理師」の制定

　福祉領域ではないが，関連する領域で新たに制定された国家資格として公認心理師がある。この資格について，「公認心理師法の施行について」（文部科学省通知文科初第875号および障発0915第7号，平成29年9月15日）の中で，法制定の趣旨を説明している。

第1　法制定の趣旨について
　今日，心の健康の問題は，国民の生活に関わる重要な問題となっており，学校，医療機関，その他企業をはじめとする様々な職場における心理職の活用の促進は，喫緊の課題となっている。しかしながら，我が国においては，心理職の国家資格が

> ないことから，国民が安心して心理に関する支援を受けられるようにするため，国家資格によって裏付けられた一定の資質を備えた心理職が必要とされてきた。法は，このような現状を踏まえ，公認心理師の国家資格を定めて，その業務の適正を図り，もって国民の心の健康の保持増進に寄与することを目的とするものである。

　国は，心の健康問題が重要な社会問題になっていることを踏まえ，国民が安心して心理に関する支援を受けられるようにすることが大事であると判断し，政策として公認心理師の国家資格を定めたのである。

　このように，政策と専門職の関係については，政策実現のため積極的に専門職を活用しようとする面と，専門職の国家資格化自体が政策であるという面もある。なお，専門職の国家資格化の背景には，専門職として働く人々の社会的信頼を得るための努力と，着実な成果を踏まえた関連団体の努力と強い要請もあった。しかし，国が専門職の国家資格を制度化する時に，それだけをもって進めることはなく，国民の生活，社会の現状を踏まえて，政策的ねらいが必ず基本にあると考えるべきである。

2　専門職の要件

　福祉の仕事に従事している者が必ず国家資格をもっているとは限らない。国家資格をもっていなくても，機関や福祉施設の設置基準の中にある配置要件を満たしてその仕事に従事している人々はいる。国家資格化以前は，これらの人々が専門職といわれてきたが，専門職としての十分な社会的承認を得られてこなかった面がある。この点で，政策を推進する上で支障をきたす部分がみられた。そこで，国は政策として福祉従事者の国家資格制度を進め，専門職性を高めようとしている。国家資格化は，専門職に一定の能力があることを証明し，国民の信頼を高め，福祉専門職にアイデンティティの確立を促すことにつながる。国家資格の活用性を高めることと専門職の確立は相互関係にある。

　そこで次に，専門職とは何か，どういう要件が整うと専門職といえるのかについて述べておきたい。

　仲村は，専門職の特徴として次の六つをあげている[1]。

　① 専門職とは，科学的理論に基づく専門技術の体系を持つものであること

② その技術を身につけるには，一定の教育と訓練が必要であること

③ 専門職になるには，一定の試験に合格して能力が実証されなければならないこと

④ 専門職は，その行動指針である倫理綱領を守ることによって，その統一性が保たれること

⑤ 専門職の提供するサービスは，私益ではなく公衆の福祉に資するものでなければならないこと

⑥ 社会的に認知された専門職団体として組織化されていること

　仲村は福祉の国家資格が専門職としての十分な要件を満たし，専門職性を確立するには，この六つが達成される必要があると述べている。この六つが意味することは，高度な専門技術による効果的な実践と，それによる社会的承認，専門職としての公共性と主体性の保持による社会的承認ということがいえよう。その結果期待されることは，国民が安心して相談ができ，ケアが受けられる社会体制がつくられることである。

第2節　社会福祉政策と専門職

　政策としての社会福祉専門職法制化については，秋山が詳しく書いている[2]。それとともに理解しておくべきことが，社会福祉政策自体の推進に社会福祉専門職の役割が期待されるという点である。

　ここでは，社会福祉分野における専門職が福祉政策や制度とどのように関連しているのかを説明し，そこに誕生した社会福祉援助分野の専門職を説明する。

1 社会福祉士

（1）社会福祉政策と社会福祉士

　国は，施設を主とする福祉から地域を基盤とした福祉支援に転換し，地域において包括的に支援ができる体制を目指し，地域共生社会というフレームの中で様々な分野が共同して総合的に支援する福祉の仕組みをつくっていこうとしている。したがって，現代の社会福祉の中では，対象者の生活の場や地域を主

とした支援のあり方をつくっていく必要がある。そこで必要性が増したのが，利用者に事情を聞くことから始める相談援助であり，ミクロからマクロに広がりのある福祉支援である。これは福祉施設のようにサービスを完備した環境に対象者を入所させる施設内完結型の福祉とは大きく異なる。相談援助の専門職は，社会資源の活用を考え，連携とチームワークによって広がりのある総合的支援を展開していくことが求められる。そのような社会福祉政策を推進するため，ソーシャルワークを基盤とした相談援助の専門職は欠かせないのである。

　また，厚生労働省は，社会情勢と政策動向を踏まえて「ソーシャルワーク専門職である社会福祉士に求められる役割等について」（平成30年3月27日社会保障審議会福祉部会福祉人材確保専門委員会）を出した。そこに社会状況の変化を踏まえた社会政策の方向性を見ることができる。その中に，社会福祉士という専門職を政策の中でどのように活用しようとしているかがうかがえる。

2　社会福祉士を取り巻く状況の変化について
〈中略〉
　このような中で，生活困窮者自立支援制度の創設をはじめとする各種制度改正が行われてきたところであり，「ニッポン一億総活躍プラン」では，「地域共生社会」の実現に向け，複合化・複雑化した課題を受け止める市町村における総合的な相談支援体制づくりや，住民に身近な圏域で，住民が主体的に地域課題を把握して解決を試みる体制づくりなどの対応の方向性が掲げられている。
○このような状況を踏まえると，ソーシャルワークの専門職である社会福祉士には，地域住民等とも協働しつつ，多職種と連携しながら，課題を抱えた個人や世帯への包括的な支援のみならず，顕在化していない課題への対応といった役割も担っていくことが求められる。
〈中略〉
○また，「社会福祉法等の一部を改正する法律」（平成28年法律第21号）により，社会福祉法人の「地域における公益的な取組」の実施に関する責務規定が創設され，社会福祉法人は，今後とも，社会福祉事業の中心的な担い手としての役割だけでなく，他の主体では対応が困難な福祉ニーズに対応していくことが求められている。そうした中で，社会福祉法人に所属する社会福祉士は，ソーシャルワークの機能を発揮し，地域の福祉ニーズを把握し，既存資源の活用や資源の開発を行う役割を担うことが期待される。
〈後略〉

　なお，この動きは，社会福祉士養成カリキュラムの改正につながっていく。

　このように，社会状況の変化により，既存の制度では対応が難しい様々な課題が健在化しつつあることを踏まえて，国は政策を打ち出し，制度をつくってその解決を図っていこうとしている。その時に，政策遂行のために社会福祉士の専門的機能を活用しようとしている。さらに，目下の重要な政策である「地域共生社会の実現」に向けて，国は，社会福祉士に次のような役割を期待している。

- ・必要な支援を包括的に提供していくためのコーディネートを担うこと
- ・他の専門職や関係者と協働し，地域のアセスメントを行うこと
- ・地域住民が強みに気づき，エンパワメントを支援し，強みを発揮する場面や活動の機会を発見・創出すること
- ・ネットワーキングなどを通じて地域住民や関係者との連絡調整を行うこと
- ・自殺，虐待防止，矯正施設退所者の地域定着支援など多様な社会問題に対応し，災害時の支援，多文化共生など，幅広いニーズに対応すること
- ・教育分野におけるスクールソーシャルワークなど，様々な分野においてソーシャルワークの機能を発揮していく役割を果たすこと

　このように国の重要な政策において，社会福祉士という専門職がその推進のために機能することが求められている。

（2）制度としての社会福祉士

1）社会福祉士とは

　社会福祉士は，「社会福祉士及び介護福祉士法」（以下「士士法」という）を根拠法とする相談援助の専門職である。社会福祉士が法律上どのように資格や業務や義務が規定にされているかを説明する。

　士士法第2条第1項において社会福祉士は次のように定義されている。

　「社会福祉士」とは，第28条の登録を受け，社会福祉士の名称を用いて，専門的知識及び技術をもつて，身体上若しくは精神上の障害があること又は環境上の理由により日常生活を営むのに支障がある者の福祉に関する相談に応じ，助言，指導，福祉サービスを提供する者又は医師その他の保健医療サービスを提供する者その他の関係者との連絡及び調整その他の援助を行うことを業とする者をいう。

「相談に応じ」とは，単に話を聞くことではない。ケースワークとグループワークの技術を用いながら信頼関係を構築しつつ，必要な情報を集め分析して問題の本質を把握して介入することである。そのためには，信頼関係に基づく働きかけによって，対象者の安心と意欲を引き出すことのできる関係ができていなければならない。問題解決の主体を当事者に置くソーシャルワークでは当事者の意欲が重要だからである。「助言，指導」とは，決して控えめなものではなく，生活上の課題が解決できるよう，積極的に働きかけることである。「連絡及び調整」は，複雑化する問題に対して総合的支援体制を組んで取り組んでいくためには不可欠な援助方法の一つである。

2）義務および責務など

社会福祉士は制度上の国家資格であることから，資格制度への信頼の確保と社会的承認を得て安心して国民が相談できるようにするため，士士法に義務規定を設けている。

① **誠実義務（第44条の2）**　「誠実」とは，利用者の利益を優先に考えにくい状況，例えば制度上の支援の限界や組織上の都合などがあっても，利用者の利益を最優先に考える姿勢をもち続けることである。

② **信用失墜行為の禁止（第45条）**　資格に対する国民の信用は，専門職として仕事をする上で必要な要件であり，福祉事業を推進していく上でも欠かせないので，その信用を傷つける行為を厳しく禁止している。

③ **秘密保持義務（第46条）**　相談援助とは，対象者の個人情報に触れることが前提である。この義務が守られないとすれば，社会福祉士はその業務遂行が不可能となる。

④ **連携（第47条第1項）**　専門職は，自らの専門性をもって問題の解決を図ろうとする。しかし，福祉問題が多様化・複雑化してきている中で，社会福祉士は他専門職や関連する機関，団体と連携することが求められている。

⑤ **資質向上の責務（第47条の2）**　対象者の状況は日々変化し，社会状況も変化するので，問題状況も常に同じではあり得ない。もし，社会福祉士が自らの知識を増やし，援助技術を高める努力を怠るとすれば，その援助が対象者の権利を制限または侵害してしまうこともある。

⑥　名称の使用制限（第48条第 1 項）　　社会福祉士の名称は資格を取得し，登録した者だけが使用することができることを保証するために，資格をもたないものが名称を使用することに制限を加えたものである。

⑦　罰則（第50〜56条）　　秘密保持義務，信用失墜禁止，名称独占などの規定に違反した社会福祉士は， 1 年以下の懲役や30万円以下の罰金に処せられる。国家資格としての倫理と信用を保つ上で必要な規定である。

⑧　登録の取り消し（附則第16条）　　禁錮以上の刑や，法律の規定であって政令で定めるものにより罰金の刑に処せられたりした場合は，社会福祉士としての登録が取り消される。資格に対する信用失墜は専門職を活用した政策の推進の大きな影響を与える。信用失墜を防ぐ仕組みが必要なのである。

3 ）活躍の場

社会福祉士資格は，福祉の現場に働く者にとって必要な資格としての認識が広がっている。福祉施設等に併設されている在宅支援や地域支援に係る事業において社会福祉士の配置が増えている。地域包括支援センターでは，社会福祉士の配置が規定されている。障害者の地域移行に係る事業にも社会福祉士が配置されている。児童虐待の対応や生活保護受給者の自立支援などに専門技術が必要とされるようになって福祉事務所や児童相談所にも社会福祉士資格取得者が多く配置されるようになっている。さらに，教育委員会におけるスクールソーシャルワーカーの配置，司法分野である矯正施設，更生保護施設，地域生活定着支援センター，地方検察庁，保護観察所（社会福祉調整官），刑務所（福祉専門官）への配置も進んでいる。このように活躍の場が広がっている。2020（令和 2 年）年 2 月現在で，社会福祉士の合格者数は253,583人，登録者数は238,902人となっている。

4 ）認定社会福祉士[3]

社会福祉士の専門職性と専門職体制を一層確立するため，2011（平成23）年に「認定社会福祉士認証・認定機構」が設立され，2014（平成26）年から「認定社会福祉士」が誕生し，その後「認定上級社会福祉士」も誕生している。認定社会福祉士とは士士法に定める相談援助を行う者であって，所属組織を中心にした分野における福祉課題に対し，高度な専門知識と熟練した技術を用いて

個別支援，多職種連携および地域福祉の増進を行う能力を有することを認められた者をいう。認定上級社会福祉士とは，福祉についての高度な知識と卓越した技術を用いて，個別支援，連携・調整および地域福祉の増進等に関して質の高い業務を実践するとともに，人材育成において他の社会福祉士に対する指導的役割を果たし，かつ実践の科学化を行う能力を有することを認められた者をいう。2020（令和2）年4月1日現在，認定社会福祉士は954名誕生している。

2 精神保健福祉士

（1）社会福祉政策と精神保健福祉士

　昭和年代，わが国の精神障害者の社会復帰や社会参加に対する支援の取り組みは，先進国の中で大きく立ち遅れていた。精神障害者への社会的偏見，病状に対する誤解が多く，その権利の保障が大きな課題であった。また，精神障害者の長期入院やいわゆる社会的入院の問題等が指摘されていたことを踏まえ，精神障害者の社会復帰の促進が緊急の課題となっていた。このため，国は精神障害者が社会復帰を果たす上で障壁となっている諸問題の解決を図る必要があり，医師等の医療従事者が行う診療行為に加えて，退院のための環境整備などについての様々な支援を行う専門人材の養成・確保が求められていた。こうしたことから，精神障害者の保健・福祉に関する専門的知識・技術をもって，精神障害者の社会復帰に関する相談援助を行う者として，1998（平成10）年4月に精神保健福祉士法が施行され，精神保健福祉士の国家資格制度が創設された。

　2017（平成29）年には，厚生労働省の「これからの精神保健医療福祉のあり方に関する検討会報告書」により，新たな政策について次のように示された。

　わが国の地域精神保健医療については，平成16年9月に策定した「精神保健医療福祉の改革ビジョン」（以下，「改革ビジョン」という。）において「入院医療中心から地域生活中心」という理念を明確にし，様々な施策を行ってきた。この間，長期入院患者の年齢階級別の入院受療率は，保健・医療・福祉の関係者の努力も相まって低下傾向にある。精神疾患は全ての人にとって身近な病気であり，精神障害の有無や程度にかかわらず，誰もが安心して自分らしく暮らすことができるような地域づくりを進める必要がある。

その上で，このために「あるべき地域精神保健医療福祉体制を見据えた新たな中長期の目標を設定し，計画的に施策を展開する必要がある」とし，次の施策の具体化の必要性を述べている。

① 「入院医療中心から地域生活中心」という政策理念に基づく施策をより強力に推進するための新たな政策理念の明確化

② 医療保護入院制度の運用をより適正化するための取り組みの具体化

③ 措置入院から退院した患者の継続的な支援プロセスの明確化

④ 指定医制度の適正な運営のための取り組みの具体化

この報告書では専門職の活用について言及していないが，これらの政策の具体化において精神保健福祉士に求められる役割があることは明らかであろう。

（2）制度としての精神保健福祉士

1）精神保健福祉士とは

精神保健福祉士は，精神保健福祉士法を根拠法とする精神障害者の相談援助の専門職である。精神保健福祉士が，制度上どのように資格や業務，義務が規定にされているかを理解しておきたい。なお，専門性の向上と専門職性確立のため，社会福祉士同様に認定精神保健福祉士の認定制度を日本精神保健福祉士協会の生涯研修制度の中にもっている。

精神保健福祉士は，精神保健福祉法第2条で次のように定義されている。

> 「精神保健福祉士」とは，第28条の登録を受けて，精神保健福祉士の名称を用いて，精神障害者の保健及び福祉に関する専門的知識及び技術をもって，精神科病院その他の医療施設において精神障害の医療を受け，又は精神障害者の社会復帰の促進を図ることを目的とする施設を利用している者の地域相談支援の利用に関する相談その他の社会復帰に関する相談に応じ，助言，指導，日常生活への適応のために必要な訓練その他の援助を行うことを業とする者をいう。

2）義務および責務など

士士法と同様に規定されている部分は省略し，精神保健福祉士法に特化して説明する。

① 誠実義務（第38条の2）　　対象者の状況が遅々として回復に向かわない，回復したかと思うと再び症状が悪化してしまうなど，その者の立場に沿い

続けるという態度を保つことが実に困難な業務である。それだけに，人権を尊重し，対象者の意向を尊重し，忍耐強く寄り添っていくことができる態度が求められる。

　②　信用失墜行為の禁止（第39条）　　社会福祉士に同じである。

　③　秘密保持義務（第40条）　　社会福祉士に同じである。

　④　連携等（第41条）　　精神保健福祉士には，他の専門機関との連携に努めることが求められている。精神障害者支援は，一人の専門職が抱え込んで進めるべきではない。様々なサービスを活用し，支援する側も支え合いながら支援していく必要がある。そのためには障害福祉サービス，地域相談支援に関するサービスその他と密接に連携して支援を進める必要がある。なお，精神保健福祉士は，その業務を行うにあたって精神障害者に主治の医師があるときは，その指導を受けなければならないことになっている。

　⑤　資質向上の責務（第41条の2）　　精神障害者に対する相談援助には高い面接技術が求められる。また，精神保健福祉士のメンタルバランスの維持にも高いコントロール能力が求められる。そこで，スーパービジョンも積極的に受ける必要がある。

　⑥　名称の使用制限（第42条）　　社会福祉士に同じである。

　⑦　罰則（第44～48条）　　社会福祉士に同じである。

3）活躍の場

　精神保健福祉士の配置状況は，精神科病院が最も多く，次に一般病院，一般診療所（精神科）と続く。その他，医療機関併設のデイケア，障害者の日常生活及び社会生活を総合的に支援するための法律に定める障害福祉サービス等事業所，障害者支援施設，保健所，精神保健福祉センター，福祉事務所，司法施設（保護観察所や矯正施設），社会福祉協議会，職業安定所，介護保険関連施設，学校へと拡大している。職場でのストレスやうつ病対策など，精神面の病の発症が増えている現代社会において活躍の機会は拡大している。

　2020年（令和2）年2月現在で，精神保健福祉士の合格者数は92,201人，登録者数は86,781人となっている。

3 介護福祉士

（1）高齢者福祉政策と介護福祉士

　1987（昭和62）年3月23日，福祉関係三審議会合同企画分科会は「福祉関係者の資格制度について（意見具申）」を国に具申した。その中で，急速な高齢化が進行し，高齢者，特に後期高齢者，高齢者世帯等の数が増加する中で，高齢者等の福祉ニーズも多様化し，今後は在宅における家族介護等への支援に重点を置くことが重要であり，さらに，シルバーサービスの分野が拡大しつつあることを踏まえ，資格制度創設の必要性を具申した。これをきっかけとして1987（昭和62）年に社会福祉士及び介護福祉士法が制定され，社会福祉士とともに介護福祉士という国家資格制度が誕生した。その後，高齢化が急速に進展し，1989（平成元）年のゴールドプラン，1994（平成6）年に新ゴールドプラン，2000（平成12）年からのゴールドプラン21など次々と対策が講じられたが，従来の老人福祉・老人医療制度による対応には限界があった。そこで，介護を要する高齢者の身辺介護だけでなく，高齢者の自立支援を理念とし，高齢者が利用者として選択することにより，多様な主体から保健医療サービスや福祉サービスを総合的に受けられる制度の構築が必要となった。その方法として国が選んだのが給付と負担の関係が明確な社会保険方式であった。2000（平成12）年に介護保険法が施行され，介護サービス分野に民間サービスの参入を認め，介護サービスの市場化を図り，質的・量的確保を図る政策をとった。このような政策の中で，介護福祉士という国家資格が積極的に活用されていった。

　厚生労働省は，「介護人材に求められる機能の明確化とキャリアパスの実現に向けて」（平成29年10月，社会保障審議会福祉部会福祉人材確保専門委員会）という報告書を出した。この中で，多様な人材が関わる介護現場の目指すべき全体像として，介護人材の確保のために介護分野での定着を促進していく必要があること，一つの事業所で様々な介護サービスが位置づけられているので介護職に求められる役割や能力を向上させていくことが重要であると指摘している。また，実現すべき介護の提供体制として，介護職がグループで関わっていくことがますます重要になること，多職種によるチームケアの実践にあたり，

グループ内の介護職に対する指導や助言，サービスが適切に提供されているかの管理など人材およびサービスの質のマネジメントを担う者が必要であることなどを指摘した上で，同報告書の中で次のように述べている。

> ○ 介護分野における介護職として従事している介護福祉士は，平成27年10月時点で約78万人おり，介護職員の約4割を占める状況である（なお，平成27年9月時点の登録者は約140万人）。この介護福祉士の評価としては，介護報酬におけるサービス提供体制強化加算として，介護福祉士の配置割合が一定割合以上の状況を評価する加算が設けられており，資格を有する者が存在することそのものを評価していることから，介護福祉の専門職として担うべき役割がある。
> ○ こうしたことを踏まえると，利用者の多様なニーズに対応できるよう，介護職のグループによるケアを推進していくにあたっては，その中でリーダーの役割を担う者が必要であり，その役割を担うべき者としては，介護福祉士の中でも一定のキャリアを積んだ（知識・技術を修得した）介護福祉士が適当である。

　このように，多様な介護ニーズに対応するという政策面と，介護の人材確保という政策面から，介護福祉士を活用しようとしている。次項では，この国家資格としての介護福祉士制度を説明する。

（2）制度としての介護福祉士

1）介護福祉士とは

　介護福祉士は，介護と介護指導の専門職であり，社会福祉士と同様，士士法に規定されている。介護福祉士が，制度上どのように　規定され，業務や義務が規定にされているかを理解しておきたい。なお，社会福祉士同様に，認定介護福祉士認証・認定機構による認定介護福祉士の仕組みを備えている。

　介護福祉士は，士士法第2条第2項で次のように定義されている。

> 　「介護福祉士」とは，第42条第1項の登録を受け，介護福祉士の名称を用いて，専門的知識及び技術をもつて，身体上又は精神上の障害があることにより日常生活を営むのに支障がある者につき心身の状況に応じた介護（喀痰吸引その他のその者が日常生活を営むのに必要な行為であつて，医師の指示の下に行われるもの（厚生労働省令で定めるものに限る。以下「喀痰吸引等」という。）を含む。）を行い，並びにその者及びその介護者に対して介護に関する指導を行うことを業とする者をいう。

　「心身の状況に応じた介護」とは，一律的ではない介護ということである。多くの利用者の介護を一定の時間の中で行わなければならないという状況の下で，一人ひとりの状態を観察し個別に対応するには強い意思と技術が必要である。「介護」とは，入浴・排せつ・食事・移動などへの介助を主としつつも，生活を組み立てていくことを含んだ生活支援業務である。なお，「喀痰吸引等」については，介護保険法の一部改正を受けて2015（平成27）年4月1日から施行されている。ただし，2012（平成24）年4月1日以降においても，認定特定行為業務従事者認定証の交付を受けた場合には，喀痰吸引および経管栄養を実施することができるものとされていた。

2）義 務 規 定

　介護福祉士の義務規定は，社会福祉士とほぼ同様に士士法規定されている。ここでは，介護福祉士に特化して説明する。

　① 誠実義務（第44条の2）　　介護福祉士は，周囲の事情だけではなく，自らの心身の都合とも付き合いながら，利用者の利益を優先に考える強い誠実さが求められる。

　② 信用失墜行為の禁止（第45条）　　社会福祉士と同様，国民の信頼に十分対応すべきである。

　③ 秘密保持義務（第46条）　　介護福祉士は，社会福祉士よりも対象者の身近な情報や身体面の個人情報にも触れる。利用者と職員たちが共有して介護に役立てていくという面があるものの，個人情報を保護し，外部に漏らさない義務を強く認識する必要がある。

　④ 連携（第47条第2項）　　介護福祉士は，対象者の心身の状況その他の状況に応じた介護をするために，医療や看護や栄養など様々な専門職と連携しなければならない。介護福祉士が十分な連携を図らないままに介護を続けることは，対象者の生命を危険にさらすことにもなりかねない。

　⑤ 資質向上の責務（第47条の第2項）　　社会福祉士と基本的に同じである。ただし，痰の吸引や，認知症や精神疾患をもつ対象者への対応の仕方など，技術面の特別な研修を受けて常に技術の向上を図る必要がある。

　⑥ 名称の使用制限（第48条第2項）　　社会福祉士に同じである。

3）活躍の場

介護福祉士資格は，介護分野に働くために必要な資格としての認識が広がっている。直接ケアに当たる分野としては，特別養護老人ホーム（介護老人福祉施設），老人保健施設（介護老人保健施設），認知症対応型グループホーム，小規模多機能施設，病院，有料老人ホーム，デイサービスセンター（通所介護），デイケアセンター（通所リハビリ），身体障害者ための施設，訪問介護事業所などがある。

介護福祉士を基礎資格として介護支援専門員の資格を取得することによって，居宅介護支援事業所，地域包括支援センター等の相談機関にも活躍の機会が広がっている。2020（令和2）年2月現在で，介護福祉士の合格者数は1,419,630人，登録者数は1,694,380人となっている。

4　保　育　士

（1）子ども家庭福祉に係る福祉政策と保育士

厚生労働省は，「児童福祉法の一部を改正する法律等の公布について」（平成13年11月30日，雇児発第761号）の中で，わが国の社会状況を「保育需要の急速な増大を背景に認可外保育施設が増加し，認可外保育施設における乳幼児の事故が社会問題化している」，「都市化の進行等児童を取り巻く環境が大きく変化し，児童の健やかな成長に影響を及ぼす恐れのある事態が生じている」としており，その対策の一環として，保育士資格の法定化について次のように述べている。

3　保育士資格の法定化

保育士資格が詐称され，その社会的信用が損なわれている実態に対処する必要があること，地域の子育て支援の中核を担う専門職として保育士の重要性が高まっていること等を背景として，保育士資格が児童福祉施設の任用資格から名称独占資格に改められ，併せて守秘義務，登録・試験に関する規定が整備された。

保育ニーズの量的拡大と保育の質の確保，保育士に対する社会的信用の確保という観点から，政策的に保育士の国家資格化が進められたといえる。

その後，高齢社会と人口減少社会に突入したわが国では，年少人口も減少も

忘れてはならない。2019（令和元）年の合計特殊出生率[*1]は1.36となった。出生数は，前年比5万3,161人減の86万5,239人で，過去最少となった。また，経済力を維持し豊かな日本を保つためには，生産労働人口を確保する必要があり，女性の就労も重要である。もちろん，女性の社会的自立という意味も大きい。こうした社会的背景を受けて，子どもを産み育てやすい環境をつくることが重要となってきた。しかし，現状をみれば，親の育児能力の低下，地域で子育てを支える仕組みの弱体化，母親の孤立，児童虐待件数の増加，育児困難と判断せざるを得ない状況など，子どもを取り巻く環境の悪化が進んでいた。このような中で，国家資格としての保育士には，様々な状況に置かれている子どもを適切に支援し，保護者支援と地域の子育ても支援する子ども家庭福祉の専門職としての役割がますます期待されることになった。

　その他にも，子ども家庭福祉政策との関連で，保育の専門性が取り上げられている。厚生労働省は，2015（平成27）年に「保育士確保プラン」を公表した。この中で，同年4月に施行される子ども・子育て支援新制度を進めるには保育士の確保が必要であり，そのためには人材育成，働く職場の環境改善等の施策を強力に推進する必要があるとしている。この人材育成に中に，「国家資格としての保育士の専門性の向上・学生への実践的な実習促進や研修による現役保育士の育成強化」をあげており，子ども・子育て支援策を進めていくことに保育の専門性の向上を含めている。

　また，厚生労働省は，2017（平成29）年2月に保育所保育指針の改定を行い，その解説書の中で，少子化や核家族化・地域のつながりの希薄化の進行・共働き家庭の増加等を背景として，地域の中で自生的な育ちの困難さ，乳幼児と触れ合う経験が乏しいまま親になる人の増加，身近な人々から子育てに対する協力や助言を得られにくい状況などがあることにより，子育てに対する不安や負担感，孤立感を抱く人は依然として少なくなく，こうした中，児童虐待の相談

---

*1　「合計特殊出生率」とは，15歳から49歳までの女性の年齢別出生率を合計したもので，一人の女性が一生の間に産む子どもの数に相当する。2019年の日本の合計特殊出生率は1.36であった。フランス1.9，スウェーデン1.78，アメリカ1.76とは差があるが，シンガポールが1.16，韓国が1.05，香港が1.13，台湾が1.13と，わが国を下回る水準である。

対応件数も増加しているとし，これらを保育所保育指針の改定の背景としている。

　保育所保育指針は，これらの社会状況に対する政策の一環といえる。その中で，職員の資質・専門性の向上をあげ，保育所が組織として保育の質の向上に取り組むとともに，一人ひとりの職員が，主体的・協働的にその資質・専門性を向上させていく必要性を指摘している。

　以上のように，子ども家庭を取り巻く社会状況の変化を踏まえ，保育の質の確保と安定的な保育量の確保を図る政策を推進しようとするときに，国家資格としての保育士に求められる専門性の向上が含まれてくるのである。次に，保育士の国家資格について説明する。

（2）制度としての保育士

1）保育士とは

　1999（平成11）年に，従来の名称であった「保母」から「保育士」と名称が変更され，「保父」にも「保育士」の名称が使用されるようになり，男女共有の名称となった。保育士の国家資格は，2001（平成13）年11月30日に児童福祉法の一部改正が公布され，2003（平成15）年11月29日に施行され，名称独占の国家資格となった。ここでは，保育士がどのように定義され，業務や義務がどのように規定にされているかを理解しておきたい。

　保育士は，児童福祉法第18条の4で次のように定義されている。

> 　この法律で，保育士とは，第18条の18第1項の登録を受け，保育士の名称を用いて，専門的知識及び技術をもって，児童の保育及び児童の保護者に対する保育に関する指導を行うことを業とする者をいう。

　保育所保育指針＊2によれば，「保育」とは，保育を必要とする子どもに対し

＊2　「保育所保育指針」とは，1965（昭和40）年に制定された保育所における保育内容や関連する運営などに関するガイドラインである。保育所が行うべき保育内容などに関する全国共通の枠組みとし，保育所が拠るべき保育の基本的な事項を定めたものであり，保育所において一定の保育水準を保つことに寄与している。現在の指針は2017（平成29）年に改定され，2018（平成30）年4月に適用されたものである。

て養護*3と教育*4を一体的に行うことである。「児童の保護者に対する保育に関する指導」とは，保護者の養育能力の向上を支援し，地域の子育て家庭への支援を行うことである。このような保育を提供するため，同指針第5章には，保育所職員に求められる専門性について，「職員一人一人の倫理観，人間性並びに保育所職員としての職務及び責任の理解と自覚が基盤となる。各職員は，自己評価に基づく課題等を踏まえ，〈中略〉保育士・看護師・調理員・栄養士等，それぞれの職務内容に応じた専門性を高めるため，必要な知識及び技術の修得，維持及び向上に努めなければならない」とある。政策的側面からも保育士の専門職としての態度と能力の向上が求められているのである。

2）義務及び責務など

専門職としての信用を確保するために，上述の三つの専門職と同様の水準で義務が規定されている。ここでは，その項目だけ掲げておく。

① 信用失墜行為の禁止（児童福祉法第18条の21）
② 秘密保持義務（児童福祉法第18条の22）
③ 名称の使用制限（児童福祉法第18条の23）
④ 保育士の登録抹消（児童福祉法第18条の19）
⑤ 罰則（児童福祉法第61条の2，第62条等）

3）活躍の場

保育士が活躍できる施設や機関は幅が広い。ここでは，法律上の名称ではなく種別がわかるように一般的な名称で示す。

直接ケアに当たる分野としては，保育所，幼保連携型認定こども園，児童厚生施設（児童館・児童遊園），母子生活支援施設，助産施設，乳児院，児童養護施設，児童自立支援施設，障害児入所施設，児童発達支援センター，児童心理治療施設，病院（小児病棟），家庭的保育事業などがある。また，最近では子育てに関する相談機関も増えてきており，そこにも保育士が配置される場合が多

---

*3 「養護」とは，子どもの生命の保持及び情緒の安定を図るために保育士等が行う援助や関わりである（「保育所保育指針」平成29年3月）。
*4 「教育」とは，「教育」とは，子どもが健やかに成長し，その活動がより豊かに展開されるための発達の援助である。（「保育所保育指針」平成29年3月）。

い。子育て支援センター*⁵，児童家庭支援センター*⁶，子育て世代包括支援センター*⁷，児童相談所，福祉事務所（児童家庭相談室）などがある。保育所に勤務した経験を生かして，子育てサロン*⁸や子育て広場*⁹などで活躍する人もいる。

■引用・参考文献

1）仲村優一：仲村雄一社会福祉著作集第6巻　社会福祉教育・専門職論，p.18，旬報社，2002
2）秋山智久：社会福祉専門職の研究，ミネルヴァ書房，pp.41-53，2007
3）日本社会福祉士会 web サイト（https://www.jacsw.or.jp/ninteikikou/contents/02_seido/02_shigoto.html）

---

*5　子育て支援センター：市区町村ごとに，公共施設や保育所，児童館などの地域の身近な場所で，乳幼児のいる親子の交流や育児相談，情報提供などを行う。

*6　児童家庭支援センター：児童相談所からの委託を受けて，指導が必要な児童およびその家庭についての指導を行い，児童相談所，児童福祉施設，学校等関係機関との連絡調整を行う。

*7　子育て世代包括支援センター：妊娠初期から子育て期にわたり，切れ目のない支援を行う。妊産・乳幼児等の実情を把握し，各種の相談に応じ，情報提供・助言・保健指導，支援プラン作成，保健医療または福祉の関係機関との連絡調整を行う。

*8　子育てサロン：社会福祉協議会や地区民生委員児童委員等が行う民間の活動。親たちが悩みを話したり，友達を作ったりと，息抜きできる場所。

*9　子育て広場：社会福祉法人や NPO 法人などによる活動である。子育て中の親や子育て支援者たちが，自分たちで地域の中に居場所を確保して，親同士が気兼ねなく交流し，お互いに支え合い，情報を交換し，学び合う場。

福祉政策の展開

第1節　福祉政策の機能と構成要素の役割

1　福祉政策がもつ役割

　福祉政策とは，第2章で述べられているように，各種福祉ニーズをもつ人々が，地域社会においてその人なりの自立した生活を営めるように，中央政府や地方政府等が主体となって行う方策であり，以下のような機能をもつ。

（1）ニーズ充足

　障害者や高齢者などの福祉ニーズを充足させることによって生活の安定を図り，安心をもたらす機能である。つまり，非貨幣的ニーズや貨幣的ニーズに対して現物給付や現金給付を提供することによって福祉ニーズを充足させることになる。

　また，様々なニーズを満たすことによって，国民の健康で文化的な最低限の生活を保障する機能をもつことになる。

（2）所得再分配

　国民が支払った税金や社会保険料などを個人や世帯の間で移転させることにより，国民の生活の安定を図る機能である。例えば，生活保護制度は，税金を財源にした「所得の多い人々」から「所得の少ない人々」への再分配が行われている（垂直的再分配）。また，公的年金制度は保険料を主要財源にして現役世代から高齢世代への所得再分配（世代間再分配）とみることができる。

　さらに，現金給付のみならず現物給付（サービス給付）による再分配もある。例えば同一所得間において，「働ける人々」から「働けなくなった人々」へ，「健康な人々」から「病気の人々」などへの再分配（水平的再分配）などがある。

（3）割当（ラショニング）

　割当（ラショニング）とは，資源配分の方法であり，必要量に対し資源が不足しているときに，市場メカニズムによる資源配分の調整を十分果たすことができない場合，市場を通さずにこれを必要とする人々に供給する方法である。例えば，待機児童の保育所への入所において，抽選による順位づけを行ったり，申込み順によって入所を決めたりする方法である。

　ジャッジ（Judge, K.）は，ラショニングに二つの下位部門を設定し，財政ラショニング（financial rationing）とサービス・ラショニング（service rationing）に分類している[1]。

2 福祉政策における各主体の役割

　わが国では，第二次世界大戦後における福祉政策の立案や推進は，主に中央政府が中心となって推し進められてきた。1990年代以降は地方分権の流れの中で，地方政府である地方自治体もその地域社会の特性に応じた様々な福祉政策を行ってきた。そして，2000（平成12）年から実施されている介護保険制度を契機に，国民の自己選択・自己決定を前提とし，市場原理を活用した福祉政策の進展もみられるようになっている。

　そこで，ここでは福祉政策における中央政府，地方政府，市場，事業所および国民のそれぞれの役割について整理する。

（1）福祉政策における中央政府の役割

　日本国憲法はその第25条第1項において，すべての国民が「健康で文化的な最低限度の生活を営む権利を有する」と規定し，国民の生存権を実現することとその生存のために必要とする生活の程度を規定している。また，同条第2項は「国は，すべての生活部面について，社会福祉，社会保障及び公衆衛生の向上及び増進に努めなければならない」として，国家の国民生活に対する生存権の保障義務を明言している。

　第二次世界大戦以降は，このように政府が国民の生存の保障を目的として福祉政策をはじめとした各種政策へ介入する福祉国家の道を歩んできた。わが国では，高度経済成長を背景として，豊富な財源をもとに福祉政策が展開され，

国家が積極的に社会サービスの充実を図ってきたのである。

　しかしながら，高度経済成長の終焉により，これまで福祉国家での社会サービスの充実を図ってきたために社会支出が増大し，国家財政への圧迫が問題となった。一方で，中央集権としての中央政府の強大な推進力は，縦割り行政の批判を生むことになり，福祉国家の見直しの声が強くなった。現在では，中央政府は今後の福祉政策の方向性を示すことが大きな役割とされ，地方政府としての地方自治体と連携して政策を立案することが求められている。

（2）福祉政策における地方政府の役割

　1993（平成5）年に全国の市町村が一斉に老人保健福祉計画を策定した。そこでは，社会福祉の運営，実施に関しては，専門性，広域性，効率性等の観点について十分配慮しつつ，住民に最も密着した基礎的地方自治体である市町村をその主体とすることが適当であるとされた。このためには，国，都道府県，市町村の役割分担を明確にし，連携を密にするとともに，計画的な行政を一層進めることが必要であった。

　その後の2000（平成12）年の介護保険制度の導入では，市町村（特別区を含む）が保険者となり，政策決定主体としての役割を担った。

（3）福祉政策における市場の役割

　私たちは，日常生活を営む上で必要なものは，経済市場を通して購入することができる。「もの」や「サービス」を自由に購入することで，経済市場は人々の福祉の向上に重要な役割を果たしていることになる。

　「もの」や「サービス」を購入するために，人々は労働市場で自らの労働力を商品化する必要があるが，失業や病気などで労働が不可能になると，市場を通じて福祉の増大を図ることが不可能になる。その結果，反福祉的状況に陥ってもこれを是正する機能は経済市場にはなく，さらに，独占的な企業が価格を操作することもある。このような状況を市場の失敗（市場の欠陥）といい，政府の介入を正当化する理由でもあった。例えば政府が最低賃金を定めたり，独占禁止法による規制や政府の公的資金の投入をしたりすることなどである。

　なお，市場には経済市場のほかに「社会市場」や「準市場」など様々な市場が意味づけられている。

1）社 会 市 場

　ティトマス（Titmuss, R.）は，経済市場における交換とは異なる形で，社会保障をめぐる社会市場という概念を提唱した。例えば，ティトマスは輸血をめぐる血液の需給問題を例にあげていた[2]。つまり，病院の手術での輸血のニーズに対して，経済市場だけで補充しようとすると買血が広がり，公衆衛生上の問題も起こり得る。そこで，輸血のニーズはボランタリズム（または互酬性の原理）に基づく献血（社会市場）でまかなうシステムが有効であると説く。市民自らの献血行為という贈与により，輸血のためのニーズを満たす血液が充足されるという社会市場が成立するのである。

2）準 市 場

　準市場（疑似市場とも呼ばれる）とは，医療・介護などの公的サービスにおいて，部分的に市場原理を取り入れることであり，サービス供給主体を競争させることでサービスの質の向上につなげるものである。これは一般的な市場原理と比べると，利用者が自らの負担能力をもとに選ぶものではなく，サービスに係る費用のうちの一部に公的な費用が発生するという違いがある。サービスの向上には，モニタリングが必要になるとともに，公的サービスの利用者に対してサービス選択を支援する情報提供などの仕組みが肝要となる。

　なお，近年，行政運営に民間企業の手法を導入し効率化を図る方法としてのニューパブリックマネジメント（NPM：new public management）の浸透に伴い，サービスの供給を効率化する「指定管理者制度」，民間の資金と経営能力・技術力（ノウハウ）を活用し，公共施設等の設計・建設・改修・更新や維持管理・運営を行う公共事業の手法である「PFI」（private finance initiative），そして，これまで「官」が独占してきた公共サービスについて，「官」と「民」が対等な立場で競争入札に参加し，価格・質の両面で最も優れた者がそのサービスの提供を担っていくこととする制度（市場化テスト）などの手法が活用されてきている。

（4）福祉政策における事業所の役割

　福祉施策におけるサービスを提供する事業者の役割は，社会福祉従事者の専門性の向上やサービスに関する情報の公開などを進めるとともに，利用者の選

択を通じた適正な競争を促進するなど，市場原理をも活用することにより，サービスの質と効率性の向上を促すことや，情報公開等による事業運営の透明性を確保することなどがあげられる。

（5）福祉政策における国民の役割

　国民は，福祉サービスなどの公的サービスを受けるだけでなく，中央政府，地方政府，NPO 法人，社会福祉法人，ボランティア団体と協力して，地域福祉を推進する担い手でもある。

　社会福祉法 4 条に，「地域住民，社会福祉を目的とする事業を経営する者及び社会福祉に関する活動を行う者は，相互に協力し，福祉サービスを必要とする地域住民が地域社会を構成する一員として日常生活を営み，社会，経済，文化その他あらゆる分野の活動に参加する機会が確保されるように，地域福祉の推進に努めなければならない」と規定されている。このように，国民にも様々な課題解決のために，主体的・積極的な参加が呼びかけられている。

　以上のことからも理解されるように，福祉政策においては公私協働による福祉社会の構築が強調され，各主体がその役割を担うことが求められている。

第 2 節　福祉政策の展開構造

　ここでは，福祉政策の展開構造として，措置制度から契約への移行など，多元化する福祉サービス提供方式について概観する。

1 措置制度から契約へ

（1）措置制度の展開と弊害

　前述したように，日本国憲法第25条第 2 項により，福祉サービスの整備や提供の責任が国にあることが明示されている。そこで，生活課題（ニーズ）と解決するための資源を結びつける手法（福祉サービスの供給の仕組み）として，戦後長い間，わが国では措置制度を採用してきた。措置制度とは福祉サービスの利用を希望した場合，サービス利用を求める者（主に低所得者）が行政機関に申請をして，行政機関がその必要性を認めたとき業務上の措置（行政処分）

として諸制度・サービスの給付や利用を行わせるという仕組みである。

　戦後，わが国において福祉サービスを提供する事業の運営や経営は，一部，行政機関が直営していたが，「措置の委託」として入所施設などの多くは民間組織である社会福祉法人等へ委託をするのが一般的であった。社会福祉法人は，民間の社会福祉事業の自主性の尊重と経営基盤の安定等の要請から，旧民法第34条に定める公益法人同様の特別法人として1951（昭和26）年に制度化された。それ以降，社会福祉法人は旧社会福祉事業法に基づく規制や監督を受けつつ，社会福祉事業の主たる担い手として，わが国の社会福祉を支えてきた。

　このような措置制度は，財源（租税）も資源（サービス量）も限界がある中で福祉の充実に寄与し，1960年代の高度経済成長を背景として福祉施策の拡充をみた。ところが，1970年代の石油危機に端を発した低成長経済への移行により，日本型福祉の模索が始まるとともに1980年代以降の福祉改革へと進展した。その過程において，措置制度が前提としていた貧困対策というこれまでの社会福祉の役割が，貨幣的ニーズから非貨幣的ニーズへと福祉ニーズが拡大したことなどにより，貧困対策を超える人々のニーズへ対応する必要が生じた。同時に心理的抵抗感（スティグマ）の惹起を含め，後述するような多くの問題点も指摘されるようになる。

（2）利用者契約方式の導入と問題点

　1990年代終わりの社会福祉基礎構造改革以降，措置制度から契約制度への移行が加速してきた。社会福祉基礎構造改革を進める議論の中では，次のような問題点が指摘された。例えば，①利用できる福祉サービスの内容や量が行政の「措置」で一方的に決められてしまうこと。②利用者によるサービスの選択が困難であること。③サービスが自己選択，自己決定できないためサービスの提供者主体になりやすく，効率性や創意工夫に欠けること。④サービスの利用者と提供者の法的な関係が不明確であること等である。

　そして，高齢社会の進展を背景として，2000（平成12）年に社会保険方式としての介護保険制度が導入され，それまでの措置制度から契約へと移行することになった。つまり，ニーズと社会資源を結びつける方式として，行政を仲立ちとすることなく，個人とサービス提供事業者との間での契約によって成立す

る方式を採用することとなったのである。

　措置制度から契約方式（利用者契約方式）への移行により，このような諸問題の解決が期待された。

② 多元化する福祉サービスの提供方式

　これまで見てきたように，従来は，福祉サービスの提供方式は措置制度がほとんどであったが，今日では利用者契約方式も導入されるなどの変化がみられてきたのである。とはいえ，契約制度は以下のように多様であり，その意味では福祉サービスの提供方式は多元化しているといえる。

（1）介護保険方式

　2000（平成12）年に開始された介護保険制度は，特別区を含む市町村が保険者となり，40歳以上を被保険者として要介護認定を受け，高齢者は自らが望むサービスを提供している事業者と利用契約を締結し，介護保険サービスの提供を受ける仕組みである。ただし，どこにどのようなサービスがあるか等の情報入手，どのサービスが自分にとって最適であるかの判断は，しばしば高齢者にとって困難なことから，これを代わって支援する専門職としてケアマネジャーが設置された。認定以降の具体的な手続きは次のようになる。

　①認定を受けた利用者はケアプランを策定し，指定事業者にサービスの利用申込みを行う。②利用者はサービスの内容や条件などを考慮しつつ指定事業者と契約を締結する。③指定事業者が契約に基づき所定の介護サービスを提供する。④利用者は自己負担分を支払う。⑤指定事業者は，利用者から負担分を除いた費用について保険者に支払いの請求をする。⑥市区町村は介護保険の支給を行い，指定事業者はこれを代理受領することなる。

　介護保険導入当初，「措置」から「契約」へ移行することによって，理論的には介護サービス間や施設間で競争原理が働き，社会保険方式の特徴を活かすことができれば，介護サービスの受給に際して権利性が強化され，利用者本位のサービス選択が可能になるはずであった。しかしながら，サービス提供のための基盤整備が不十分な場合，「保険あって介護サービスなし」の状態になり，権利性も保障されないことになる危険性もはらむ。本来，需要量とととともに供給

量が多数存在することによって，市場原理，競争原理が作用するのである。この点に関して保険者となる市区町村は，介護保険財政に対して責任を負うばかりでなく，十分な質と量の介護サービスを住民に保障すること自体にも責任を負うことになる。

（2）保育所方式と子ども・子育て支援方式

　介護保険制度が開始される前の1998（平成10）年に開始された保育所方式では，これまで行政が決めいていた施設入所の決定を保護者（申請者）に任せることに特徴をもつ。つまり，保護者が，市町村へ入所希望保育所等を記載の上，申込みを行い，市町村において対象児童が「保育に欠ける」か否かを判断した上で，保護者の入所希望を踏まえ，市町村が保育所を決定する仕組みである。申込み以降の具体的な手続きは次の通りである。

　①行政は受託事業所に保育の実施を委託する。②受託事業所は実施の委託を受託する。正当な理由がなければ，保護の委託を断ることはできない。③行政は受託事業所に実施委託費を支給する。④受託事業所は利用者に対してサービスを提供する。⑤行政は応能負担主義に基づき，利用者からサービスの費用を徴収する。この結果，受託事業所は施設間で特色をもつとともに，保育サービスの向上を図らないと経営が厳しくなるなどの状況となった。この保育所方式は2015（平成27）年4月の子ども・子育て支援新制度の創設により，私立保育所のみの適用となっている。

　子ども・子育て支援法による「子どもための教育・保育給付」によって，保育所方式として行われてきたサービス提供方法は次のように変更された。つまり，①保護者の利用申し込みとは別に市町村がニーズを客観的に認定する。②認定には保育は必要でなく教育のみを希望する1号，保育が必要で3歳以上の2号，保育が必要で3歳未満の3号に区分され，2号と3号の必要な保育量もこのときに認定される。③認定を受けた保護者が利用の申込みをした場合は，「正当な理由」がある場合を除き，拒んではならない（応諾義務）。④保護者は保育所・認定こども園，幼稚園の施設や地域型保育の事業者を選択し，直接契約をする。⑤その際，保護者が情報を収集し必要に応じ，複数施設から説明を受けた上で申込みを行うことになる。ただし，当分の間，保育認定（2号・3

号）の子どものすべての保育の利用については，市町村が利用の調整を行うと
されている。⑥サービス提供を受けた場合は，保護者は施設・事業者の契約に
基づき，利用者負担額（応能負担）を施設・事業者が徴収するが，自己負担額
分以外については施設・事業者が市町村から給付を法定代理受領する仕組みと
なっている。

（3）支援費方式と自立支援給付方式

　障害者福祉の分野においては，2003（平成15）年4月，行政がサービス内容
を決定する「措置制度」に代えて，障害者自らがサービスを選択し，事業者と
の対等な関係に基づき，契約によりサービスを利用する「支援費制度」が導入
された。利用者は施設を自ら選び契約でき，行政は利用を支援するための費用
を支給する役割に変化したのである。

　しかし，すぐに様々な問題に直面した。例えば，利用者の急増に伴い，サー
ビスに係る費用は増大し，制度の維持が困難な状態となった。また，障害者か
ら申請を受けた市町村が支援費の支給決定を行う際の全国共通の客観的な基準
がないことや，地域におけるサービス提供体制が異なりサービスの利用状況に
ついて地域差が非常に大きいこと，福祉サービスの整備が遅れている精神障害
者が対象となっていないことなどがあげられた。その後，2006（平成18）年に
障害者自立支援法が施行され，障害者自立支援制度が始まった。

　障害者自立支援制度は，社会保険方式ではなく，自己負担を伴うが公費負担
による制度となっている。利用手続きは，①市町村が障害区分程度認定を行い，
個々につきサービス支給量を決定するなど，介護保険制度とほぼ同じである。
その後，②障害者は，与えられた支給量の範囲内で指定事業者と自立支援サー
ビス利用契約を締結する。③利用者は契約に基づきサービスの提供を受け，指
定事業者に自己負担分を支払う。④指定事業者は市町村に対して自己負担分を
除く部分について支給を申請し，指定事業者は給付費を代理受領する。

　なお，自立支援給付は，施設入所・居宅介護（ホームヘルプ）・同行援護等を
担う介護給付，就労移行支援・就労継続支援・共同生活援助（グループホーム）
等を担う訓練等給付のほか，地域相談支援，計画相談支援の四つに分類される。

（4）任意契約方式

　任意契約方式は，利用希望者が自由意志に基づいて事業者と直接交渉し，個別に契約を締結することによって利用が可能となる。利用者と事業者との交渉過程に行政（公権力）が介入することはない。とはいえ，事業者は利用者から利用料金を徴収するが，事業経営に必要な費用の一部について市町村に対して補助金の交付を申請し補助を受けるため，都道府県や市町村による規制などがあるこの方式は軽費老人ホームや有料老人ホームが採用し，近年では居宅系の民間福祉サービスにおいても導入されている。

　このように多様な契約方式が実施されたが，福祉サービスの提供方式がすべて契約方式に移行しているわけではなく，生活保護の施設，養護老人ホーム，乳児院，児童養護施設でのサービスなどは措置制度として展開されている。したがって，様々な契約方式とともに措置制度も存在するという意味において，福祉サービスの提供方式は多元化しているのである。

第3節　福祉政策の展開過程

　福祉政策はニーズ充足のために資源を配分し，福祉社会の実現に向けて取り組む方策である。ここでは，その方策としての福祉政策がどのように決定，推進され，評価されるのか，その過程および内容について見てみる。

1　福祉政策の方法・手段

（1）規　　　制

　政府が行う福祉政策の規制は，大きく区分すると経済的規制と社会的規制に分けられる。つまり，雇用・労働に関する規制は経済的規制であり，福祉サービスに関する規制は社会的規制に分類される。

　また，規制には，行政処分や行政指導などの方法もある。行政処分は「行政庁の処分その他公権力の行使」と定義し，法令に基づいて権利を与えたり義務を負わせたりすることを意味する。例えば各法律に基づく許可，免許，保護決定，命令などがあり，これらは行政処分あるいは行政行為と呼んでいる。

　行政指導は，行政機関が目的を実現するために，法令に基づく強制という手段を採用せずに，相手の同意もしくは自発的な協力を得て，適当と思われる方向に誘導する一連の活動であり，その形式は勧告，指導，助言，斡旋，要望など多様な方法がある。

（2）給　　付

　福祉政策における資源の供給は，大きく区分すると現金給付と現物給付がある。前者は貨幣的ニーズに対応し，後者は非貨幣的ニーズが対応する。例えば，老齢や障害，死亡というリスクに対する各種年金，支出の増大（所得の相対的減少）に対する児童手当，生活困窮に対する生活保護制度などの現金給付がある。また，疾病や介護などには医療保険や介護保険，各種社会福祉などの現物給付が機能している。

　これらの特徴としては，現物給付は育児サービスなどのニーズ自体を充足できるが，反面，選択の自由は制限される。また，児童手当などの現金給付は，市場を通じて財やサービスを購入することが可能であるために，制度の目的以外で消費される危険性もある。そのために，使用に制限を加える形態として，バウチャー（Voucher）という方式もある。

　バウチャーは，「商品引換券」「クーポン券」という意味をもち，個人に対する使途が限定された現物給付の形態をとる補助金ともいえる。事前にクーポン券が支給される方式，あるいはカードなどで使用限度を管理する方式などがある。

（3）貸　　付

　ニーズ充足のために資源配分する方法・手段として，規制や給付以外にも貸付という形態もある。代表的なものとしては，低所得者世帯などに対して，低利または無利子での資金の貸付と必要な援助指導を行うことにより，経済的自立や生活意欲の助長促進，在宅福祉や社会参加を図り，その世帯の安定した生活を確保することを目的とする貸付制度（生活福祉資金貸付制度）や，人材確保・自立支援援助等のための貸付制度があり，その多くは都道府県社会福祉協議会が事業を受託している。

2　政策決定，実施，評価の流れ

　福祉政策が決定し，それが実施され評価までの流れは以下のようになる[3]。

（1）政策課題の設定

　人々が抱える生活困難が公共的な問題として注目され，政府の対応を誘発するような政策課題に発展する段階である。つまり，特定の課題を政策の対象として設定することになる。この点に関して，課題に対する社会調査や政府などの公的機関の政策動向の他に，市民運動の動向を踏まえつつ，社会的に解決すべきであること，実行可能な対策があることという認識が重要となる。

（2）政策の立案

　課題を解決する対策を考案するため関連情報を収集・分析し，実行可能な案を策定する段階である。その際，政策案に対するパブリックコメントなど住民等の意見を反映させる意味において，市民の参加も肝要である。

（3）政策の決定

　特定の解決策を議会などの政府の意思決定機関において審議し，それを実行するための権限と資源の付与を決定する段階である。政策決定プロセスにおいては，資料の公開，説明会の開催などの情報公開も必要となる。

（4）政策の実施

　政府の意思決定機関で決定された政策を実施・執行する段階である。

（5）政策の評価

　これは，政策の実施過程やその結果として惹起する効果，不具合およびその有効性を点検・評価する段階である。この点に関しては後述する。

（6）政策の改善・維持・終了

　これまでの政策実施状況を評価し，政策の維持や見直し（フィードバック）を行い，政策目標が達成されれば政策が終了となる段階である。

　このような一連の流れは，政策過程ないし政策循環過程と呼び，政策マネジメントサイクルとしてのPDS(Plan（立案）-Do（実施）-See（評価））, あるいはPDCA(Plan（立案）-Do（実施）-Check（評価）-Action（改善））とも解釈できる。以下，特に政策評価および行政評価について改めて整理する。

３ 福祉政策の政策評価・行政評価

　わが国における政策評価および行政評価は,「行政機関が行う政策の評価に関する法律」(以下,「政策評価法」)により,行政の政策や事業を評価する制度的な仕組みとして整えられてきた。政策評価法の目的は,「政策の評価の客観的かつ厳格な実施を推進しその結果の政策への適切な反映を図るとともに,政策の評価に関する情報を公表し,もって効果的かつ効率的な行政の推進に資するとともに,政府の有するその諸活動について国民に説明する責務が全うされるようにすること」(政策評価法第1条)と定められている。

　また,政策評価の基準としては,目的の妥当性および行政が行う観点化からの「必要性」,効果と費用等との関係としての「効率性」,得ようとする効果と得られている効果との関係からの「有効性」等であり,学識経験を有する者の知見を活用しつつ,できるだけ定量的に行うこととされている。

　さらに,政策評価法第5条では,政策評価を行うタイミングとして,「政策を決定する前に行う政策評価」(事前評価),「政策を決定した後に行う政策評価」(事後評価)に分け,政策評価の方式としては,政策の特性に応じて以下のような三つの方式に区分している[4]。

（１）事 業 評 価

　個々の事業の採択を決定する前に,その採否,選択などに役立てる見地から,あらかじめ期待される政策効果やそれらに要する費用等を推計・測定する。次に,政策の目的が国民や社会のニーズまたは上位の目的に照らして妥当か,行政関与のあり方から見て行政が担う必要があるか,政策の実施により費用に見合った政策効果が得られるかなどの観点から評価を行う。

　なお,必要に応じ,政策を実施した後に,事前の評価内容を踏まえて,改めて検証するための評価を行うことがある。

（２）実 績 評 価

　政策を決定する際に,不断の見直しや改善に資する見地から,政策の目的と手段の対応関係を明示しながら,あらかじめ政策効果に着目した達成目標を設定する。その後,達成目標に対する実績を定期的・継続的に測定する。目標期

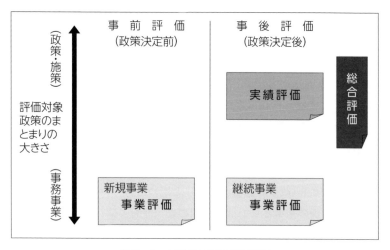

図6-1　評価の3方式の関係

総務省行政評価局：政策評価Q&A（政策評価に関する問答集）
（平成29年10月版）（https://www.soumu.go.jp/main_content/000359631.pdf）

間が終了した時点で，目標期間全体における取り組みや最終的な実績などを総括し，目標の達成度合いについて評価を行う。つまり，実績評価方式においては，「いつまでに，何について，どのようなことを実現するのか」をわかりやすく示すアウトカムに着目した目標を設定することが基本となる。

（3）総合評価

政策（施策・事務事業を含む）の決定から一定期間を経過した後を中心に，特定のテーマについて，政策効果がどのように現れているかを様々な角度から掘り下げて分析することにより，問題点を把握しその原因を検討する。そして，問題点の解決に役立つ多様な情報が提供されることで，政策の見直しや改善が期待される。これらの評価を相互に位置づけたものが図6-1である。

第4節　福祉政策としての公的扶助

公的扶助は，公的責任に基づいて貧困者（生活困窮者）に対して行われる所得保障の制度である。そして，社会保険と並んで社会保障の主要部門の1つに

位置づけられている。

　それでは，なぜ，公的扶助という制度が我々の住んでいる社会には存在するのであろうか。その背景の中心には近代社会を形づくる資本主義という経済の仕組みがある。基本的に，資本主義社会において人間は自由な存在である。その反面，直面する諸問題に対して個々人が責任を負うことになる。とはいえ，私たちは，疾病や失業，貧困などの諸問題のすべてを個人の努力で回避し解決できるとは限らない。

　資本主義社会では，失業や貧困などの生活困難問題が不可避であり，これらの問題を社会的な仕組みによって解決する必要性が生じてくるのである。そこで問題解決の仕組みとして登場するのが公的扶助といえるのである。

1 公的扶助の機能

　公的扶助と社会保険を比較すると，公的扶助の特徴が明らかになる（表6-1）。つまり，社会保険が老齢，疾病，失業などの一定類型の保険事故に対応して，保険料の拠出という保険技術を用いながら画一的給付を行うのに対し，公的扶助は租税を財源として保険技術を用いず給付を行うものであり，より具体的には，最低生活費に対して資力が不足している場合，無差別平等に必要に応じて公費によって現金または現物を支給することで救済する制度であり，わが国においては生活保護が代表的制度として実施されている。

表6-1　社会保険と公的扶助の相違

項目	公的扶助	社会保険
①適用の条件	申請主義	強制加入
②対象	国民の中で貧困という状態になる者	主として労働者とその家族
③費用	無償（無拠出）	有償（保険料の拠出）
④給付水準	一定の基準までの差額不足分	比例制または均一額
⑤給付期間	無期	有期（無期限の傾向もある）
⑥給付の開始	資産調査による事実の認定	事故の発生に自動的に対応
⑦受給資格	資産調査を拒否できない	被保険者と被扶養者
⑧機能の相違	事後的（救貧的）機能	予防的（救貧的）機能

福祉士養成講座編集委員会編：社会保障論，p.47. 中央法規出版，1989を一部補筆・修正

　そして，公的扶助は主に「貧困」を対象としてナショナル・ミニマムの保障とラストセーフティネット（最後の安全網）の役割を担う。この公的扶助の中心的な制度として，わが国では生活保護がある。また，公的扶助と類似した仕組みとして，財源を公費でまかなう公的扶助の方法と社会保険の普遍的な給付の方法を組み合わせたもの，つまり社会手当がある。これは，社会保険制度の想定外である生活リスクに対して，金銭給付を行い「防貧」の役割を担う。

　ここでは公的扶助の中心的制度である生活保護制度の概要を考察し，次に，現在のわが国の社会手当の制度を概観する。

2　生活保護法の目的と理念

　わが国の公的扶助は，恤救規則から現行生活保護法へという一連の近代的公的扶助の成立過程において，各制度の内実はともかく国民の生活保障の主要な仕組みとして機能しており，社会保険はその補完的な役割を果たしてきたといえる。1945（昭和20）年の敗戦直後において，社会保険制度は未整備であり，生活保護が失業保険の代替物としての役割をも担っていた。

　社会保険が社会保障において中心的な制度・役割を果たすようになったのは，1950（昭和25）年に社会保障制度審議会から「社会保障制度に関する勧告」が出され，国民皆保険・皆年金体制が確立した1960年代のことであった。

（1）生活保護法の目的

　日本国憲法は第25条第1項において，すべての国民が「健康で文化的な最低限度の生活を営む権利を有する」と規定し，国民の生存権を実現することとその生存のために必要とされる生活の程度を示した。

　わが国の生活保護制度は，この条文に定める国民の生存権を直接的に実現する制度である。このことは，生活保護法がその第1条で，「この法律は，日本国憲法第25条に規定する理念に基づき，国が生活に困窮するすべての国民に対し，その困窮の程度に応じ，必要な保護を行い，その最低限度の生活を保障するとともに，その自立を助長することを目的とする」と規定されていることからも明らかである。このように生活保護は「最低限度の生活を保障する」とともに「自立を助長する」ことの二つを目的としているのである。

　また，生活保護制度は，二つの目的を併置することで，所得保障（社会保障）の制度であると同時に，福祉サービスの制度でもあると性格づけられている。

１）最低限度の生活の保障

　自分の生活は自分の責任で営むという「生活自己責任の原則」が根底に流れている我々の社会において，生活保護制度は社会保障制度の基底に位置し，他の制度との関係ではそれらを補足する役割を果たすものとされている。したがって，生活保護制度による生活保障の水準は，日本国憲法第25条第１項にいう「健康で文化的な最低限度の生活」となる。つまり，最低生活は，人間の物理的生存に必要なギリギリの最低条件を意味するのではなく，あくまでも健康で文化的な水準であるが，この点に関しては，時代，地域，ひいては個人によってその水準および中身は大きく異なることに留意する必要がある。

２）自立の助長

　自立の助長を目的として導入した背景には，生活保護制度は生活困窮者に金銭給付を行うことだけではなく，さらに積極的に個々人の内在的な可能性を発展させるという考え方があった。

　他方で，生活保護制度が惰民助長の制度になることを危惧し，一刻も早く働く能力をもって受給している人々を自立させるために「自立の助長」を盛り込んだとする解釈も現行法の制定当時には存在していた。

　現在では前者の考え方の下，「自立」について，働いて自活する「就労自立」，健康管理を含め身の回りのことは自分で管理できる「日常生活自立」，人間関係・絆を形成しながら生活できる「社会生活自立」と類型化されている。

（２）基 本 原 理

　生活保護法においては，生活保護制度を運用するにあたって遵守しなければならない原理が明記されている。具体的には，「国家責任の原理」「無差別平等の原理」「最低生活の原理」「保護の補足性の原理」である。

１）国家責任の原理

　生活保護法第１条は目的を定めていると同時に，生活に困窮する国民の最低限度の生活保障および自立助長を国がその責任において行うことを規定したものである。したがって，この原理は生活保障についての国の直接責任，つまり

国民の権利を明確化しているものである。慈恵的救済から権利的保障へという
公的扶助発展の方向に沿っている原理ともいえる。

2）無差別平等の原理

　1946（昭和21）年に制定された旧生活保護法では欠格条項をもち，生活困窮
状態に陥った原因の内容によって保護の要否が決定されるという限定主義を
採ってきたが，1950（昭和25）年に制定された現行の生活保護法における「無
差別平等の原理」は，人種，信条，性別，社会身分または門地等はもとより，
生活困窮に陥った原因によって差別を受けることなく，もっぱら生活に困窮し
ているかどうかという経済的状態だけに着目して保護を行うことを規定してい
る。とはいえ，無差別平等が，保護の種類や方法の決定，程度において，一律
機械的に平等な給付が行われることを意味しているのではない。

3）最低生活の原理

　「最低生活の原理」は，日本国憲法第25条に規定する生存権の保障を具現化
し，健康で文化的な最低生活の水準と内容を規定している。しかしながら，最
低限度の生活保障の内容と水準の設定に関しては，多数の不確定要素を総合考
量せざるを得ないため，何が健康で文化的な最低生活なのかについては絶えず
注意を払わなければならない。

4）保護の補足性の原理

　「保護の補足性の原理」は，生活困窮者が保護を受ける際の要件として資産，
能力等の活用，扶養の優先，他法による扶助，他の施策の優先を規定し，各人
はまず，そのもてる能力等に応じて最善の努力をすることを規定している。と
はいえ，この資力調査が対象者を厳しく限定し，生活保護法の門戸を狭め，要
保護者の自尊心を傷つけるなど，スティグマが強く作用しやすいものとなって
いるとともに，処分すべき資産と保有すべき資産や能力をどのように解釈し，
どこまで活用すべきか，さらに物質的な基盤のみならず，精神的な基盤をどこ
まで認めるか，その課題は大きい。

（3）生活保護の原則

　生活保護の原則は，保護業務の具体的な実施，運用にあたっての考え方を示
したものであるために，原理と違い例外が認められている。

1）申請保護の原則

保護は，要保護者等の申請に基づいて開始する。なお，急迫の場合には職権によって必要な保護を行う。

2）基準および程度の原則

保護の程度は，厚生労働大臣の定める基準によって測定した需要を基とし，要保護者の金銭等満たし得ない不足分を補う程度とする。この基準は，要保護者の年齢，性別，世帯構成その他必要な事項を考慮した最低の需要を満たすとともに，これを超えないものでなければならない。

3）必要即応の原則

保護は，要保護者個人またはその世帯の実際の必要の相違を考慮して適切に行うものとする。

4）世帯単位の原則

保護の要否および程度は，世帯を単位とする。すなわち居住と家計を同一にする消費生活上の単位ごとにその要否と程度を定めるが，それが難しいときは個人を単位として定めるという原則である。

しかしながら，現実には世帯構成員であっても，これを世帯単位の原則を適用し，厳格に取り扱おうとすると，「最低限度の生活の保障」と「自立の助長」という生活保護の目的から見て妥当でない場合もあり得る。こうした場合には，書類上で別世帯とみなす世帯分離が行われている。

このような目的や基本原理，原則は，生活保護の実施上の考え方，枠組みを意味するのであり，「豊かな社会」といわれる今日，生活保護の本質ともいうべき目的，基本原理，原則を改めて吟味する必要がある。

3 扶助の体系と内容

（1）扶助の種類

生活保護法による扶助の種類は，保護費の性格の相違から8種類の扶助に区分され，これらが必要に応じて「単給」または「併給」で行われる。また，扶助の方法は，医療扶助と介護扶助が原則現物給付であり，他の6種類の扶助は原則金銭給付で行われる。端的にまとめると，表6-2のようになる。

1）生活扶助

食費，被服費や光熱費，家具什器など，日常生活を営む上で必要なものを満たすために給付される。生活扶助は居宅で行われ，金銭によって給付される。やむを得ない場合は，救護施設，更生施設などにおいて現物給付が行われる。

2）教育扶助

義務教育を受けるにあたって必要な教科書，学用品，通学用品，学校給食などの費用を金銭給付する。高校や大学などにおける費用は，保護の対象にならない。

3）住宅扶助

家賃や地代などの住宅費や家屋の補修にかかる費用，その他住宅の維持のために必要なものを金銭において給付する。

4）医療扶助

医療を必要とする場合，疾病，負傷による通院や入院などの医療サービスを「指定医療機関」に委託し，原則として現物給付する。

5）介護扶助

介護扶助は，介護保険制度が導入されたことに伴い創設された。扶助の内容は居宅介護，福祉用具，住宅改修，移送などであり原則的に現物給付である。

なお，補足性の原理により，介護保険の保険給付が行われる場合には，当該保険給付が優先し，自己負担部分が保護費の支給対象となる。

6）出産扶助

分娩の介助，分娩の前後の処置，脱脂綿，ガーゼその他の衛生材料などにかかる費用を金銭給付する。

7）生業扶助

要保護者の生業に必要な資金，器具購入費，資材費や生業に必要な技能の修得，就労のために必要な費用を金銭によって給付する。また，被保護有子世帯の自立支援の観点から高等学校等就学費も支給される。

8）葬祭扶助

死体の運搬，火葬または埋葬，納骨その他葬祭のために必要な費用を金銭において給付する。

表6-2 生活保護の最低生活費（扶助の種類：概要）

生活を営む上で生じる費用	扶助種類	支給内容
日常生活に必要な費用 （食費・被服費・光熱費等）	生活扶助	(1)食費等の個人的費用（第1類費） (2)光熱水費等の世帯共通費用を合算して算出（第2類費） 特定の世帯には加算がある（母子加算等）
義務教育を受けるために必要な学用品費	教育扶助	定められた基準額を支給
アパート等の家賃	住宅扶助	定められた範囲内で実費を支給
医療サービスの費用	医療扶助	費用は直接医療機関へ支払 　（本人負担なし）
介護サービスの費用	介護扶助	費用は直接介護事業者へ支払 　（本人負担なし）
出産費用	出産扶助	定められた範囲内で実費を支給
就労に必要な技能の修得等にかかる費用	生業扶助	定められた範囲内で実費を支給
葬祭費用	葬祭扶助	定められた範囲内で実費を支給

厚生労働省ホームページ（http://www.mhlw.go.jp/stf/seisakunitsuite/bunya/hukushi_kaigo/seikatsuhogo/seikatuhogo/index.html）を一部修正

　その他に救護施設，更生施設，授産施設，医療保護施設，宿所提供施設などの保護施設が現物給付される。なお，生活保護費の負担割合は，国が4分の3，市町村が4分の1となっている。

（2）生活扶助費の算定方法

　被保護世帯の構成等に基づき保護基準より測定した額の世帯額（収入額）を減じた額とする「収入認定額」は，収入を得るために必要とする経費等を収入額から差し引き（控除）あるいは臨時的に恵与される慈善的性質を有する金銭で，社会通念上収入として認定することが適当でないものなどについては収入として認定しない。

　この基準を設定する際には，要保護者の年齢・世帯構成・所在地域等の事情を考慮し，国民一般の生活実態，物価，消費動向等を勘案して，常に科学性・

合理性・妥当性が確保されることに配慮されている。生活保護基準の中心である生活扶助基準の設定方式は、その時々の経済状況および国民生活に連動しながら、以下のような変遷をたどって今日に至っている。

1）マーケット・バスケット方式（1948～60年）

マーケット・バスケットとは買い物かごのことであり、最低生活を営むために必要な飲食物や衣類、家具什器、入浴料、理髪料という個々の品目を一つ一つ積み上げて最低生活費を産出する方法である。

2）エンゲル方式（1961～1964年）

生活費総額に占める飲食物費の割合をエンゲル係数というが、飲食物費については必要額を比較的正確に理論計算することができる。当時の厚生省栄養審議会で算出している日本人の標準的栄養所要量を満たすことができる飲食物費を理論的に計算し、その理論的計算による飲食物費と同額の飲食物費を現実に支出している低所得世帯を家計調査から引き出し、そのエンゲル係数で逆算して総生活費を計算する方式である。

3）格差縮小方式（1965～1983年）

一般世帯と被保護世帯の生活水準の格差を縮小するという観点から、生活扶助基準の改定率を決定する、いわゆる格差縮小方式が採用された。この方式は、予算編成直前に政府が発表する経済見通しによる翌年度の国民の消費支出の伸び率を基礎とし、これに格差縮小分を加味して生活扶助基準の改定率を決定する方式である。

4）水準均衡方式（1984年～）

一般国民生活水準との均衡上、現行生活扶助基準は、最低生活費としてほぼ妥当であるとのことから、一般国民生活水準の向上に見合った引き上げを行うことになった。具体的には、格差縮小方式と同様に、改定の指標として政府経済見通しによる翌年度の国民消費支出の伸び率に準拠するとともに、当該指標が見込み値であり、実績とのズレが生じることからこのズレを調整し、実質的には一般国民の生活水準の向上と歩調を合わせようとするものである。

このように、生活保護（基準）は独立して展開してきたわけではなく、経済状況や国民の生活状況との関連の中で展開されてきたことがうかがえる。

4 公的扶助の展開

（1）保護受給の手続き

　保護は「申請保護の原則」により，原則，要保護者の申請に基づいて初めて開始される。生活保護を実施する責任は最終的には国であるが，都道府県知事，市長，福祉事務所を設置する町村長であり，実務は管下の福祉事務所長に委任されている。保護が実施されるまでのプロセスは，申請者が福祉事務所で①受付，相談面接（事前相談）→②申請を行う。福祉事務所は③資力調査→④要否判定→⑤保護決定→⑥保護実施を行う。

　具体的には，事前相談として，生活保護制度の利用を希望する要保護者は，居住する地域を所管する福祉事務所の生活保護担当窓口まで行く。そこで，生活保護制度の説明を受けるとともに，生活福祉資金，各種社会保障施策等の活用について検討される。

　次に，生活保護の申請をした場合は，保護の決定のために以下のような調査が実施される。

・生活状況等を把握するための実地調査（家庭訪問等）

・預貯金，保険，不動産等の資産調査

・扶養義務者による扶養（仕送り等の援助）の可否の調査

・年金等の社会保障給付，就労収入等の調査

・就労の可能性の調査

　これらの調査は，専門職である社会福祉主事（現業員，地区担当員，ケースワーカー）が補助機関として行い，その要否，扶助の種類，程度などを検討する。協力機関である民生委員は，事前に地域での要保護者の掘り起こしや生活相談等を行う。保護の要否の決定は，14日（特別な理由がある場合には30日）以内に要保護者に通知しなければならず，30日以内に通知がない場合は，申請者は申請が却下されたものとみなして，不服申し立てをすることもできる。

　保護費の支給が決定した場合は，厚生労働大臣が定める基準に基づく最低生活費から収入（年金や就労収入等）を引いた額を保護費として毎月支給するが，生活保護の受給中は，収入の状況を毎月申告するとともに，世帯の実態に応じ

て，福祉事務所のケースワーカーが年数回の訪問調査を行う。さらに，就労の可能性のある人は，就労に向けた助言や指導を行うことになる。

　なお，実施機関は保護の開始その他について，調査および検診，立入調査を行い，これを拒むと申請を却下し，保護の変更・停止・廃止ができるとされている。そして，資産と収入の調査をほかの官公署，銀行，信託会社，雇主その他の関係人に依頼することができる。

　ところで，要保護者から申請がなければ，行政は保護をしなくてもよいのか，という問題がある。いわゆる「待ちの行政」では問題解決には至らない。積極的に要保護者を見つけ，受給を勧奨するといった「アウトリーチ」の姿勢が，保護行政には求められるのである。

（2）支援の方向性

　生活保護法の目的は「最低限度の生活の保障」と「自立の助長」であった。

　近年，福祉政策は「ウェルフェア」から「ワークフェア」への潮流にある。例えば，厚生労働省では，2012（平成24）年度に取り組む主な関連施策として，「ハローワークと連携した生活保護受給者に対する就労支援の強化」が盛り込まれている。毎年増加する生活保護受給者，とりわけその中に長期失業者も含まれていることから，生活保護受給者に対する就労自立支援という動きは今後も強化される形で実施されていくことになる。

　その際，ハローワークとの連携にとどまらず，民間の生活支援機関（NPO法人，社会福祉法人等）との連携・協力を視野に入れている。この点に関しては，国家責任の原理の存在に留意しつつ，国の責任において，最低所得保障としての生活保護給付が安定的に支給され，その上に，一定の基準のもとに就労自立支援プログラムが受給者の意向を尊重した形で実施されることが重要である。

　また，就労支援のみならず，社会から孤立する被保護者に対する様々な社会経験の機会の提供などを通じ，被保護者の社会的自立を支援する取り組みの推進を図ることを目的とした「社会的な居場所づくり支援事業」を2011（平成23）年度より実施するとともに，生活保護に至る可能性のある者および生活保護受給者であって，従来の就労支援のみでは就労が困難な者を対象に，日常生活から個別求人開拓までのきめ細かい支援を総合的かつ段階的に実施する「日常・

社会生活及び就労自立の総合支援」を2012（平成24）年度より実施するなど，従来の生活保護の支援よりも広範な活動を展開させている。

　その意味において，生活保護制度はラストセーフティーネットとともに，トランポリン（バネ）の役割をも果たすことが期待されているのである。

5 公的扶助の組織と管理

（1）福祉政策における生活保護事務の位置づけ

　現行の地方自治法では，地方公共団体の事務を法定受託事務と自治事務とに区分している。法定受託事務とは，法律またはこれに基づく政令により都道府県，市町村（特別区）が処理することとされる事務のうち国が本来果たすべき役割に係るもの（第1号法定受託事務）と，法律またはこれに基づく政令により市町村（特別区）が処理することとされる事務のうち都道府県が本来果たすべき役割に係る事務（第2号法定受託事務）をいう。これに対して自治事務とは地方公共団体が処理する事務のうち，法定受託事務以外のものをいう。

　したがって，国家責任の原理の理念をもつ生活保護事務（保護の決定，実施など）は法定受託事務（第1号法定受託事務）であり，実施機関（福祉事務所）が要保護者の自立助長のための相談・助言は自治事務に位置づけられる。

（2）生活保護の実施体制と実施機関

　国は保護の基準を定めるとともに，生活保護行政運営全般のための企画，調査，事務監査などの業務を一体的に遂行する責任を負い，厚生労働省社会・援護局において所掌され，生活保護基準の決定や保護施設の設備運営等についての基準の決定の権限は厚生労働大臣に委ねられている。

　その他にも厚生労働大臣には，都道府県知事，市町村長の行う法の施行に関する事務について，生活保護監査官など一定の資格ある職員による事務監査，都道府県知事，市長および福祉事務所を設置する町村長に対して，法定受託事務に関する事務処理基準を定めるとともに技術的助言・勧告，是正の要求などを行うこと，その他，都道府県の設置する保護施設の設備，運営についての改善命令，事業の停止・廃止の命令等の多くの権限が付与されている。

　都道府県知事の役割としては，保護の決定・実施に関する事務を法定受託事

務として実施する（実際は福祉事務所に委任される）とともに，都道府県知事が，その権限において市町村長の行う法の執行に関する事務の監査，社会福祉法人，日本赤十字社が設置する保護施設の認可，市長および福祉事務所を設置する町村長への技術的助言・勧告，処理基準の提示，是正の要求などを行うこと，保護施設の運営についての指導，立入検査などの実施，保護施設の設備，運営についての改善命令，事業の停止・廃止の命令（社会福祉法人，日本赤十字社が設置する保護施設については認可の取り消し）を行うことができる。

　また，市長は保護の決定・実施に関する事務を法定受託事務として実施する（実際は福祉事務所長に委任される）。また，国や都道府県から事務監査（監査指導），技術的助言・勧告，是正の指示を受ける。なお，福祉事務所を設置している町村の長は市長と同じ扱いとなる。

　なお，福祉事務所を管内に設置していない町村長は生活保護の実施機関とはならず，当該都道府県知事が，その実施機関の役割を担うことになる。さらに，民生委員は，生活保護法の運営実施にあたって，市町村長，福祉事務所長または社会福祉主事の事務の執行に協力することとされている（図6‐2）。

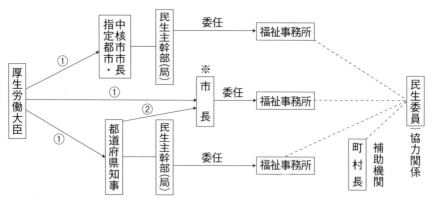

注　①法定受託事務の委託，処理基準の制定，監査指導，技術的助言・勧告・是正の指示等
　　②監査指導，技術的助言・勧告・是正の指示等
　　※福祉事務所を管理する町村長は市長と同一の扱いとなる。

図6‐2　生活保護の実施体制

厚生労働統計協会：国民の福祉と介護の動向2020/2021，2020，p.194

（3）実施機関としての福祉事務所

　実質的な保護の実施機関は福祉事務所であり，福祉事務所の業務の実施については，社会福祉法第14条から第17条においてに定められている。

　福祉に関する事務所（以下：福祉事務所）に関して，都道府県および市（特別区を含む）は，条例により生活保護法実施のための現業機関として，社会福祉法に基づく必置義務とされるが，町村については任意設置となっている。そのうち，都道府県が設置する福祉事務所は生活保護法，児童福祉法，母子及び父子並びに寡婦福祉法に関する事務を行い，市町村が設置する福祉事務所は，生活保護法，児童福祉法，母子及び父子並びに寡婦福祉法，老人福祉法，身体障害者福祉法および知的障害者福祉法に関する事務を取り扱う。

（4）公的扶助の人材

　福祉事務所は2020（令和2）年4月現在，全国に1,250か所あり，社会福祉法によって，所長のほか，指導監督を行う所員（以下，査察指導員），現業を行う所員（以下，現業員），事務を行う所員を置くこととされている。

　このうち，生活保護の業務は現業員（地区担当員，ケースワーカー）が担当する。具体的には，現業員は「所の長の指揮監督を受けて，援護，育成又は更生の措置を要する者等の家庭を訪問し，又は訪問しないで，これらの者に面接し，本人の資産，環境等を調査し，保護その他の措置の必要の有無及びその種類を判断し，本人に対し生活指導を行う等の事務をつかさどる」（社会福祉法第15条第4項）ことを職務の内容としている。現業員は，市町村設置（市部）の事務所については被保護世帯80世帯に対して1人，都道府県設置（郡部）の事務所については被保護世帯65世帯に対して1人を標準として配置されている。

　また，査察指導員は社会福祉法第15条第3項の規定により，「指導監督を行う所員は，所の長の指揮監督を受けて，現業事務の指導監督をつかさどる」とされている。生活保護における査察指導は，生活保護の運営・実施にあたって，指揮下にある職員に対して，スーパーバイザーとして「管理的機能」「教育的機能」「支持（援助）的機能」の役割を果たすことになる。

　なお，現業員および査察指導員は，社会福祉主事でなければならないとされている。

6 第二のセーフティネットとしての生活困窮者自立支援制度

　生活保護受給者・世帯の増加等を背景に，2015（平成27）年4月から生活困窮者自立支援法が第二のセーフティネットとして施行された。本法に基づく生活困窮者自立支援制度（図6-3）は，必須事業の「自立相談支援事業」と「住宅確保給付事業」，任意事業の「就労準備支援事業」，「一次生活支援事業」，「家

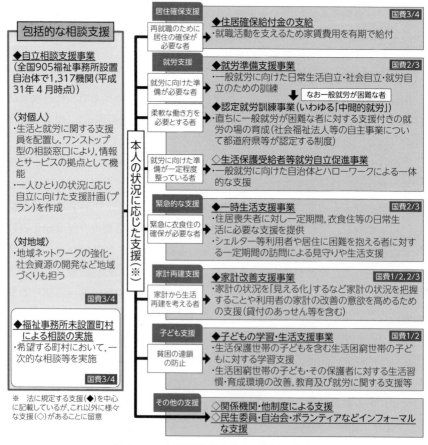

図6-3　生活困窮者自立支援制度の概要

厚生労働省編：令和2年版厚生労働白書，2020，p.285

計相談支援事業」,「生活困窮世帯の子どもの学習支援事業」,「その他生活困窮者の自立の促進を図るために必要な事業」から構成されている。

なお,これまで「生活困窮者」とは,「現に経済的に困窮し,最低限度の生活を維持できなくなるおそれのある者」と定められていたが,その後,改正された生活困窮者自立支援法第3条において「就労の状況,心身の状況,地域社会との関係性その他の事情により,現に経済的に困窮し,最低限度の生活を維持することができなくなるおそれのある者をいう」と改めて定義づけられた。このように経済的問題だけではなく,生活困窮の背景には複合的課題を抱えた多くの人々の存在を踏まえたものになっている。

さらに,生活保護受給者や生活困窮に至るリスクの高い層の増加を踏まえ,生活保護に至る前の自立支援策の強化を図るとともに,生活保護から脱却した人が再び生活保護に陥ることのないようにすることが必要であり,そのためにも生活保護制度と生活困窮者対策の一体的な実施が不可欠となる。

7 公的扶助を含めた福祉政策の方向性

このように複合的課題をもつ生活困窮者に対して,単独の福祉政策では限界があることはいうまでもない。「社会的な居場所づくり支援事業」や「日常・社会生活及び就労自立の総合支援」などのように社会的孤立等への配慮もなされているが,行政のみの支援にとどまらず,社会福祉法人やNPO,企業など多様なサービス供給主体が協働して包括的に取り組まなければならない。

貧困あるいは低所得者には福祉事務所,失業者にはハローワークや公的職業訓練機関,18歳未満の児童には児童相談所や地域の教育機関,高齢者には地域包括支援センター等が対応する現状の中で,複合的課題をもつ生活困窮者はその狭間に置かれていく可能性がある。その意味でも,生活困窮者(対象者)の個別的・包括的な支援が求められている。このような支援は,生活困窮者のみならず,誰もが生活しやすい地域社会の構築への基礎となるのである。

第5節　福祉政策と福祉計画

　福祉政策は，行政機関によって具体的に展開される。今日では社会福祉制度に基づく各種施策は，地方公共団体において自治事務として福祉計画を策定して実施している。ここでは福祉政策と福祉計画に関し，福祉のまちづくりを推進する地域福祉計画を中心に見ていく。

1 　地域福祉計画の意義

　社会福祉政策は，通常は福祉行政機関を通じて執行する。この社会福祉に関する各行政機関は，一人ひとりの国民に対して具体的な支援サービスを提供するため，基本的には地方公共団体の福祉行政部門を経て実施される。地方公共団体の福祉行政の活動は，原則的には生活保護などの法定受託事務以外は自治事務であることから，地方公共団体における政策意思として，計画を策定することが望まれる。福祉行政部門は様々な地方行政の一部門であり，相互に関連して行政執行されていく点にも留意する必要がある。

　地域づくりやまちづくりを推進していく上で，福祉部門は関連する他の行政分野からも重要視されている。それだけに社会福祉に関する地方公共団体の福祉政策は，保健・医療の分野や教育の分野と密接な連携をもちながら執行されてきており，地域福祉の推進に関しては，社会福祉法第4条第3項（令和2年6月法律第52号改正，令和3年4月1日施行）にあるように，幅広い分野との連携が求められている。これを受けて地域福祉計画については，社会福祉法第107条第1項において，策定することとされている。

　地域福祉推進のための，地方行政における位置づけと，その役割について見てみよう。

2 　地方行政における地域福祉計画の位置づけ

　地域福祉計画の策定に関する法的根拠は，社会福祉法第107条第1項の規定である。地方公共団体は地域福祉計画の策定に関しては，努力義務とされてい

る計画ではあるものの，地方公共団体における行政の一分野である社会福祉の総合的な計画としての性質を有する地域福祉計画は，地方公共団体の福祉行政運営のためには必須の計画といえる。またこの規定は，社会福祉法第 6 条第 1 項に規定する社会福祉を目的とする事業の広範かつ計画的な実施が図られるように策定されることを意図したもので，国および地方公共団体の責務として定められている。

　社会福祉法第107条第 1 項には，地域福祉計画に盛り込むべき事項が列挙されている。ここには，高齢者福祉，障害者福祉，児童福祉その他の福祉に関して共通して取り組むべき事項や，福祉サービスの利用の促進に関する事項，住民参加に関する事項，地域生活課題の解決に資する包括的支援体制に関する事項などが定められ，同法第108条には都道府県地域福祉支援計画について定められている。

　こうして見てみると市町村地域福祉計画や都道府県地域福祉支援計画は，市町村の社会福祉行政としては，重要な行政課題の一部として計画されなければならないといえる。

3 社会福祉個別各法と関係機関

　地域福祉計画は，地方公共団体からすると社会福祉に関する個別の各法に定められた計画の，上位計画という性格を有している。したがって高齢者福祉や障害者福祉，児童福祉に関する各福祉計画の，共通して取り組むべき事項や，社会福祉法第 6 条第 1 項の規定に基づき，福祉サービスの利用の推進に関する施策や，様々な地域福祉推進のための体制の整備に関する諸施策の計画化について定めることになる。

　また地域福祉計画は，市町村社会福祉協議会が策定する地域福祉活動計画を十分に尊重しながら策定することが望まれる。それは市町村地域福祉計画について定めた社会福祉法第107条第 1 項第 3 ～ 5 号が，市町村社会福祉協議会について定めた社会福祉法第109条第 1 項第 2 号および第 4 号の規定を受けて規定されているからである。社会福祉法第109条は，市町村社会福祉協議会を地域福祉推進を図る団体として位置づけており，その担任する事業を第 1 号から第

4号まで列挙している。これらの事項は，地域福祉を推進していく上で不可欠の事項であり，その事項が社会福祉法第107条第1項の地域福祉計画の軸として，一体的に定められることも期待されているところである。

こうした点から，地方公共団体は，地域福祉に関して必要な基盤等条件を整え，社会福祉協議会が中心となって推進していく地域福祉活動を支援する役割が期待されている。さらにこうした展開を通じて，地域福祉計画が社会福祉の分野から地方自治を形成していく意義があることも見逃せない点である。

4 計画策定手順について

地域福祉計画の策定手順について，行政実務の点から見ると，計画の策定手順は，①構想段階，②策定作業段階，③計画書完成，④計画の実施段階，⑤評価および見直し段階，というプロセスをたどる。

地域福祉計画の構想段階は，計画策定の必要性を確認して，意思決定の重要なプロセスである。またこの段階にいう「構想」とは，計画の内容に関する構想と，計画書をまとめ，公表していくまでの手順の構想とがあり，これらの構想が正式に決定されると，計画の内容と策定の基本方針になるのである。

この段階で重要なのは，ニーズの把握方法と計画策定体制である。ニーズの把握は一般的に社会調査の手法を用いることや，住民座談会を開催する手法が通例である。実際，住民参加が基本事項である以上，住民座談会は必要であるし，住民座談会に出席できなかった住民の声を計画に反映させるためには，社会調査等の方法で補うことになる。この場合留意すべき点は，福祉サービスを必要とする地域住民は通常住民座談会にも出席が困難であり，社会調査の手法でも回答が困難である場合が少なくないという点である。社会福祉に関する計画である以上，こうした福祉サービスを必要とする地域住民の声こそが重要なので，聞き取り調査や関係者団体の会議の席でヒアリングをするなど，何らかの手段により福祉サービスを必要とする住民の声を反映する手だてを講ずる必要がある。こうしたプロセスを経て，福祉サービスを必要とする住民の声が，計画策定の事務局に届く必要があり，可能であれば事務局に限りなく近い位置に，関係者が存在することが望ましいのである。

　計画策定体制は，その意味で重要な事項である。計画策定委員会の委員に福祉サービスの利用者や家族が含まれることはもちろん，社会福祉法第 4 条に規定される地域住民，社会福祉を目的とする事業を経営する者，社会福祉に関する活動を行う者の代表者や当事者などが，構成メンバーに含まれなければならない。また通常は策定委員会のみで計画書の作成作業が進むことはなく，ワーキングチームを構成したりワークショップを開催したりなどの方法で，計画書に盛り込むべき内容をまとめる手法が採られている。

　住民の声を反映させる様々な工夫がなされて計画書が作成されると同時に，住民主体で計画が実行できるよう，計画策定作業の段階で下地をつくっていく必要もある。そのためにもワーキングチームやワークショップは重要で，この中で議論された内容が，議論に加わったメンバーによって実施されるような作業の進め方と，体制の構築を併行して進めていく努力が求められる。この取り組みは行政だけでできるものではないので，当該地方公共団体の区域内の社会福祉協議会と十分な協議が必要となる。

　なお計画は，一定の年限が経過すると見直しの段階を迎える。ここでは，社会福祉法第107条第 3 項の規定による評価等の作業が期待されている。その段階で見直すためには，毎年 1 〜 2 回程度は評価会議のような場で計画の進捗状況を点検する必要があり，この蓄積の上で見直される必要がある。毎年行われる評価会議の場には，福祉サービスを必要とする住民の声を軸に行う必要があることはもちろんのこと，民生委員や福祉施設・関係団体の声も必要となる。

第 6 節　福祉政策と包括的支援体制

1　包括的支援体制の制度化

　社会政策の一環としての福祉政策には，行政対応として執行する上で，特徴的な部分がある。それはどの制度を利用することになるのか不明な段階での個別相談という要素が必然的に伴うことへの対応と，地域住民が自ら日常生活上の課題を把握し，これの解決を図ろうとする場合の支援の対応である。

　地方公共団体におけるこうした取り組みは，過去にも例はあった。近年は，福祉政策を展開していく上で，地域住民の生活の場である地方公共団体の地域を基盤に実施することが基本になっている。今後は地域の社会福祉（社会福祉法第1条で「地域福祉」としている）の推進のために，包括的支援体制の構築を図ろうと社会福祉法第106条の2に事業者の責務を規定し，第106条の3に支援体制のあり方について規定している。さらに2020（令和2）年の社会福祉法の改正によって，重層的支援体制が規定され，個別支援，参加支援，地域支援による地域共生社会の実現に向けた取り組みの方向性が示されている。

2　包括的支援体制の概要

　包括的支援体制については，社会福祉法第106条の2に，地域子育て支援拠点事業等を経営する者の責務に関し，個別の福祉制度に定められた様々な支援機関の役割として，地域生活課題を抱える地域住民に対する支援が，他の事業所と連携して検討および具体的に対応することを努力義務として定めている。そこにあるのは，児童福祉，母子福祉，高齢者福祉，障害者福祉，子育て支援関係の相談支援業務を総合化して，第106条の3に定めた取り組みを具体的に実施できるようにするものである。その規定内容は，要約すると①住民参加への支援や交流活動の拠点整備および研修等環境整備，②総合的な個別相談業務の体制，③支援関係機関の有機的な連携による一体的かつ計画的に行う体制の整備に関する事業，の3点が定められ，第2項として，厚生労働大臣は，必要な指針を定め公表することとなっている。この規定に基づき，2017（平成29）年に厚生労働省告示により，具体的な指針が示された。指針の内容としては，地域福祉計画に盛り込むようにし，そのプロセスにおいて十分に地域住民等との協議を行うこととされている。また十分に地域性を重視し，様々な相談を包括的に受け止めることのできる場を整備することが求められている。

　なお2020（令和2）年の改正で，第106条の4として重層的支援体制が規定され，地域生活課題の解決向けた地域福祉活動や，様々な事業運営を展開するための計画を策定して，地域福祉を推進することが期待されている。

3 包括的支援体制の必要性

こうした取り組みの必要性は，かなり以前から指摘されていたが，これまで社会福祉制度に関しては，個別の対象者ごとの制度による政策的な取り組みのほうが具体性や財源の裏づけなどについて明確であったため，なかなか実現しなかった。社会福祉の対応に関しては，生活保護制度を除けば，制度として個別対応が原則であり，行政の仕組みも予算面にしても縦割りとなっていた。

こうした状況において地域住民の相談支援のために，包括的な相談体制をソーシャルワークの展開という形で解決を図った実施例としては，図6-4に示す1988（昭和63）年の宮城県涌谷町の事例がある。町の計画書に「ソーシャルワーク」が盛り込まれ，社会福祉士を複数名採用し，行政組織規則を改正して福祉相談部門を一元化するとともに，地域支援活動も展開したのである。

「断らない相談」も取り組まれ，年間延べ1,000件もの相談が寄せられた。人

―あすをひらく心豊かな生活をめざして― 町民の生活の中の様々な問題を処理できるよう援助し，かつ町民の社会的役割をより以上に果たすことができるよう必要な体制を整え，心豊かな生活を送るために効果的なサービスを実施する。	
事　　業	内　　容
・相談	・個別相談（ケースワーク） ・家族相談（ファミリーケースワーク） ・患者グループ活動（グループワーク） ・社会関係等調整（コンサルテーション） 　以上の内容は，ア．病院の患者や家族に対する相談・支援，イ．一般町民に対する日常生活，その他の相談・支援，ウ．ア・イの要因，その他社会関係等調整となる。
・地域ネットワークづくり	・地域運営組織の支援育成 ・地域リーダーの研修機会の拡充 ・地域内町民サービスシステムの構築への支援 ・地域内町民地域づくり活動の奨励

図6-4　涌谷町におけるソーシャルワークの例

涌谷町：健康と福祉の丘のあるまちづくり計画書，1988

口規模の大きくない地方公共団体の場合，対象領域ごとの対応となると，しっかりと対応できる場合と，そうでない場合もあり，どのようにでも対応できるようにするためには，一元化したほうが効率的であるという証でもあった。

　世帯内において，複数の生活上の課題を抱える相談事例は少なくはなく，以前から制度の隙間にあって支援を受けられない事例も珍しくなかった。

　なお行政組織規則を改正して相談窓口を一元化する場合，規則の制定権限は地方公共団体の長の固有の権限であるため，法によって総合相談窓口を行政機関に設置させることを規定することは，地方自治法第1条の2および第138条の3によってできないと解される。そのため各地方公共団体の地域の実情に応じて，地方公共団体の長の判断になる。加えて社会福祉法第106条の2に定める機関は行政機関に内包されているとは限らないため，なお困難な事情を抱えている地方公共団体も少なくはないと思われる。宮城県涌谷町の事例は，独自に実施した事例であるが，30余年が経った現在においても多くの示唆に富むものと思われる。

■引 用 文 献

1）K・ジャッジ／高沢武司ほか共訳：福祉サービスと財政，川島書店，1984
2）大森彌：「福祉政策のプロセス」，大森彌・松村祥子編著：福祉政策Ⅰ—福祉政策の形成と実施—（改訂版），放送大学教育振興会，2006，p.65.
3）同上書
4）総務省行政評価局：政策評価Q&A（政策評価に関する問答集）（平成29年10月版）（https://www.soumu.go.jp/main_content/000359631.pdf）

■参 考 文 献

・阿部裕二責任編集：社会保障（第6版），弘文堂，2019
・厚生労働統計協会編：国民の福祉と介護の動向2020/2021，2020
・社会福祉事業等の在り方に関する検討会：社会福祉の基礎構造改革について（主要な論点），1997
・生活保護制度研究会編：生活保護のてびき　令和2年度版，第一法規，2020
・生活保護手帳（2019年版），中央法規出版，2019
・森健一・阿部裕二：構造的転換期の社会保障，中央法規出版，2002

・文部科学省：子ども・子育て支援新制度の解説（制度概要），2014
・Titmuss, R. M. The Gift Relationship: From Human Blood to Social Policy, Allen and Unwin, 1970
・井岡勉編：地域福祉概説，明石書店，2003
・柴田謙治：貧困と地域福祉活動，みらい，2007
・市川一宏・大橋謙策・牧里毎治編：地域福祉の理論と方法，ミネルヴァ書房，2010
・和田敏明編：概説社会福祉協議会，全国社会福祉協議会，2011
・井村圭壯，豊田正利編著：地域福祉の原理と方法，学文社，2008
・上野谷加代子・松端克文，山縣文治編：よくわかる地域福祉　第4版，ミネルヴァ書房，2011
・中西正司・上野千鶴子：当事者主権，岩波新書，2006
・社会福祉法令研究会編：社会福祉法の解説，中央法規出版，2002
・松本英昭：要説地方自治法第六次改訂版，ぎょうせい，2009
・厚生労働省：地域共生社会に向けた包括的な支援と多様な参加・協働の推進に関する検討会（地域共生社会推進検討会）最終とりまとめ（概要），2019
・涌谷町：リーディングプロジェクト　健康と福祉の丘のある松づくり計画書，1988

第7章 福祉政策と福祉サービス

　福祉政策の具体的な展開において，様々に制度化された給付やサービスを利用するためには，一定の手続きを必要とする。社会福祉関係の個々の手続きのあり方等については，制度化に関する考え方があるため，本章ではこの点の理解を深めることとする。

　なおここでは，年金制度や児童手当のような，広く一般的な意味での所得保障的な給付制度を除く。

第1節　福祉政策における給付・サービスの供給体制

　社会政策として展開される社会福祉に関する諸制度は，小川によれば，①社会福祉従事者に関する法，②扶助法，③救助法，④育成法，⑤更生法，⑥援助法に区分されている。これらはさらに，①が従事者法，②～⑤までが保護法，⑥が援助法に大別されるとしている。これに対して河野は，社会保障法の体系を，①所得保障法，②健康保険法，③自立支援保障法とし，このうち自立支援保障法をさらに生活自立支援保障法（福祉サービス，住宅，教育）と労働自立支援保障法（職業リハビリテーション，福祉的就労，共同作業所）に区分している。

　ここでは主として小川による②～⑤までの保護法，河野による自立支援保障法関係に関し，利用者に対する支援のあり方を中心に説明する。

　社会福祉法制度において給付・サービスを具体的に提供する上では，①目的・理念，②対象者，③保障事由，④保障の内容と方法，⑤関係機関，⑥費用負担，⑦不服申し立て等の事項が定められ（表7-1），一定の手続きを踏む。加えてこれらの手続きによって，社会福祉の給付やサービスの提供に際し，福祉専門職が加わる場合とそうでない場合，公的機関のみで完結する場合とそうでない場合がある。また社会福祉政策の特徴として，政策執行者と利用者間において，

給付やサービスの適切な利用・活用ができるよう，状況の管理が必要となってもいるのである。

　ここではその一連の流れについて，給付・サービスの供給体制に関し見てみる。社会福祉の給付やサービスの供給体制は，受給および利用者の区分に応じて，目的を含めて制度化され体系化されている。

　①目的・理念と②対象者に関し

表7-1　社会福祉法制度の基本要素

①	目　的	法制定の目的
	理　念	福祉に基づく制度の理念
②	対象者	制度別に対象者の概念を規定
③	保障事由	制度利用資格の有無
④	保障内容	利用資格審査に基づく保障
	保障方法	サービス等の提供方法
⑤	関係機関	制度の執行とサービス提供機関
⑥	費用負担	応能負担と応益負担の仕組み
⑦	不服申立	利用資格および利用サービスの不服申し立てと第三者評価等

ては，制度創設の目的に応じて，誰に対して何を保障するのかという点で明確にされている。また制度化する上においては，この点が明確にされている。なお，目的に関しては，生活保護制度のように，日本国憲法第25条の規定に基づいて定められた制度である一方，老人福祉法のように敬愛の念から定められたものであることを規定したものまで，社会福祉制度間によって多様である。

　③保障事由と④保障の内容と方法に関しては，各制度が不特定多数の住民に対して給付・サービスを提供するものではなく，給付やサービスを利用することの必要性の確認手続きがある。そのため一定の給付やサービスの利用者としての資格を有しているかどうかについて申請を受け，審査することになる。各種調査やアセスメントなどを実施し，この時点で資格ありと認定されればその上で利用手続きを進めることになる。利用手続きを進める上では，本人の意思決定の確認と，利用する給付・サービス内容の決定手続きがなされる。説明責任や適切な情報提供と選択等が重要な要素となる。

　⑤関係機関は多岐にわたる。相談窓口の機関，利用資格を審査する機関，給付やサービスの利用手続きに関する機関，給付・サービス提供機関など，利用者から見たそれぞれの段階で極めて多様な機関や事業所が存在している。これらの事業所や機関は，制度区分別に設置されている。給付機関は概ね公的機関が担っているので利用者にとって利用しやすいものの，サービス提供機関は，

利用者が各段階において適切に機関や事業所を利用できるように，何らかの支援が課題となっている。またサービスの提供を直接担っているのは，誰でもよいわけではなく，制度により定められた職員が担うこととなっている。

　⑥費用負担，⑦不服申し立てに関しては，基本的に関係する公的機関が担っているのが一般的である。ここでは，制度利用資格結果に対する不服申し立てや利用サービスに関する苦情など，公的機関において申立てを受け付け，審査することになっている。

第2節　福祉政策と供給体制の構造

　福祉政策の供給体制は，利用主体と供給（実施）主体の両者から捉えていく必要がある。

1 利用主体と供給主体

　福祉サービスの利用者は，社会生活を営む上で生活のあらゆる場面において何らかの困難を感じて生活しているため，福祉サービスを利用することによって，困難さを軽減解消したいと考えている。そのため日常生活において福祉サービスに依存することとなり，提供主体や提供サービスの担い手であるスタッフに対して，相対的に弱い立場に置かれがちである。そのため「利用者」として扱われることがあっても，「利用主体」として捉えられることは極めて少ないのである。医学的な意味での欠損等を抱えていることによって，社会生活上の困難を抱えることは避けられない必然的な結果なので，福祉サービスを利用するのは当然という認識から脱却する必要がある。すなわちあらゆる人々が，社会生活を営むために必要とされるニーズを充足できるようにするために，福祉サービスも“利用するサービスの一つである”という認識に立って，主体的存在として捉えることが望まれている。

　したがって供給主体には，利用主体に対する義務も発生している。供給主体は大きく三種類に区分される。一つは福祉政策の実施主体としての行政機関，第二にサービスを運用しているサービス提供機関，第三に福祉サービスの担い

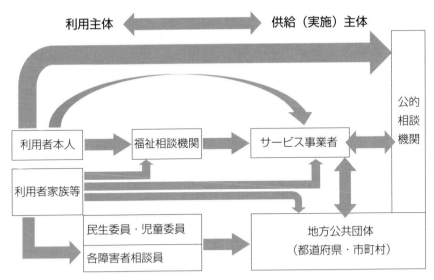

図7-1　福祉政策の利用主体と供給（実施）主体

手である福祉サービスのスタッフである。国や地方公共団体をはじめ，各事業者や担い手としての福祉専門職にあっても，サービス提供の目標として利用者を明確に位置づけ，提供のあり方を探り，最も良質かつ適切な福祉サービスの提供に努める義務がある。行政機関は，適切にサービス提供が運用されているかどうかを監督する義務がある。また，地方分権の推進によって，相談機関と給付機関の分離がなされるようになってきており，さらに相談機関は，主訴受付の相談機関と利用サービス手続きの相談機関に分かれてきている。さらに給付機関が制度利用申請の給付機関とサービス提供機関とに分かれてきており，サービス提供機関が民営化され，各事業所として運用されている。

2 福祉政策における給付とサービス

　福祉政策において給付という場合は，実施者である地方公共団体においては，第4章第5節で述べたように現金給付と現物給付とに分かれる。現金給付の場合は，各種手当や医療費等の助成などがほとんどである。また子どもに関しては，就学援助などのように学習条件を整えるための経費の給付制度が福祉分野

以外の教育の分野からなされる例もある。これに対して現物給付という場合は，通常は各種福祉等サービスをいい，種類は多岐にわたっている。サービスの中には障害者福祉にみるような，盲導犬の貸与や訓練給付などもあり，個々の対象者別の福祉制度において，様々なサービスがメニュー化されている。現在は，この各種福祉等サービスの提供主体が多様化され，多くの民間事業者が活動するようになってきている。

　高齢者や障害者および児童分野等における各種福祉サービスは，現在は訪問系・通所系・施設系のほか，福祉用具などに大きく区分され，さらに個々の制度によって細部にわたる支援サービスが展開されてきている。現物給付の場合は，これら福祉等サービスを利用した場合に，地方公共団体からルール化された金額がサービス提供した事業者に支払いがなされている。利用者本人は，ルール化された一部負担金を支払うこととなっている。

3　福祉政策の給付とサービスの提供体制

　福祉政策における給付とサービスを実施できるようにするためには，社会の中にその条件を整えていく必要がある。社会福祉法第6条にあるように国および地方公共団体は，社会福祉を目的とする事業を経営する者の協力を得て，健全な社会福祉事業の推進を図ることができるように，計画的に実施していく責務を負っている。そのためには，①福祉支援を必要とする人々の的確な把握，②ニーズキャッチの体制，③相談支援体制の整備，④事業者の指定と確保，⑤福祉計画の推進，が求められる。

（1）福祉支援を必要とする人々の的確な把握

　地方公共団体において福祉政策の給付とサービスの提供体制を整えていくには，給付とサービスの需要を的確に把握する必要がある。提供体制に不足や過剰な状態を招くことは避け，健全な社会福祉事業の発展に努める必要がある。そのためには，当該の地方公共団体において，需要がどうなのか確認が必要とされる。加えて福祉政策における給付やサービスは個別性が強く，供給体制の整備は必ずしも単純ではない。そのためにも，当該の地方公共団体で対象と思われる人々の実情を，正確に把握することが求められる。このため，統計デー

タが必要とされ，対象となると思われる人々の過去の分布から推計するように
なり，その際，地域性や年代別など，可能な限り詳細な分析が必要となる。

（2）ニーズキャッチの体制

　福祉支援を必要とする人々のニーズをいかに把握するかに関しては，一般的
にアウトリーチやあるいは地域とのネットワークのあり方などとして，通常は
生活場面からニーズを把握する必要性が述べられる。実際に給付やサービスに
ついては，生活支援として提供するわけなので，生活場面から必要なニーズを
把握することになる。地方公共団体や社会福祉協議会などの公的機関が，地域
住民一人ひとりの生活を把握しているわけではないため，地域の民生委員等と
のネットワークを基に，あるいは様々な地域福祉活動を通じて，各種活動の機
会に相談活動などによって把握していくことになる。この場合可能な限り，住
民にとって話しやすい場づくりが求められる。加えて様々な機会において，常
に支援を必要とする住民情報の収集に努め，また多くの住民に対し，支援を必
要とする住民情報の収集に努めていることを知らしめることも重要である。

（3）相談支援体制の整備

　福祉支援を必要とする住民情報の収集を行うということは，とりもなおさず
その後速やかに相談支援につなげることを意味している。したがって包括的な
相談支援体制を整え，あらゆる相談に対応できるように，様々な制度につなげ
ることができる相談窓口が必要となる。加えてここで重要な点は，相談を受理
した以上は，必ず何らかの対応すべき制度につなげていくことである。した
がってここで重要となるのは，相談窓口における人的資源の確保である。相談
業務を十分にこなすことができる専門職をしっかりと確保し，単に福祉分野に
限ることなく，住民にとって最も望ましい資源につなぐことができる相談窓口
の設置が，この段階では不可欠となるのである。

（4）事業者の指定と確保

　福祉政策の展開において重要となるのは，住民の需要に応えることができる
事業者の指定と確保である。福祉のサービス資源を確保し，どれだけ需要をカ
バーできるかという点は，地方公共団体においても重要な課題となっている。
実は福祉分野の社会資源，とりわけサービス資源は，あらゆる分野で不足して

いるのである。しかし，必要と感じた住民の早い者勝ちかといえば決してそうではない。相談機関，そしてサービス提供機関へのつなげ方にかかっているといってもよいだろう。つまり，相談機関から給付やサービスまでのアクセスが，幾段階にもわたっているため，様々な機関において手続きを踏む過程で，時間と様々な手間がかかっているのである。

　そうした点で多くの社会福祉の機関は，複雑な構造となっており，相談機関やサービス機関も相談やサービスの内容によって様々に設置されている。これらの機関について，地方公共団体は事業者の指定を行い，社会資源の確保を図っていく必要がある。ただし都道府県や市町村によって権限の有無があるため，地域的に偏りが出ないような対策が求められることも重要な点である。

（5）福祉計画の推進

　社会福祉法第6条第1項にあるように，国および地方公共団体は，福祉サービスの基盤の計画的な整備と，サービスの円滑な実施の確保を図らなければならないとされている。これは，各社会福祉に関する制度の具体的な執行にあたっては自治事務となったことから，都道府県および市町村の主体的な取り組みとして福祉計画の策定が求められたことによる。

　具体的には，老人福祉計画や介護保険事業計画，障害者計画，次世代育成支援対策の実施に関する市町村等行動計画や地域福祉計画等がそれである。この計画策定に関しては，国から基本指針やガイドラインが示されている場合が通例で，地域福祉計画を除くと，福祉支援を必要とする住民の推計とこれに基づくサービス量の推計を行い，次にサービス量を確保するための方策を計画し，具体的にサービスを必要とする住民に対するサービス提供の体制を明確にすることとされている。その上で，不服申し立てや，サービス利用支援や権利擁護のための方策，災害時の福祉支援体制や地域活動等社会参加のための方策等を計画に盛り込むこととされている。

　また，これら計画策定の取り組みに関しては，住民参加が図られることが必須とされてきている。加えて各計画の内容に関しては，地域福祉計画と整合していることが求められている。

第 3 節　福祉サービスの利用過程

　福祉制度の利用による給付・サービスの利用に至るまでには，一定の流れがある。①相談，②利用手続き，③給付やサービスの方法，④給付・サービス，⑤給付・サービスの変更・終了，の流れである。具体的な内容について，相談業務を中心に見てみよう。

　福祉相談は，日常的に実施されている。しかし，その内容は多岐にわたっている。特に福祉の給付やサービスのための相談には，いくつもの段階がある。ここで重要な点は，福祉相談は，通常の社会政策の対象者と違って，社会的に弱い立場に置かれている人が多いという点である。それだけに様々な局面で配慮が必要となり，関係者間の調整や確認作業などの手間が伴い時間がかかるのである。しかし個人の尊厳を基本とし，本人の自己決定を尊重する上では，当然の対応である点を認識する必要がある。

表 7 - 2　社会福祉サービスの利用過程

1	相談	初期段階の包括的相談
2	利用手続き	ニーズアセスメントと手続き
3	給付やサービスの方法	制度利用とサービス利用決定のための相談面接の段階
4	給付・サービス	サービスの利用状況・モニタリング
5	給付・サービスの変更・終了	モニタリング結果による利用サービスの調整，サービス利用者のサービス利用の終了

1　初期段階の相談

　福祉相談の初期段階は，どの制度を利用するようになるのか，判断がつかなかったり，相談に来た住民自身が，まずはとにかく「言いたい」「聞いてほしい」という思いが強いために，あるいは訴えを思うようにできなかったなどの要因によって，主訴が判然としない場合がよくある。福祉相談が専門的な面接技法が必要となるのは，こうした側面が強いためで，加えて相談に来た住民に警戒されたり構えられたりしないで利用に結びつけ，生活支援になるように相談業務を行うためでもある。そうでなければ，福祉制度に対する国民の信頼が，揺

らぎかねない。福祉相談の初期段階は,福祉制度の利用の前段階の相談である。したがって相談を進めていくうちに,複数の制度利用の必要性が確認されたり,家族の中の一人だけではなく,複数の対象者に対する支援の必要性が確認されたりする。包括的支援体制が必要とされているのは,こうした相談業務の特性を,しっかりと果たすことが求められてきているからである。

　この段階の相談業務の特徴は,まず話を聞くことが第一で,次に話の内容を整理した上で生活上の課題を確認することである。間違っても制度に該当するかどうかを前提とすることがあってはならない。また相談には様々な人が訪れるが,この段階で相談を断ることは,特別な事情を除き,決してあってはならないことである。また相談する上で,個人の尊厳を基本とすることは,忘れてはならない点である。くれぐれも自己決定に至るよう,面接段階での意思決定支援が不可欠となることを忘れてはならないのである。

2　制度利用に向けた相談

　サービス利用についての相談を重ねていくうちに,利用することが望ましい制度が徐々に明らかになってくる。しかしこの段階では,具体的な支援の給付やサービスに至らない場合であっても,話を聞くだけで支援になっているケースもあるので,しっかりとした見極めが重要となる。いずれ具体的な生活上の課題を抱え,支援を必要とするようになる場合が少なくないからである。相談業務の担当者は,利用が望ましいと考えた制度についてしっかりと説明をした上で,利用の有無を確認しなければならない。このとき重要なことは,必要な制度説明を行ったことを証する記録の作成と,利用の意思確認をした方法と意思表示内容の記録である。また,意思表示の内容によっては,複数の制度利用に至る場合もあり得るので,そうしたことも念頭に置いてしっかりと聞き取り,相談記録を作成する必要がある。これらが整理され,アセスメントという結果となって,書類上で確認されるようになっていることが大切である。

　ここで重要なのは,相談業務そのものが意思決定支援であるという点である。意思決定支援である以上,本人の意思表示に基づいた形で物事が決定されていかなければならない。本人の意思表示は,必ずしも言葉によるとは限らないの

で，これまでの面接経過から，意思確認の方法をしっかりと第三者を含めた形で確認しておく必要がある。また選択の余地があるような配慮が必要であり，時間的余裕があれば本人に体験や確認の機会を確保することも考慮した方がよい。福祉制度の利用者の多くは，社会の中で様々な困難な状況に置かれる場合が多く，その理由の一つが制度利用のための手続きに様々な困難が伴う点にある。制度利用の申請書は，申請書の記載事項の内容を理解できていて，自署ができ，かつ申請理由をしっかりと簡明に説明できる能力のある人を想定していることが一般的である。しかし，相談者すべてが，このような条件を満たしているわけではない。このため現実には，代筆や本人の自署を援助する人が付き添って書類を仕上げる姿を目にすることが一般的になっている。

3 制度利用・サービス利用手続き段階

　実際の制度や福祉サービスの利用に至る段階に入った場合，相談業務が終了するかといえば，終了する場合もあるものの，終了せずさらに継続する場合もある。ここでは，大小あるものの少なくとも2点に留意する必要がある。1点目は書類の意味を理解できず，なかなか書類が完成しない点である。これは止むを得ない場合もあるが，本人や関係者の周囲がいろいろと複雑に関係してきて進まない場合も少なくはない。特別の事情がない限り急がず，書類作成の意味や手続きの必要性の理解に努めつつ，書類作成手続きを進める必要がある。2点目として，本人の意思決定が実際には未だ不十分な段階で，サービス利用の話が進んでしまうことである。理由はいろいろと考えられるが，周囲の人々の考えに本人が引きずられてしまって，サービス利用の具体的な部分で自分の考えを説明できない場合や，支援者が「よかれ」と思って進めるものの，利用者本人は自分の考えがまだまとまっていない場合などがある。サービスの利用手続きの段階にあっては，こうした点において不都合のないようにするために，重要な局面において第三者が介在することが望まれる。アセスメント結果に基づくサービス利用計画書は，こうした点でも確認される必要がある。なお，様々な会議等において，サービスを利用する計画などに関する検討の際には，本人の意思決定であること，そしてそれを確認したことなどを記載することなどが

求められる。サービスは，利用者本人の意思が根拠なのである。

　サービス利用に向けた相談業務は，いつ，どのようなサービスを，どのように利用するかについて，どのように協議したのかをまとめる段階といえる。

4　サービス利用段階

　サービス利用に関する一定の手続きが済むと，サービスの利用の段階に入る。サービスの利用にあたっては，本来目標が設定されており，目標達成に向けたサービス提供がなされているかどうか，評価・確認の作業を並行してサービスの利用につなげる必要がある。福祉サービスは，個人の尊厳を旨とし，良質かつ適切なものでなければならない。したがって事業者や専門スタッフは，絶えず自らのサービス提供のあり方を評価・点検する必要があり，加えて自己評価だけではなく，第三者の評価も必要となる。それは，福祉サービスが社会のシステムの一環として提供されている以上，法的根拠に則ったものである必要があり，そのためには自己評価ではなく，第三者評価が妥当だからである。

　サービスを利用している段階において，利用者本人もサービス提供の担い手も，心身の状態がいつも同じということはないので，情緒的に一定であるはずがない。またサービス利用者は，サービス提供スタッフの何気ない行動や態度が気になったとしても，一度や二度はやり過ごすことが多いものである。したがって適切性がいつも確保されるという中には，一般的に気になる点は許容されていることが多い。しかし，不適切な対応が常態化すると，何らかの形で表面化してくる。苦情として一気に表面化する場合もあれば，外出や来客という理由で，サービス利用の休みという形をとる場合もある。そうした点で苦情となった段階においては，実際にはすでに手遅れとなっている場合が多く，サービスや事業者を変更せざるを得ない事態に至ることも少なからずある。したがって，定期的に提供サービスの点検作業が欠かせないのである。この場合の点検作業は，事業所内よりは，可能であれば外部評価が望ましい。

5　サービスの変更・終了

　サービスを利用している段階から，変更・または終了という局面が訪れるこ

とがある。サービスの内容に変化はなくても，利用者の側に心身の面で変化が生じる。その場合に，利用者が必要と感じる内容に応じて，変更を余儀なくされるものの，このことは，個人の尊厳に基づけば当然のことである。

　この場合，変更が必要となるきっかけが何であったかという点に着目する必要がある。利用者は，常にサービス提供してもらっているので，変更してほしいとは言いにくいという側面がある。しかし，これをいつまでも引きずっていては，いつ苦情に発展するかわからないという危惧もある。そこで登場するのが，ケアサービスのモニタリングである。定時または随時に，ケアサービスの目標達成に向けて，成果が上がっているかどうか，調整が必要ないかどうか評価確認する取り組みが，モニタリングである。この場合，モニタリングを担当するのは，サービスの担い手とは別である必要がある。したがってモニタリングは，重要な取り組みであるだけに，しっかりと記録され，利用者の評価を記載する必要がある。

　一方，福祉サービスは，病院への長期入院や施設入所，転居やさらには死亡などによって，利用サービスが終了する局面を迎えるようになる。いつもと同様にサービス提供を行うという方法もあるかもしれない。しかし転居の場合，突然その日が来るわけではない。また突然死亡ということもあるものの，残された日々がある程度確認できる場合もある。こうした場合は，サービスの利用が終了する時点が予想されるわけなので，残された日々の暮らし方が考慮される必要があるといえる。

第4節　不服申し立て・リスク管理

1 不服申し立て

　税や社会保障に関する決定など，国や地方公共団体による処分（不作為を含む）に対して不服があるときに不服申し立てをすることができるのが，「行政不服審査制度」である。処分に対して不服がある場合には，裁判に訴える（行政事件訴訟）という方法もあるが，手続きが複雑である。一方，行政不服審査制

度では，不服申し立ては書面で行うことが可能で，裁判よりも短い期間で結論を得ることができ，手続きに費用も原則かからない。

　例えば生活保護の場合，生活保護の申請者や生活保護の受給者が，福祉事務所など行政の処分に不服があるときに，行政を相手に争うことができる。この争いを，広く「行政争訟」と呼ぶが，行政争訟には，先に述べたように行政の組織内部の機関に不服を申し立てる「行政不服審査制度」と，裁判所に判断を求める「行政事件訴訟」の2種類がある。行政不服申し立ての制度は2016（平成28）年4月の行政不服審査法の改正で大きく変わった。主な改正点は，①公正性の向上，②使いやすさの向上，③国民の救済手段の充実・拡大である。

（1）不服申し立て

　行政庁の処分に対して不服がある者は，審査請求を行うことができる（行政不服審査法第2条）。審査請求を行う先は，処分をした行政庁に上級行政庁（生活保護の処分の場合は都道府県知事など）がある場合はその上級行政庁，上級行政庁がない場合はその処分をした処分庁となる（行政不服審査法第4条）。

　また，審査請求の判断についてさらに不服がある場合には「再審査請求」を行うことができる（行政不服審査法第6条，生活保護法第66条）。

（2）審査請求の概要

　生活保護の申請が認められなかった場合を例として見てみよう。①保護の申請をしたが，その後，何の決定もないまま放置されている場合として保護の申請をした後，30日を経過しても福祉事務所などの決定がされないときは，保護の申請が却下されたものとみなして（生活保護法第24条第7項），審査請求をすることができる。②保護の申請の意思があることをはっきりと示しているにもかかわらず，申請書を渡してくれない，受け付けない場合には申請がなされたと考えられるところから，保護の申請が却下されたものとみなして，審査請求ができる。③申請に対して，保護の決定はされたが，決定された保護費の額が少ないなど，決定の内容に不満がある場合には，決定された保護費を受け取った後でも審査請求ができる。④福祉事務所などによる保護の廃止や停止，保護費の減額決定などを行ったことに不満がある場合には，審査請求ができる。

（3）審査請求の方法

　審査請求の宛先は，都道府県知事または処分をした市町村長等である（行政不服審査法第21条）。

（4）審査請求の期間

　原則として，不服の対象となる処分があったことを知った日の翌日から起算して 3 か月以内に審査請求をしなければならない（行政不服審査法第18条第 1 項）。また，処分があった日の翌日から起算して 1 年を経過したときは，審査請求をすることができない（行政不服審査法第18条第 2 項）。

（5）審理の方法

　改正法により審査請求の審理は，職員のうち処分に関与しない者（審理員）が両者の主張を公平に審理することになった（行政不服審査法第 9 条）。また，証拠書類の閲覧・交付（行政不服審査法第38条）や口頭意見陳述における処分庁への質問（行政不服審査法第31条第 5 項）などが行政不服審査法の改正により新たに認められた。

（6）裁 決 期 間

　審査請求に対して，審査庁は請求のあった日から50日以内に裁決を行わなければならない。また，行政不服審査法第43条第 1 項によって新設された第三者機関に諮問をする場合は70日とされている（生活保護法第65条第 1 項）。

　審査請求人は，この期間内に裁決がないときは，審査請求が棄却されたものとみなすことができる。審査請求が棄却されたものとみなした場合は，次の手続きを進めることができる。

（7）再審査請求

　生活保護申請でいえば，都道府県知事の裁決に不服があるときは，厚生労働大臣に再審査請求をすることができる（生活保護法第66条）。再審査請求は，審査請求についての裁決があったことを知った日の翌日から起算して， 1 か月以内にしなければならない（行政不服審査法第62条）。再審査請求は，再審査庁は，70日以内に裁決を行うものとされている（生活保護法第66条第 2 項）。

（8）行政事件訴訟

　裁判（訴訟）を起こす場合，国や地方自治体を相手に損害の賠償を求める「損

害賠償請求」と，福祉事務所長などの行政機関の処分などを争う「行政事件訴訟」の2種類がある。

　生活保護の申請が却下された場合などでは，行政事件訴訟のうち抗告訴訟，とりわけこの処分の取消訴訟を起こさなければならない。もともと行政事件訴訟には，①抗告訴訟，②当事者訴訟，③民衆訴訟，④機関訴訟の四つがあり，このうち，生活保護の申請についてこれを争う場合の訴訟が，「行政庁の公権力の行使に対する不服の訴訟」である①「抗告訴訟」と呼ばれる訴訟である。

　抗告訴訟は，行政庁が行った処分（例えば，保護の申請を打ち切った処分や申請を却下した処分）の取り消しを求めるものである（処分取消訴訟：行政事件訴訟法第3条第2項，第8条以下）。

　処分取消の裁判を起こす場合に，裁判の前に必ず審査請求の手続きをとって，裁決を経た後でなければ，裁判が起こせないということである（生活保護法第第69条。再審査請求の手続きは，必ずしも経る必要はない）。これを審査請求の前置という。

　審査請求の手続きをとっても，いつまでも裁決が出されない場合，審査請求をした人は，50日以内に裁決がなければ審査請求が棄却されたものとみなすことができる（生活保護法第65条第2項）ため，この定めにより，処分取消の裁判を起こすことができる。処分の取消訴訟の出訴期間については，処分または裁決のあったことを知った日から6か月以内に起こさなければならない（行政事件訴訟法第14条）。

2　介護保険の場合

　市町村が行った行政処分（要介護認定や，介護保険料の徴収に関する決定等）に不服がある場合に，その処分の取り消しを求めて介護保険審査会に審査請求をすることができる。

　被保険者は，処分のあったことを知った日の翌日から起算して3か月以内に，都道府県介護保険審査会に文書または口頭で審査請求ができる（介護保険法第183条，第192条）。介護保険審査会は，市町村の行った処分への不服申し立ての審理・裁決を行う第三者機関として，各都道府県に設置されている。

　介護保険審査会では，審査請求された案件について，処分を行った市町村等に事実確認等を行った上で，その処分が法令や基準に基づいて正しく行われているかということについて審査し，裁決する。都道府県介護保険審査会は，同審査会に置く専門調査員により，必要に応じて①認定調査票記入事項および特記事項内容に関して認定調査員を調査，②2次判定の疑義に関して介護認定審査会を調査，③主治医の意見書に関して，主治医を調査，④その他，審査請求人等の事項を調査する（介護保険法第188条）。

　介護保険審査会に対し，介護保険制度自体についての改善・廃止といった要望を求めることはできない。

　介護保険審査会では，審査請求された案件についての審査を経て，①認容，②棄却，③却下のいずれかの裁決を行う。

　①　認容（審査請求人の主張を認めるとき）：市町村の行った処分の全部または一部が取り消される。

　②　棄却（審査請求人の主張が認められないとき）：市町村の行った処分は適法・妥当なものとされ，取り消されない。

　③　却下（審査請求自体が必要な要件を満たしていない等，不適法であるとき）：市町村の行った処分はそのままとなり，取り消されない。

　審査請求人の主張が認められ，裁決により処分の全部または一部取り消し（上記では「認容」）となった場合，市町村が改めて処分をやり直すことになる。「要介護度を変更する」や「保険料を減額する」など介護保険審査会が独自に要介護認定をし直したり，介護保険料の決定をし直したりすることはできない。

　審査請求ができる人は行政処分を受けた本人，またはその処分によって，直接自己の権利や利益を侵害された人に限られる。ただし，委任状を作成することにより，代理人が審査請求をすることもできる。

　「認容」裁決の場合は，原処分は取り消され，市町村等は，裁決の趣旨に従って，改めて処分をやり直すことになる。また，裁決に納得できない場合，審査請求があった日から3か月を経過しても裁決がないときは，裁判所に取消訴訟の提起が可能である（行政事件訴訟法第8条）。なお，生活保護のような再審査請求は，介護保険の不服申し立て制度にはない。

3 リスク管理

(1) リスク管理の意義

現代の社会情勢は，隠れていたリスクが，ある日突然に頻度と強度を変え，襲いかかるというまさに予測困難な時代になっている。リスクとは未来において生起するかもしれない何らかの損害を現在の時点において見積もることであると考えられる。つまり，リスクとは本来的に知り得ないはずの「未来」について「現在」の「関係性」の中で描写するということである。

このリスクで注目すべき点は，訴訟において，損害を金銭で回復させるという損害回復モデルという従来の伝統的司法制度に依拠したシステムから，現代の裁判では，加害者側の被害者側への「誠実な対応」「謝罪」「再発防止」という行為者の感情的次元に焦点を当てているように思われることである。

リスクが発生すると，対応によっては，被害者およびその家族は穏やかだった表情が豹変し，不満から失望，怒りに変わり，加害者側の過失を徹底的に追及するために，裁判を起こす可能性がある。裁判では，長期化し，精神的な負担が増大し，本来，被害者の自己責任で発生した転倒・骨折でさえも加害者側の責任として追及してくる。保険により金銭賠償をすればよいということだけは済まされないのが「介護リスク」である。

本来感謝されるべき側が裁判に訴えられることは異常なことである。リスクが発生した事後対応を分析し，リスクに対する危機意識と自覚を喚起する「リスク管理」が今後求められている。

(2) リスク管理の事例研究

ポータブルトイレの排泄物を自ら処理しようとして，転倒・骨折した92歳の女性の事例である。

> **事例①　ポータブルトイレの排泄物を自ら処理しようとして，転倒・骨折した95歳の女性の事例**
> 介護老人保健施設（定員100名）において，介護サービスの内容として明記されていたポータブルトイレの清掃義務を施設側が怠ったため，当時95歳の要介護度2の女性が自らこれを清掃しようとして，利用者の立ち入りを予定していないトイレ併

設の洗い場に赴いた際に，洗い場入り口の仕切りにつまずいて転倒し，要介護度3となった。

　施設側は「施設では，足下のおぼつかないような要介護者に対しては，ポータブルトイレの汚物処理は介護要員に任せ，自ら行わないようにとの指導をしていた。仮にポータブルトイレの清掃がなされていなかったとしても，自らポータブルトイレの排泄物容器を処理しようとする必要性はなく，ナースコールで介護要員に連絡して処理をしてもらうことができたはずである。事故発生日に利用者が介護要員にポータブルトイレの清掃を頼んだ事実はない。洗い場は，入所者・要介護者が出入りすることが予定されていない場所であった」と主張した。

　判決では施設側の責任を認め，同施設を経営する社会福祉法人に，原告からの約1,054万円の損害賠償請求に対して，約537万円の賠償を命じた。判決の理由は「介護サービスの内容に明記されているポータブルトイレの清掃が行われておらず，仮に利用者がその清掃を依頼したとしても，すぐに対応したかどうかは疑わしい。排泄物の処理は，特に遠慮しがちになりやすい事項であり，利用者自らが危険を冒して処理にあたったことから，利用者と施設側との間の信頼関係が構築されていないと考えられる。介護老人施設であれば，その特質上，利用者の移動などに際して，身体上の危険が生じないような建物構造・設備構造が求められる」（福島地方裁判所白河支部平成15年6月3日『判例時報』1838号，pp.116〜118）とした。リスク管理としては，施設側としては利用者側の自己責任として処理されるはずの転倒・骨折事故でも施設側の責任になることも考えておくことが大切である。

事例②　介護老人保健施設で食事中の誤嚥より死に至ったパーキンソン病を患う86歳男性の事例

　Fさんは86歳の男性でパーキンソン症候群を患っている。その症状が進み，通常食を摂れない状態となった。しかし被告施設では，Fさんが刺身とうなぎを常食で提供してほしいと希望していること，Fさんの摂食状態は良好であることから，Fさんに4品目（寿司，刺身，うな重，ねぎとろ）を常食で提供することを決定した。被告施設は，その決定に基づき，Fさんに対し寿司を合計11回，刺身を合計13回，うな重を合計6回，ねぎとろを合計5回それぞれ常食で提供し，Fさんはこれらをほぼすべて食べていた。

　本件事故当時，85名が食堂において昼食を摂っていた。すると食事中，Fさんの

> 顔色が悪くなり，異変後，看護師はFさんの咽頭内に手を入れて義歯とまぐろの刺身一切れを取り出した後，Fさんを居室に移動させ，吸引機で吸引を施行したが，異物の確認はできなかった。その後職員らはFさんをストレッチャーに臥床させ，心臓マッサージ，酸素吸入を開始したが，Fさんは意識を回復することなく植物状態となり，死亡した。

　判決では請求額約4,638万円のうち遺族側に約2,938万円が認容された。判決理由は「Fさんに提供されたまぐろ及びはまちの刺身の大きさは健常人が食べるのとそれほど異ならない大きさであるが，被告施設は嚥下しやすくするための工夫を特段講じたとは本件証拠上認められない。刺身，特にまぐろは筋がある場合には咀嚼しづらく噛み切れないこともあるため，嚥下能力が劣る高齢の入所者に提供するのに適した食物とはいい難く，職員は，Fさんの嚥下機能の低下，誤嚥の危険性に照らせば，Fさんに対しそのような刺身を提供すれば，誤嚥する危険性が高いことを十分予想し得たと認められる。以上のことなどから，被告施設がFさんに対し刺身を常食で提供したことについて，介護契約上の安全配慮義務違反，過失が認められる」（水戸地方裁判所判決，平成21年㈬第103号，平成23年6月16日『判例時報』2122号，p.109）とした。

　リスク管理で大切なことは，「刺身を常食で提供したこと」自体に過失を認めた点である。判決では，Fさんに4品目を常食で提供することを，サービス担当者会議でケアプランの見直し等に諮るなどしていない点，また家族も4品目が常食で提供されていることを知らなかった点を指摘した。今後はケアプランを，家族も含めた全職員の共通認識とすることが大切である。

事例③　特別養護老人ホームでの転倒による骨折事故で入院となり，その後肺炎で亡くなった，視覚障害のある女性（88歳）の事例

　視覚障害（ほぼ全盲の状態）のあるアルツハイマー型認知症のNさん（88歳，女性）は自力歩行可能で，介護職員との意思疎通ができる。介護職員が，居室で朝食を取らせるため訪室し，食事を持ってくるまで座って待つように伝えて，食事の準備をするために短時間，部屋を離れた。その後，居室から20〜30メートル離れた地点の窓側の壁にもたれて座っているNさんを発見した。1人で居室を離れて移動中に転倒したらしく，Nさんは痛みを訴えたため，検査をしたところ骨折が判明し，入院したが，後に肺炎により死亡した。

> 施設側は「Nさんは高齢でほぼ全盲ながら自力歩行が可能であり，徘徊の性癖があった。しかしながら，Nさんは，介護者との意思疎通も可能であり，前日までの食事の際には，介護職員の指示に従わないで居室を離れたことはなく，本件事故当日の朝食の際にも，職員の指示に従わないような様子は窺えなかったのであるから，Nさんが上記指示に従わずに居室を離れ，本件事故が発生する具体的なおそれがあったということはできないのであって，施設職員が本件事故の発生を予見することができない」と主張した。

　判決では請求額約2,000万円に対しての請求を棄却し，施設側が勝訴し，遺族側は敗訴となった。判決の理由は「本件事故は，Nさんが職員の指示に従わずに部屋を出て，自力で食堂まで歩いて行き，そこで転倒したものと推認することができる。確かにNさんは高齢でほぼ全盲ながら自力歩行が可能であり，徘徊癖があったものである。しかしながら，Nさんは，介護者との意思疎通は可能であり，前日までの食事の際には，介護職員の指示に従わないで居室を離れたことはなく，本件事故当日の朝食の際にも，職員の指示に従わないような様子は窺えなかったのであるから，Nさんが上記指示に従わずに居室を離れ，本件事故が発生する具体的なおそれがあったということはできないのであって，施設職員が本件事故の発生を予見することが可能であったということはできない」（福岡高等裁判所判決，平成18年(ネ)第626号）とした。

　高裁で施設側の勝訴という稀なケースである。リスク管理として大切なことは，施設側が前日までの食事の際に，介護職員の指示に従わないで居室を離れたことはないと断言した点である。何を根拠に断言できたのであろうか。それは裁判所が指摘した普段からNさんが職員の指示に従っていたという事実認定にある。この事実認定はそれまで蓄積された介護日誌をはじめとする記録から行われていた。つまり，普段からの正確かつ詳細な記録が重要で，介護記録は，適切に業務を果たしていることを残す証拠（法的証拠）となる。介護記録には次のような利点がある。

① 利用者を理解し，継続性のある関わりを行い，ケアの質を高めていくことができる。
② 職員同士で情報を共有し，よりよい介護サービスを提供する情報源となる。

③ 事実を記録しておくことで，介護の証明と責任の所在の確認ができる。

④ ケースカンファレンスなどの方針を立てる場へ具体的な材料を提供できる。

⑤ 利用者の尊厳を守り，家族などへの情報開示に備えることができる。

介護記録は日常業務のあらゆる場面で役に立つ。適切に記録されることで，利用者を守るだけではなく，自分自身を守ることにもなるのである。特に大切なことは，5W1H（いつ・どこで・だれが・なにを・なぜ・どのように）である。記録をした本人だけではなく，それを見た同僚，利用者の家族，場合によっては裁判の場においても，どのような介護が行われていたのかが客観的に理解できる点で大切である。

第5節　対象領域別福祉制度

1 高齢者福祉

（1）高齢者が抱える課題と老人福祉法

1）高齢者が抱える課題と社会の対応

高齢者について考察する視点には，社会の基盤形成に力を尽くした敬愛すべき人生の先輩としての側面と，医療・年金・介護等の社会的な資源を消費する世代としての二つの側面が含まれる。しかし高齢期における，心身の機能低下，退職等による収入と社会的地位の低下，さらにはライフスタイルの変化や地域社会における相互扶助機能が低下する中で，高齢者の孤独といった現状を省みるとき，いかにして社会全体で高齢者を支えていくかという問題が，社会にとっての重要な課題となることは間違いない。

2）老人福祉法

わが国における第二次世界大戦後の，高度経済成長，医療や公衆衛生の向上による急激な高齢化の進展，核家族化の進行や地域社会の変質といった大きな社会的変動と，将来のさらなる高齢者の急増という予測の上に立ち，1963（昭和38）年に老人福祉法が制定された。

老人福祉法は，その目的を「老人の福祉に関する原理を明らかにするとともに，老人に対し，その心身の健康の保持及び生活の安定のために必要な措置を講じ，もって老人の福祉を図ること」(第1条)として規定している。老人福祉法の基本的理念については，第2条で老人は敬愛されるとともに，生きがいをもてる健全で安らかな生活を保障されることが，第3条で，老人本人に対する自覚と社会参加を促し，社会との関係性の維持のために本人と社会との双方による取り組みの必要性が協調されている。

現行の老人福祉法においては，老人居宅介護等事業，老人デイサービス事業などの老人居宅生活支援事業や，養護老人ホーム，特別養護老人ホーム，軽費老人ホーム，有料老人ホームなどの入所施設に関連する制度についての規定がなされており，さらには老人福祉センター，在宅介護支援センターなど高齢者への地域支援についても定められている。その中で，市町村は必要に応じて老人居宅生活支援事業について措置することができるとし，老人ホーム等への入所について，市町村は必要に応じて措置しなければならないとしている。

また，地域における老人福祉の効果的な推進のために，市長村は老人居宅生活支援事業，および老人福祉施設による供給体制の確保に関する計画を定め，都道府県は市町村の計画達成を支援するために各市町村を通じた広域的な観点から都道府県老人福祉計画を定めることが規定されている。

(2) 介護保険制度

1) 介護保険制度の創設

高齢化社会の進展に伴う介護ニーズに対応するための社会的基盤の整備が重要な政策課題となり，1989(平成元)年には「高齢者保健福祉推進十か年戦略(ゴールドプラン)」により高齢者福祉政策推進のための具体的な目標が示され，その後，福祉関係八法改正により施設サービスから在宅サービスへの転換，国が中心となってきた措置制度による福祉から市町村を中心とする福祉体制への転換の方向性が示された。高齢化率が14%を超えて高齢社会に突入した1994(平成6)年には「高齢者保健福祉推進十か年戦略の見直しについて(新ゴールドプラン)」により，ゴールドプランの目標を見直し，ホームヘルパー，デイサービス等の，福祉サービスの整備目標が大幅に引き上げられた。さらに，

1995（平成7）年に高齢社会対策基本法により高齢社会への総合的な対策構築の方向性が示され，1997（平成9）年には介護保険法が成立し，約2年間の準備期間を経て2000（平成12）年4月1日より施行された。

　介護保険制度の理念では「個人の尊厳の保持」「高齢者の自立した日常生活の保障」「国民の共同連帯」を目指すとされる。制度の意義については第一に，高齢者介護を社会的な理念に基づき社会全体で支えていくこと，第二に，介護サービスの利用がそれまでの措置制度から契約制度に変わったということ，第三に，介護に関わるサービスや手続き，費用負担などを全国統一の制度としたこと，第四に，サービス提供者について，それまでの行政と社会福祉法人というしばりを外し，民間の営利企業や共同組合，NPOなどによるサービス供給主体が多様化されたこと，第五には，介護サービスの提供に際して，介護支援専門員によるケアマネジメントのシステムを導入したこと等があげられる。

2）介護保険制度の概要

　介護保険制度を運営する主体となる保険者は市町村および特別区であり，介護保険に関する収入と支出を管理する。これに対して，介護保険料を納め，介護保険サービスを受ける資格がある者が被保険者となる。被保険者は65歳以上の1号被保険者と，40歳以上65歳未満の2号被保険者に分けられる。

　介護保険制度では，寝たきりや認知症等で常時介護を必要とする状態になった場合を「要介護」状態とし，家事や身支度等の日常生活に支援が必要であり，特に介護予防サービスが効果的な状態を「要支援」状態としている。介護保険の被保険者は保険者である市町村に要介護認定の申請を行い，市町村が設置する介護認定審査会において「要介護1～5」「要支援1～2」に該当する認定を得ることにより，各種の介護サービスを利用することが可能となる。要支援1，要支援2，要介護1～要介護5という要支援および要介護の度合いにより，毎月利用できる介護サービスの月額限度額が定められている。また，介護サービスの利用者は月額限度額の範囲内でサービスを利用した場合，利用者の収入額に応じて1割から3割を自己負担することとなっている。

　介護保険による介護サービスは①訪問サービス，通所サービス，短期入所サービスなどを提供する居宅サービス，②居宅において「なじみの空間」と「なじ

みの人間関係」の中で安定したサービスを提供することを目指す，地域密着型サービス，③介護老人福祉施設（特養），介護老人保健施設（老健）などの施設サービスという，大きく三つの種類に分類することができる。

（3）地域包括ケアシステムと今後の課題

急激な高齢化と介護ニーズの増大への対応のために，2005（平成17）年の介護保険制度改革において，予防重視システムへの転換と介護を地域全体で支える「地域包括ケア」の方向性が強調され，その後の高齢化の進行と社会情勢の変化を受け，2017（平成29）年に「地域包括ケアシステムの強化のための介護保険法等の一部を改正する法律」が成立した。この法律では，地域包括ケアシステムを進化・推進するために①保険者機能の強化，②医療・介護等の連携推進，③地域共生社会の実現に向けた取り組みという三つの観点が示された。

地域包括ケアシステムは，単独の制度としてではなく，医療，介護，住宅，交通，情報，教育など様々な分野の取り組みを地域の実情に応じて統合することにより，成果を上げることが期待されている。今後の高齢者福祉のあり方を考えていく上では，単に高齢者福祉の分野にとどまらず，障害者福祉や児童家庭福祉といった他分野との統合の視点を踏まえ，住民と行政が高齢者や障害者，児童に関わるニーズを共有し，相互の連携と支え合いの中で，地域包括ケアシステムの構築に取り組んでいく必要がある。

2 障害者福祉

（1）障害の概念

障害者福祉は長い間，社会政策において，偏見と差別の中で，人権を抑圧し，社会から排除する形で扱われてきた。現代社会においては，先天的な障害をはじめ，事故や病気，そして高齢による何らかの障害など，程度の差はあるものの，誰もが何らかの障害をもつ可能性が高い。したがって，障害は我々が人生のどこかで直面する課題であり，決して他人事ではない。

世界的には，1950～60年代に北欧における社会福祉諸施策にて展開され，1981年の国際障害者年を経て，全世界的な広がりを見せた。人権尊重の視点に立った社会福祉の実践理念として，ノーマライゼーション（normalization）が

バンク-ミケルセン（Bank-Mikkelsen, N. E.）によって，支援を必要とする人々に対して「知的な遅れのある人の生活を，できる限り通常の生活状態と等しくなるよう，生活条件を整えること」と紹介されている。

　国際連合（以下，国連）は，1948年の総会で「世界人権宣言」を採択し，「すべての人民とすべての国とが達成すべき共通の基準」が宣言されている。その後，「国際婦人年」「国際児童年」「国際障害者年」等の普及活動を実施し，問題を抱えた分野ごとに差別解消等に向けた取り組みを展開している。さらに，1983年から10年間の「国連・障害者の十年」を定め，加盟国に対して障害者問題に関する行動計画の策定を要請した。これを受け，1993年から10年間，「アジア太平洋障害者の十年」等，各国の障害者施策への取り組みが進展し，障害者関係のNGO等の活動も活性化し，メディアでも障害者問題を取り上げる機会が増え，人々の理解と関心は飛躍的に高まった。

（2）国際生活機能分類（ICF）

　障害に関する国際的な分類について，2001年5月，WHO（世界保健機関）総会において，人間の生活機能と障害の分類法として，ICF（International Classification of Functioning, Disability and Health：国際生活機能分類）が採択されている。このICFの特徴は，これまでの「国際疾病分類（ICD）」の補助として発表した「WHO国際障害分類（ICIDH）」が身体機能の障害による生活機能の障害（社会的不利を分類するという考え方）のマイナス面を分類するという考え方であったのに対し，生活機能というプラス面から見るように視点を転換し，さらに環境因子等の観点を加えたことである。このICFは，人間の生活機能と障害に関して「心身機能・身体構造」「活動」「参加」の三つの次元に「環境因子と個人因子」の観点を加えて構成されている（図7-2）。この考え方は，障害者はもとより，すべての国民の保健・医療・福祉サービス，社会システムや技術のあり方についての具体的対応を考える上で活用することも可能である。

（3）障害者福祉分野の法的整備

　わが国の戦後の社会福祉制度，とりわけ障害者福祉の分野における法律制度では1947（昭和22）年に児童福祉法が制定され，その後，1949（昭和24）年に

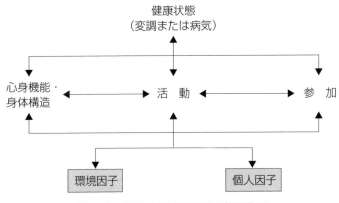

図7-2 ICFの構成要素間の相互作用

身体障害者福祉法，1950（昭和25）年に精神衛生法（現・精神保健及び精神障害者福祉に関する法律），1951（昭和26）年に社会福祉事業法（現・社会福祉法），1960（昭和35）年に精神薄弱者福祉法（現・知的障害者福祉法），1970（昭和45）年に心身障害者対策基本法（現・障害者基本法）などが制定されている。2000（平成12）年には「社会福祉の増進のための社会福祉事業法等の一部を改正する等の法律」が公布され，身体障害者福祉法，知的障害者福祉法，児童福祉法等の改正が行われた。この改正により，障害者福祉サービスが「措置」から「契約」による利用制度へ変更され，知的障害者および障害児福祉に関する事務が市町村へ移譲され，障害者の地域生活を支援するための事業が法定化されている。2005（平成17）年には「障害者自立支援法」が成立，その後2012（平成24）年に「地域社会における共生の実現に向けて新たな障害保健福祉施策を講ずるための関係法律の整備に関する法律」が成立し，障害者自立支援法などが一部改正された。この改正により，2013（平成25）年4月1日から，障害者自立支援法を「障害者の日常生活及び社会生活を総合的に支援するための法律（障害者総合支援法）」とするとともに，「自立」の代わりに，新たに，「基本的人権を享有する個人としての尊厳」を明記するなど目的規定の改正，改正障害者基本法の目的や基本原則を踏襲した基本理念の創設，障害者の定義に難病等が追加された。さらに，2013（平成25）年6月，「障害を理由とする差別の解消の推進

に関する法律（障害者差別解消法）」が制定され，経過措置の一部の附則を除き，
2016（平成28）年4月1日から施行されている。

（4）障害者の実態

　わが国における障害者の状況を見ると，身体障害者，知的障害者，精神障害
者の総数（推計）は963.5万人であり，人口の約7.6％が何らかの障害を有して
いることになる。そのうち，身体障害者は436.0万人，知的障害者は108.2万人，
精神障害者は419.3万人である（表7-3）。また，大半の障害者が在宅で生活し
ている。

　民間企業における2018（平成30）年の障害者の雇用は，53.5万人で，実雇用
率2.05％であり，身体障害者・知的障害者と比べ精神障害者では，就職後の職
場定着が困難な者が相対的に多い現状である。また，指定難病受給者証所持者
数は約89.2万人で，そのうち20～50歳代は約37.0万人（41.5％）と若年，中年

表7-3　障害者の数

	総数	在宅者／外来患者	施設入所者／入院患者
身体障害者（児） 〔資料1〕	436.0万人	428.7万人 （98.3％）	7.3万人 （1.7％）
知的障害者（児） 〔資料2〕	108.2万人	96.2万人 （88.9％）	12.0万人 （11.1％）
精神障害者 〔資料3〕	419.3万人	389.1万人 （92.8％）	30.2万人 （7.2％）

資料1：在宅者：厚生労働省社会・援護局障害保健福祉部「生活のしづらさなどに関する調査
　　　　　　　　（全国在宅障害児・者等実態調査）」(2016年)
　　　　施設入所者：厚生労働省政策統括官（統計・情報政策担当）付社会統計室「社会福祉
　　　　　　　　　　施設等調査」(2015年) などより厚生労働省社会・援護局障害保健福祉部
　　　　　　　　　　で作成
資料2：在宅者：厚生労働省社会・援護局障害保健福祉部「生活のしづらさなどに関する調査
　　　　　　　　（全国在宅障害児・者等実態調査）」(2016年)
　　　　施設入所者：厚生労働省政策統括官（統計・情報政策担当）付社会統計室「社会福祉
　　　　　　　　　　施設等調査」(2015年) より厚生労働省社会・援護局障害保健福祉部で作
　　　　　　　　　　成
資料3：厚生労働省政策統括官（統計・情報政策担当）付保健統計室「患者調査」(2017年) よ
　　　　り厚生労働省社会・援護局障害保健福祉部で作成
（注）1．在宅身体障害者（児）及び在宅知的障害者（児）は，障害者手帳所持者数の推計。
　　　2．精神障害者の数は，ICD-10の「Ⅴ　精神及び行動の障害」から知的障害（精神遅滞）
　　　　を除いた数に，てんかんとアルツハイマーの数を加えた患者数に対応している。
　　　3．身体障害者（児）の施設入所者数には，高齢者関係施設入所者数は含まれていない。

の割合が高い。

（5）障害者福祉の支援の視点

　障害者福祉の支援において特に重視すべき視点としてあげられるのは，まずは，①当事者中心の視点である。当事者自身の主体的な参加，選択，意思表示，自己決定などの権利が保障されていることである。次に，②エンパワメントの視点である。当事者が自ら抱える問題を主体的に解決しようとする力を引き出す援助が必要である。そして，③当事者の生活の質の充実という視点である。障害者も地域社会を構成する一員として日常生活を営み，社会，経済，文化その他あらゆる分野の活動に参加する機会が与えられるようでなければならない。そのことによって「共に生きる社会」のノーマライゼーションの目標が実現することになる。

3 児童家庭福祉

（1）児童家庭福祉の定義と権利

　わが国では，第二次世界大戦後に児童福祉法（1947（昭和22）年）と児童憲章（1951（昭和26）年5月5日宣言）が制定され，基本的人権・福祉の対象としての児童の位置づけが明確にされた。児童福祉法第1条では，「全て児童は，児童の権利に関する条約の精神にのつとり，適切に養育されること，その生活を保障されること，愛され，保護されること，その心身の健やかな成長及び発達並びにその自立が図られることその他の福祉を等しく保障される権利を有する」と，児童が権利をもつ対象として規定されている。

　さらに同法第2条では「全て国民は，児童が良好な環境において生まれ，かつ，社会のあらゆる分野において，児童の年齢及び発達の程度に応じて，その意見が尊重され，その最善の利益が優先して考慮され，心身ともに健やかに育成されるよう努めなければならない。児童の保護者は，児童を心身ともに健やかに育成することについて第一義的責任を負う。国及び地方公共団体は，児童の保護者とともに，児童を心身ともに健やかに育成する責任を負う」とされ，児童家庭福祉の推進のために家庭と社会，行政がそれぞれの責任を果たすよう求めている。児童憲章では，日本国憲法の精神にしたがい，児童に対する正し

い観念を確立し，すべての児童の幸福を図るために，前文において「児童は，人として尊ばれる。児童は，社会の一員として重んぜられる。児童は，よい環境のなかで育てられる」と定めている。

　しかし，様々な社会問題が起きている今日では，すべての子どもに健全で幸せな生活を保障することは難しく，現実には，ひとり親家庭の増加やそれに伴う子どもの貧困問題，虐待，不登校など，児童をめぐる課題が山積している。こうした課題へ対応していくために，児童だけではなく保護者も含めた家庭を支援するよう1994（平成 6 ）年の「エンゼルプラン」や1995（平成 7 ）年の「緊急保育対策 5 か年事業」に始まり，2007（平成15）年には「少子化社会対策基本法」の制定，2010（平成22）年「子ども・子育てビジョン」が閣議決定，2017（平成29）年には，子ども・子育て支援法を含む「子ども・子育て関連三法」に基づく「子ども・子育て支援新制度」がスタートし，地域子ども・子育て支援事業や幼保連携型認定こども園など，少子化対策を含めた子育て支援施策が進められている。

（ 2 ）児童家庭福祉の法制度

　児童家庭福祉に関する主要な施策として，社会手当（無拠出型の金銭給付）とその他の法制があるが，ここでは児童福祉法と関連法，各種手当について概観する。

　1946（昭和21）年に日本国憲法が制定され，基本的人権の享有（第11条），個人の尊重および幸福追求権（第13条），法の下の平等（第14条），奴隷的拘束や苦役を受けない権利（第18条），家庭生活における個人の尊厳と両性の平等（第24条），健康で文化的な最低限度の生活を営む権利（第25条），能力に応じて教育を受ける権利（第26条），勤労の権利と児童酷使の禁止（第27条）などにおいて，国民に保障する基本的人権が定められた。

　この憲法の精神を児童分野で具現化するため，1947（昭和22）年11月に，前述した児童福祉法が制定され，同年12月に公布された。児童福祉法は，児童の権利とその療育について公的責任を規定している。

　そのほか，児童家庭福祉に関係する法律としては，児童扶養手当法（1961（昭和36）年），特別児童扶養手当等の支給に関する法律（1964（昭和39）年），母

子福祉法（1964（昭和39）年，現・母子及び父子並びに寡婦福祉法）母性および乳幼児の健康の保持と増進を目的とした母子保健法（1965（昭和40）年），児童手当法（1971（昭和46）年）等の基本的な法律がある。

　平成に入り，これらの基本的な法律のもとに，児童を性的搾取や性的虐待から守りその権利を擁護する「児童買春，児童ポルノに係る行為等の規制及び処罰並びに児童の保護等に関する法律」(1999(平成11)年)，児童に対する虐待の禁止や早期発見のための「児童虐待の防止等に関する法律」(2000（平成12）年)，「少子化社会対策基本法」（2003（平成15）年），障害児の自立した生活を支援する「障害者の日常生活及び社会生活を総合的に支援するため法律」(2005（平成17）年)，「子ども・子育て支援法」(2012（平成24）年）などが成立している。

　社会手当としては，ひとり親世帯に対し児童の生活安定と自立を目的に経済的支援として支給される「児童扶養手当」，障害児を監護する父母，父母以外の療育者に支給される「特別児童扶養手当（所得制限あり）」，障害児のうち重度の障害により日常生活において常時介護を必要とする者に「障害児福祉手当(所得制限と入所している場合は制限あり)」，中学校卒業まで（15歳の誕生日後の最初の3月31日まで）の児童を養育している者に支給される「児童手当（所得が所得制限限度額以上の場合は特例給付)」がある。

（3）児童家庭福祉を支える機関

　児童福祉法第2条により，児童を療育する責任はその保護者だけではなく，国および地方公共団体にも課せられている。

　児童相談所は，児童福祉法第12条に基づく行政機関であり，児童家庭福祉の中核を担う専門機関であり，都道府県と指定都市に設置義務がある（中核市も設置できる）。2020（令和2）年4月時点で全国に219か所設置されている。

　福祉事務所（家庭児童相談室）は，社会福祉法に規定される行政機関であり，町村以外の地方公共団体に設置義務がある。職員として，社会福祉主事，家庭相談員，家庭児童福祉主事，母子自立支援員等が配置されている。

　保健所は，地域保健法に規定された行政機関であり，地域の公衆衛生の中核を担う。職員として，保健師や医療ソーシャルワーカー等が配置されている。

　保育所は，保育を必要とする児童（乳児から幼児）の保育を行い，健全な心

身の発達を図ることを目的とする児童福祉施設である。幼保連携型認定こども園は，児童福祉法に基づき満3歳以上の幼児に対する教育および保育を必要とする乳児・幼児に対する保育を一体的に行う施設である。

　なお，児童福祉施設は，児童福祉法第7条で，助産施設，保育所，乳児院，児童養護施設，児童発達支援センターなど12種別が定められている。

（4）児童家庭福祉の課題

　「児童の権利に関する条約」（1989年国連採択）第3条において「子どもの最善の利益」が示されている。しかしながら，虐待や家庭内暴力などによって，子どもがやむを得ず親から切り離される現状や学校等におけるいじめ，生活困窮（子どもの貧困）など，児童家庭福祉に関する問題が山積している。このような状況をふまえ，児童家庭福祉関係者には，子どもの最善の利益とは何か，子どもの幸せとは何かを今一度考察し，子どもたちが地域の人々や信頼できる教師，近隣の大人たちとのつながりによって見守られ成長していくための権利の保障を念頭に置いた実践が求められている。

第6節　関連施策

1 保健医療

　ここでは，保健医療の施策の中で最も我々に身近な医療保険制度について取り上げる。1961（昭和36）年に国民皆保険が実現して以来，日本人はいつでも安心して良質な医療を少ない自己負担で受けられるようになった。かかった医療費の3割で医療サービスを受けられる「療養の給付」以外にも様々な制度がある。しかしながら，それらすべてを理解している人は少ないのではないだろうか。一部の制度は，自ら保険者に申請することで受給できる。言い換えると，非常に優れた制度があるにもかかわらず，制度を知らないがために申請せず，受給できていない人がいるのだ。今後，損をしないために，医療保険の各制度を知っておこう。なお，医療保険の種類によっては，一部金額が異なる。

（1）療養の給付・家族療養費

　保険料を支払っている被保険者が病気やけがで医療機関を受診した際の医療費が10,000円だった場合，その3割である3,000円を窓口で自己負担する。残りの7,000円は医療保険から「療養の給付」として現物給付される。なお，保険者に扶養されている被扶養者（保険者の配偶者や子どもなど）の場合はこれを「家族療養費」という。

　就学前の子どもの自己負担割合は2割となっている。また，70歳以上の高齢者の自己負担割合は原則2割であるが，現役並みの所得を有する人は現役並み所得者として3割の自己負担となっている。もともと70歳以上の自己負担割合は1割であったが，2014（平成26）年4月に2割に引き上げられた。

（2）入院時食事療養費

　入院した際に食事の提供を受けた場合，その食費は1食あたり460円となる。栄養士によってカロリーや塩分が管理されている病院食は材料費や人件費がかかるため，高額になる可能性がある。もし仮に，1食当たりの費用が1,000円かかったとしても，患者が自己負担する金額は460円となる。残りの540円は医療保険から「入院時食事療養費」として現物給付される。

（3）入院時生活療養費

　65歳以上の人が長期にわたって療養病床に入院した場合，照明や冷暖房など生活に要する費用（いわゆるホテルコスト）の自己負担は1日3食付きで1,750円である。その内訳は居住費が1日370円，食費が1食460円である。本来かかった費用が5,000円であったとしても自己負担は1,750円となる。残りの3,250円は医療保険から「入院時生活療養費」として現物給付される。

　ただし，この制度を利用するためには二つの制約がある。一つ目は65歳以上であるということだ。二つ目は長期入院のためのベッドである療養病床に入院していることだ。一般病床の場合，この制度を利用することはできない。

（4）保険外併用療養費

　医療サービスには保険が適用される保険診療と保険が適用されない自由診療（保険外診療）がある。一連の医療行為で，保険診療と自由診療の併用をすることを混合診療という。日本では原則，混合診療は認められていない。注意し

なければいけないのは，現在の日本では一連の治療で保険診療と自由診療を組み合わせた場合，保険診療で本来，保険が適用された医療行為も全額自己負担になってしまうことである。

　ただし，例外的に二つのケースで混合診療が認められている。1つ目はまだ保険適用にはなっていないが，高度の医療技術を用いた先進医療で，将来，保険適用の対象とするべきかどうか評価を行う医療行為である。これを評価療養という。二つ目は患者の快適性・利便性に関する療養でこれを認めないと患者が著しく不利益を被る医療である。これを選定療養といい，個室の特別料金（差額ベッド）や予約診療などがこれに該当する。

　例えば，入院した患者が治療のため10,000円の療養費がかかったとする。同時に，保険が適用されない個室の特別料金が5,000円かかった。このケースは選定療養となるため，混合診療が例外的に認められる。自己負担金額は保険が適用されない個室の特別料金の5,000円と保険が適用される療養費のうち3割である3,000円，合計8,000円となる。保険が適用される部分の残り7,000円は医療保険から「保険外併用療養費」として現物給付される。

（5）療　養　費

　旅行先でけがをしてしまい，医療機関を受診した。10,000円の医療費がかかったが保険証を持っていなかった場合，窓口での支払いは10,000円全額となる。ただし，後日，保険者に申請することで本来保険が適用された7,000円が「療養費」として現金給付される。療養費の時効は療養に要した費用を支払った日の翌日から2年間である。

（6）訪問看護療養費

　主治医の指示のもと看護師による訪問看護（療養上の世話）を受けた際，その費用が10,000円だった場合，支払いはその3割である3,000円である。残り7,000円は「訪問看護療養費」として現物給付される。

（7）移　送　費

　病気やけがで移動が困難な患者が，医師の指示で一時的・緊急的必要があり，移送された際，保険者が認めた場合には交通費が全額支給される。これを移送費といい，現金給付である。医学的管理が必要であったと医師が認める場合に

限って患者本人の他，原則1人分までの交通費が支給される。

　ただし，一人暮らしの高齢者がバスやタクシーを利用して医療機関に行ったとしてもその交通費は支給されない。

（8）高額療養費

　医療機関や薬局の窓口で支払う医療費には自己負担限度額が定められている。1か月の自己負担の合計額が自己負担限度額を超えた場合，後日申請することにより超えた分が「高額療養費」として現金給付される。1か月の自己負担限度額は70歳未満と70歳以上とで異なる（表7-4および表7-5）。

表7-4　高額療養費における自己負担限度額（70歳未満）

所得区分	自己負担上限額	4回目以降
①　区分ア （標準報酬月額83万円以上）	252,600円＋ （総医療費－842,000円）×1％	140,100円
②　区分イ （標準報酬月額53万〜79万円）	167,400円＋ （総医療費－558,000円）×1％	93,000円
③　区分ウ （標準報酬月額28万〜50万円）	80,100円＋ （総医療費－267,000円）×1％	44,400円
④　区分エ （標準報酬月額26万円以下）	57,600円	44,400円
⑤　区分オ（低所得者） （市区町村民税の非課税者等）	35,400円	24,600円

表7-5　高額療養費における自己負担限度額（70歳以上）

	外来（個人）	外来・入院（世帯）
現役並み所得Ⅲ （課税所得690万円以上）	252,600円＋（医療費－842,000円）×1％ （4回目以降140,100円）	
現役並み所得Ⅲ （課税所得380万円以上）	167,400円＋（医療費－558,000円）×1％ （4回目以降93,000円）	
現役並み所得Ⅲ （課税所得145万円以上）	80,100円＋（医療費－267,000円）×1％ （4回目以降44,400円）	
一般	18,000円	57,600円 （4回目以降44,400円）
低所得者Ⅱ	8,000円	24,600円
低所得者Ⅰ	8,000円	15,000円

　70歳未満の場合は五つの区分に分けられている。また，70歳以上では六つの区分に分けられている。1年間に高額療養費の対象となる医療が4回以上あった場合，4回目から自己負担限度額が引き下げられる。これを多数該当という。時効は2年間である。

　しかしながら，一旦は高額な医療費を自己負担しなければならない。その負担を軽減するため，2007（平成19）年4月から事前に保険者に申請し，認定を受ければ自己負担限度額だけ支払えばよくなった。もし，1か月の自己負担限度額が57,600円（区分エ，標準報酬月額26万円以下），自己負担する予定の金額が10万円だった場合，事前に申請し，認定を受けていれば57,600円だけを支払えばよい。本来10万円を自己負担するところを57,600円のみの自己負担となる。残りの42,400円は医療サービス，つまり「現物給付」されたと理解する。

　高額療養費は，1か月の自己負担の合計額が自己負担限度額を超えた場合，超えた分が現金給付される制度であるが，ここで1か月の定義が問題となる。ここでいう1か月は最初の医療行為が生じたときからの1か月ではない。毎月1日から30日（あるいは31日）を1か月としている。今，1か月の自己負担限度額が57,600円（区分エ，標準報酬月額26万円以下）の人が4月20日に入院し，5月10日に退院したケースを考えてみる。4月分の自己負担が50,000円，5月分の自己負担が50,000円だった場合，4月も5月も自己負担限度額を超えていないため高額療養費の対象にはならない。もし，月をまたがなければ10万円の自己負担であったため，高額療養費として42,400円が現金給付されたはずである。こういった事例には気をつけなければならない。

　また，自己負担が同一月に同一世帯で2万1,000円を超えるものが2件以上生じた場合には合算することができる。これを世帯合算という

（9）傷病手当金

　被保険者が病気の療養のために働くことができなくなったとき，働くことができなくなった日から3日を経過した日から，働けない期間について1日当たりの報酬（標準報酬日額）の3分の2が医療保険から現金給付される。これを「傷病手当金」という。

　傷病手当金の給付を受けるためには保険者に申請しなければならない。ただ

し，有給休暇扱い等，会社から給料をもらえる場合には申請できない。なお，時効は2年間である。

(10) 埋葬費・家族埋葬費

被保険者が死亡した時，家族などが埋葬を行った場合に5万円が現金給付される。これを「埋葬料」という。死亡した被保険者に家族がいない場合は，埋葬を行ったもの人や会社に対して支給される。また，被保険者の扶養者が死亡した時は「家族埋葬費」として，被保険者に対して5万円が現金支給される。

(11) 出産育児一時金・家族出産一時金

被保険者が出産した場合，1児につき42万円が支給される。これを「出産育児一時金」という。被扶養者（被保険者の妻）が出産した場合も同様に1児につき42万円（双子は2倍）が支給される。これを「家族出産一時金」という。

2009（平成21）年1月から産科医療補償制度がスタートした。これは出生児が重度脳性まひとなった場合，その出生児が20歳になるまで総額3,000万円が補償金として支払われる制度である。この制度は産婦人科などの分娩機関が加入し，1分娩当たり1万6,000円の登録料がかかる。この制度に加入している場合，出産後に支給される出産育児一時金は42万円となるが，加入していない場合は40.4万円となる。

これまで，出産費を全額自己負担した後，後日申請することで現金給付されていた。しかしながら，出産費は大部分が保険適応外のため高額となる。窓口での自己負担を軽減するために，2011（平成23）年4月から受取代理制度がスタートした。これは被保険者に代わって医療機関（産科や産婦人科）が42万円を受け取る制度である。例えば，出産費が50万円かかった場合，窓口では8万円のみを支払えばよい。残り42万円は医療機関が出産育児一時金を受け取ることでまかなう。この場合，42万円は現物給付されたと理解される。

(12) 出産手当金

出産のために会社を休んだ場合，出産予定日の前6週間（42日）と出産日の後8週間（56日）分，1日当たりの報酬（標準報酬日額）の3分の2が現金給付される。これを「出産手当金」という。出産予定日よりも出産日が遅れた場合，遅れた日数分も受け取ることができる。また，双子以上の場合には出産前

98日分が対象となる。

　出産手当金の給付を受けるためには，保険者に申請しなければならない。ただし，会社から何らかの報酬がもらえる場合には申請できない。なお，時効は2年間である。

　このように医療保険では様々な制度がある。ただし，あまり周知されず，活用されていない制度があるのも事実である。地域住民や患者に対して民生委員や医療ソーシャルワーカー（MSW）等が周知していくことが重要であろう。

2 司　　法

（1）司法と更生保護

　従来，司法の中核を占めていたのは，犯罪者に応報として刑罰を科すことであった。そして刑務所等に犯罪者を隔離することによって，社会を防衛するという「応報」が支配的であった。犯罪をして刑務所に入った人も，刑期が終了すれば社会に戻ってくる。こうした人たちを改善し更生させ，再犯を防止し，社会復帰を目指すことを目的とした法律が，更生保護法である。基本法である更生保護法の第1条には，犯罪をした者および非行のある少年に対し，社会内において適切な処遇を行うことにより，再び犯罪をすることを防ぎ，または非行をなくす目的がある。その背景には，社会から隔離し拘禁する施設内処遇よりも，実社会での生活を続けながら必要な指導，援助を加える社会内処遇のほうが本人の更生にいっそう役立つという考え方があるからである。

　更生保護の内容は，保護観察，仮釈放等，更生緊急保護，恩赦などがある。

1）保護観察

　保護観察は，保護観察対象者の再犯・再非行を防ぎ，その改善更生を図ることを目的とし，その者に通常の社会生活を営ませながら，保護観察官と，法務大臣から委嘱を受けた民間のボランティアである保護司が協働して実施する。保護観察官および保護司は，面接等の方法により接触を保ち行状を把握することや，遵守事項および生活行動指針を守るよう必要な指示，措置をとるなどの指導監督を行い，また，自立した生活ができるように住居の確保や就職の援助等の補導援護を行う。

　保護観察対象者は，家庭裁判所の決定により保護観察に付されている者（保護観察処分少年），少年院からの仮退院を許されて保護観察に付されている者（少年院仮退院者），仮釈放を許されて保護観察に付されている者（仮釈放者），刑の執行を猶予されて保護観察に付されている者（保護観察付全部執行猶予者および保護観察付一部執行猶予者），および婦人補導院からの仮退院を許されて保護観察に付されている者（婦人補導院仮退院者）の 5 種類がある。

2）仮 釈 放 等

　仮釈放は，「改悛の状」があり，改善更生が期待できる懲役または禁錮の受刑者を刑期満了前に仮に釈放し，仮釈放の期間（残刑期間）が満了するまで保護観察に付することにより再犯を防止し，その改善更生と円滑な社会復帰を促進することを目的とするものであり，その審理は地方更生保護委員会が行う。

　仮釈放は，懲役または禁錮の受刑者について，有期刑については刑期の 3 分の 1，無期刑については10年の法定期間を経過した後，許すことができる。地方更生保護委員会において，被害者等から申出があったときは，仮釈放等審理において，その意見等を聴取している。

3）応急の救護と更生緊急保護

　保護観察所では，保護観察対象者が，適切な医療，食事，住居その他の健全な社会生活を営むために必要な手段を得ることができないため，その改善更生が妨げられるおそれがある場合は，保護観察対象者に対して，食事，衣料，旅費等を給与もしくは貸与し，または宿泊場所等の供与を更生保護施設に委託するなどの緊急の措置（応急の救護）を講じている。

　満期釈放者，保護観察に付されない全部・一部執行猶予者，起訴猶予者，罰金または科料の言渡しを受けた者，労役場出場者，少年院退院者・仮退院期間満了者等に対しても，その者の申出に基づいて，応急の救護と同様の措置である更生緊急保護の措置を講じている。刑事上の手続等による身体の拘束を解かれた後 6 か月を超えない範囲内（特に必要があると認められるときは，さらに 6 か月を超えない範囲内）において行うことができる。

　このように，応急の救護と更生緊急保護の違いは，適切な医療，食事，住居その他の健全な社会生活を営むために必要な手段を得るという内容は共通で，

保護観察対象者が主体の場合が「応急の救護」といい，満期釈放者などが主体の場合が「更生緊急保護」という。

4）恩　　赦

　恩赦は，日本国憲法および恩赦法の定めに基づき，内閣の決定によって刑罰権を消滅させ，または裁判の内容・効力を変更もしくは消滅させる制度であり，大赦，特赦，減刑，刑の執行の免除および復権の5種類がある。このうち，刑の執行の免除は，無期刑の仮釈放者に対して保護観察を終了させるなどの措置として執られている。復権は，すでに更生したと認められる者が，前科のあることにより資格が制限されるなど社会的活動の障害となっている場合に，喪失しまたは停止されている資格を回復させるものである。恩赦を行う方法については，恩赦法において，政令で一定の要件を定めて一律に行われる政令恩赦と，特定の者について個別に恩赦を相当とするか否かを審査する個別恩赦の2種類が定められている。個別恩赦には，常時行われる常時恩赦と，内閣の定める基準により一定の期間に限って行われる特別基準恩赦とがある。個別恩赦の申出に関する審査は，中央更生保護審査会が行っている。

（2）司法と警察，検察，裁判段階

　警察段階において，微罪処分とは刑事訴訟法第246条但書に基づき，検察官があらかじめ指定した犯情（犯罪に関する事情）の特に軽微な窃盗，詐欺，横領等の成人による事件について，司法警察員が，検察官に送致しない手続きをとることをいう。

　検察段階において，不起訴処分には，①訴訟条件（親告罪の告訴等）を欠くことを理由とするもの，②事件が罪にならないことを理由とするもの（心神喪失を含む），③犯罪の嫌疑が認められないことを理由とするもののほか，④犯罪の嫌疑が認められる場合でも，犯人の性格，年齢および境遇，犯罪の軽重および情状ならびに犯罪後の情況により訴追を必要としないときに行う起訴猶予処分などがある。

　裁判段階において，執行猶予とは，有罪判決を宣告する際に，一定の条件の下に，言い渡した刑の執行を一定期間猶予し，猶予を取り消されることなく猶予期間を経過した場合には，刑を科さないとするものである。

（3）司法と心神喪失者等医療観察制度

　心神喪失者等医療観察制度は，心神喪失等の状態で重大な他害行為を行った者に対し，継続的かつ適切な医療およびその確保のために必要な観察・指導を行うことによって，病状の改善とこれに伴う同様の行為の再発の防止を図り，その社会復帰を促進することを目的とするものである。心神喪失者等医療観察制度の対象となるのは，対象行為は放火，強制わいせつおよび強制性交等，殺人，強盗，ならびに傷害（軽微なものは除く）を行い，心神喪失または心神耗弱であることが認められ，不起訴処分となった者である。

　そして対象行為について，心神喪失を理由に無罪の確定裁判を受けた者，または心神耗弱を理由に刑を減軽する旨の確定裁判を受けた者である。これらの対象者については，原則として検察官の申立てにより審判が行われる。その審判は，地方裁判所において裁判官と精神保健審判員（精神科医）の合議体により行われ，「心神喪失等の状態で重大な他害行為を行った者の医療及び観察等に関する法律（心神喪失者等医療観察法）」に基づく医療の要否・内容が決定される。

　裁判所の入院決定を受けた者は，指定入院医療機関（厚生労働大臣が指定）に入院して，この制度に基づく専門的で手厚い医療を受けることになる。

　裁判所の通院決定または退院許可決定を受けた者は，原則として3年間，指定通院医療機関（厚生労働大臣が指定）による，入院によらない医療を受けるとともに，その期間中，保護観察所による精神保健観察に付される。

　精神保健観察は，継続的な医療の確保を目的として，社会復帰調整官が，対象者との面接や関係機関からの報告等を通じて，その通院状況や生活状況を見守り，継続的な医療を受けさせるために必要な指導や助言を行うものである。

　社会復帰調整官は，地域社会における処遇を実施する上で必要な評価や判断の要素を標準化した社会復帰促進アセスメントを行い，対象者の社会復帰を促進するために必要な処遇の方針の検討に役立てている。また，処遇の経過に応じて，保護観察所は，処遇に携わる関係機関の参加を得て「ケア会議」を開催し，情報を共有して処遇方針の統一を図るとともに，処遇の実施計画についても必要な見直しを行っている。

（4）司法と非行少年

　少年とは，20歳に満たない者を意味し，家庭裁判所の審判に付される非行のある少年は，①犯罪少年（14歳以上で罪を犯した少年），②触法少年（14歳未満で犯罪行為に該当する行為を行った少年であり，14歳未満の少年については刑事責任を問わない），③ぐ犯少年（保護者の正当な監督に服しない性癖があるなど，その性格または環境に照らして，将来，罪を犯し，または刑罰法令に触れる行為をするおそれがあると認められる少年）に区別される（少年法第2条，第3条）。

　家庭裁判所は，犯罪少年のうち，死刑，懲役または禁錮に当たる罪の事件について，調査または審判の結果，その罪質および情状に照らして刑事処分を相当と認めるときは，検察官送致決定をする。また，故意の犯罪行為により被害者を死亡させた事件で，罪を犯したとき16歳以上の少年については，原則として検察官送致決定をしなければならない（少年法第20条第2項）。家庭裁判所から事件送致を受けた検察官は，一定の例外を除き，起訴しなければならないとされている。

　その他の犯罪少年，触法少年，ぐ犯少年に対する家庭裁判所の決定には，都道府県知事または児童相談所長送致（18歳未満に限る），保護処分（保護観察，児童自立支援施設または児童養護施設送致，少年院送致）などがある。少年審判において，家庭裁判所が検察官を関与させる旨の決定をした場合で，少年に弁護士である付添人がいないときは，家庭裁判所は，国選付添人を付さなければならないことになっている。

3 住 宅 施 策

（1）わが国の住生活基本法

　少子高齢化と世帯分離が進行する今日の状況において，人々の暮らし方が変化し，それと併せて住環境も変化している。単身者や高齢者・障害者に配慮した住宅や，子育てにやさしい住宅など，個別性が強くなり，こうした人々に対応した良質な住宅のニーズが高まっている。今後は，人口と世帯数の減少が見込まれる一方，公営住宅や都市部におけるマンションなどの供給過剰の中で，

表7-6　住生活基本計画のポイント

1．若年・子育て世帯や高齢者が安心して暮らすことができる住生活の実現
① 三世代同居・近居等を促進
② 住宅セーフティーネット機能を強化
③ 高齢者向け住宅のガイドラインを新たに策定
2．既存住宅の流通と空き家の利活用を促進し，住宅ストック活用型市場への転換を加速
① プレミアム既存住宅等，住宅の質と魅力の向上
② 老朽化・空き家化が進むマンションの建替え・改修等を促進
③ 資産として次の世代に継承されていく新たな流れを創出
④ 空き家の増加を約100万戸抑制
3．住生活を支え，強い経済を実現する担い手としての住生活産業を活性化
① 木造住宅の供給者・担い手の育成や技術開発により，木造住宅や和の住まいの普及を行う
② 住生活関連ビジネスの新市場を創出
③ 住宅ストックビジネスの活性化

地方における空き家が急増し，この傾向は一層進行すると思われる。

　こうした社会的状況の中で，2006（平成18）年に住生活基本法が施行され，多様な国民の住生活のニーズに対応し，安全かつ安心な住宅を十分に供給させようと，国土交通省において住宅政策の指針を定め，2025年までの全国計画を策定し，閣議決定された。これに基づき，都道府県は地域の実情に応じて，都道府県計画を策定することとなっている。

　住生活基本法では，①住生活の基盤である良質な住宅の供給，②良好な居住環境の形成，③居住のために住宅を購入するもの等の利益の擁護・増進，④居住の安定の確保という四つの基本理念が謳われている。この理念による三つの整備の柱に基づき，住生活基本計画がまとめられた（表7-6）。

（2）住環境の確保と福祉

　我々の住環境は，一人ひとりが人間としてふさわしい，安心・安全な暮らしを送ることができるものでなければならない。それは子ども，高齢者，障害を有している人・有していない人にかかわらず，整えられるものでなければなら

ない。なぜなら，我々の生活の基本的な要素の一つだからである。

　日本では古くから「衣」「食」「住」は生活の基本的な要素であるといわれてきた。住環境は，日常生活を営む上で基本的な要素となっており，この点に関しては，欧米においても同様である。

　ヨーロッパでは，古代ローマの都市計画や水道事業や 橋 梁 （きょうりょう）の整備などが有名であるが，19世紀に至るまで世界的なペストの流行に伴う環境衛生が大きな問題となっていた。当時の対策とされたのは，一つにポーランドの人々の生活習慣等に学びつつ，衛生に留意した生活習慣の徹底と，ヨーロッパやわが国でも対策とされたネズミの駆除である。しかし，住環境そのものの整備を手掛けるようになったのは，19世紀のイギリスであった。産業革命後のイギリスでは，工場のある都市に人口が集中したことで劣悪な居住環境が引き金となって感染症がしばしば蔓延し，多くの労働者人口が失われた。そこで，チャドウィック（Chadwick, E.）が多くの衛生分野の専門家の協力を得て，労働者の衛生状態の調査を実施した。その結果，労働者に対する医療や救貧対策，防犯や消防対策よりも，上下水道や住宅環境や清掃，公園の整備など都市の環境条件の改善に力を注いだほうが効果的であると報告した。これにより，1848年の公衆衛生法という住宅対策と都市計画対策の法律の制定に至った。その後，幾度か法改正が行われながら，地方公共団体による住宅と都市計画の制度として，1919年の住宅都市計画法に至っている。また，戦後の象徴的な事例としては，1953年のパリにおいて，暖房のない粗末なアパートで一人の幼児が凍死したことから，フランスで住宅問題から居住権運動に発展したという歴史がある。

（3）今後の住環境と福祉

　わが国では，少子高齢化の進行によって人々の生活スタイルが変化し，求められてきている住環境も変化している。特に子育て中の若い世帯向けの住環境や高齢者向けの住環境など，人々のライフステージによって求められる内容に違いがある。特に家族の大黒柱だったときにマイホームを所有したとしても，高齢期になり思うように行動することが難しくなったり，一人暮らしになったりすると，古くて大きな住宅は，必ずしも生活の満足度を保障してくれるものとは限らない。人々の暮らし方が変化すると，住環境も変化せざるを得ないと

いう状況にあるのが，わが国の現状といえる。

こうした住環境は，住宅があればそれでよいというものではなく，一人の地域住民としてごく普通の生活を営むために，必要な資源や物資が調達できるものでなければならないし，住宅の周囲の衛生環境等も人が生活するために望ましいものであることが求められる。このような住環境対策は，行政分野では住宅や土木建設部門と，衛生環境という点で保健所が関係してくる。福祉分野では特に介護保険による住宅改修という事業メニューもあり，福祉住環境コーディネーターの資格化も図られている。これら関連分野では，日常的に連携を保った形で行政実務を執行することにより，先の住生活基本法に基づく住宅政策に関する計画を策定しつつ，関連部門との連携の仕組みにより，住民生活をしっかりと下支えすることが望まれる。

4 災害対策

災害は，天変地異などの異常な自然現象または大規模事故（船舶など）に伴って，個人や社会に著しい損害等の影響を及ぼす社会現象である。災害が発生した場合，日常生活の継続が困難となるばかりでなく，社会的に弱い立場に置かれている人々は生命の維持さえ困難となるため，これの対応が迫られる。このため，災害は社会問題として認識する必要があり，問題解決に向けた社会福祉の領域での活動が期待されている。

災害時には，行政機関においては危機管理担当部門が中心に対応しており，社会福祉関係部署もその一部門として役割を果たしている。発災直後の避難所の設定や，福祉避難所の指定および委託料のほか，弔慰金等の扶助費が福祉関係の民生費から支出されている。

（1）災害と社会福祉

災害を社会福祉分野で認識する際には，基本的に社会のもつ脆弱性と，災害から立ち直る点での回復力の双方に着目するとともに，この2点を社会と住民のそれぞれのレベルで理解する必要がある。

脆弱性に着目すると，平時の社会生活を前提としたシステムが，災害でたちまち機能しなくなる。この場合どの程度社会の仕組みとして災害等に備えてい

るかによって，被災規模は左右される。この場合の社会の仕組みの中には，地域住民が被災したときに常識と認識している点も含む。社会そのものが形成している仕組みに加えて，人々が災害のリスクや発災時にどのように行動すべきなのか等，人々の災害に対する認識の仕方や行動の仕方によっても被災の規模が左右されるのである。社会福祉の場合は，このときに弱い立場に置かれる人の出現を極力食い止めることが重要となる。

　次に回復力について考えると，社会と住民に，どれだけ被災後の地域の復興に関する考え方を描けるかが焦点となる。この場合，特に重要なのは社会と住民との考え方の相違点の少なさと，スピードである。そのため，発災時にどう対応するのかを事前に取り決めておくことが，社会のあり方としては求められる。また，被災地およびその周辺にある様々な社会資源を投入して，速やかに日常を取り戻すための企画力や，行政や各事業所等のもつ諸機能を復旧させる計画なども必要である。ただしこうした内容は，実際に関係者が具体的に行動することによって回復に向けた動きが確認できるため，社会福祉分野も含めて，誰が何のためにどのような動きをするのかが関係者間で確認される必要がある。社会の仕組みとしては，こうした点の確実性が求められる。

　一方，住民の回復力は，日常生活の中での，個人を取り巻く関係性に左右される。日常的に多くの人々や団体等との関係を有している人は，協力を得る資源を豊かにもっているといえる。特に災害の場合は，住民間の日常生活における協力の関係性が重要である。社会的に弱い立場に置かれる人々も，この関係性から外れることなく，常に何らかの方法でつながっている必要がある。災害時における避難および回復させる日常の関係性は，住民間で共有しているものであるため，平時において住民が関係していない事柄は，災害時においても住民が行動できないものであるといえる。この場合，社会と住民間に必要とされるものは，過去の災害の教訓が大きな意味をもつ。地震や豪雨，津波など，発生する頻度の高い災害に関しては，社会においても住民においても，過去の被災体験から教訓を得て，今後の災害対策を組み立てておく必要がある。

（2）東日本大震災の教訓

　では，東日本大震災を例に，脆弱性と回復力について，検証してみよう。

1）脆　弱　性

東日本大震災は，様々な点で日本社会の脆弱性を目の当たりにさせた災害である。社会の脆弱性に関しては「想定外」という言葉に代表されるように，備えがないために国民生活に大きな影響が生じた。具体的には第一に，生活用品の供給基地が被災したため，生活物資の調達が困難になった。第二に，津波の規模が大きく，一部を除いて防潮堤が破壊され，大きな犠牲者が出た。第三に，被災地は日本の中でも高齢化が進行した地域であったため，津波の直接死も震災関連死も，高齢者が半数以上を占めた。第四に，災害時に障害者に配慮がなかったため，障害者の死亡率は，障害を有していない人々の2倍であった。第五に，福島の原子力発電所事故は，事故そのものの死傷者は8人であったが，その後の避難生活では約2,000人に及ぶ死傷者が発生した。これは，安全性に対する過信と，避難生活に見通しをつけることができなかった結果である。第六に，人々の有する脆弱性は，「今までも地震や津波があっても大丈夫だったから，今回も大丈夫」という正常性バイアスが働いたことである。

2）回　復　力

回復力について見てみよう。東日本大震災の被災地では，その復旧の速さに大きな違いがみられる。行政と住民の中に合意形成ができた期間の差が，復興のスピードの違いとなって表れたといえる。また，行政と住民の復興に向けた意識の差を縮める努力の有無は，行政に対する信頼感の違いとなって表れた。

ところで住民の回復力については，住民自身による「地域づくり意欲」の違いとして表れている。また復旧に向けて，行政との対話がそれなりになされていた被災地では，街を立て直しているという住民の自信につながっている。また，地域住民が長期間にわたり離れ離れに避難生活を送っていたこともあり，日常生活の関係性が多くの地域で遮断された。そのためこの関係性を回復できた地域と，そうでない地域とで違いがみられた。加えて，障害の有無にかかわりなく地域でともに暮らす人々で，地域づくりを進めようとする目的意識は，住民の結束力や自己と地域社会の一体感を醸成する事例もみられた。

災害は，決して非日常の出来事ではない。しかし，非日常の出来事であるとして何らの備えもせず，さらには日常的に社会的に弱い立場にある人への配慮

がない状態の解消への取り組みがない場合，人災を招きかねないだけに，日常的な取り組みの重要性を認識する必要があるといえる。

■参 考 文 献

・小川政亮：社会事業法制（第 4 版），ミネルヴァ書房，1992
・河野正輝：社会福祉法の新展開，有斐閣，2006
・河野正輝：社会福祉の権利構造，有斐閣，1991
・古川孝順：社会福祉の新たな展開―現代社会と福祉―，ドメス出版，2012
・障害者福祉研究会編：：国際生活機能分類（ICF），中央法規出版，2002
・厚生労働省：国際生活機能分類―国際障害分類改訂版―（日本語版），2002
・上田敏：ICF（国際生活機能分類）の理解と活用，きょうされん，2005
・内閣府：平成30年版　障害者白書，2018
・厚生労働統計協会編：国民の福祉と介護の動向2020/2021，2020
・都築光一編著：現代の社会福祉（第 2 版），建帛社，2017
・柏女霊峰：子ども家庭福祉論（第 3 版），誠信書房，2013
・早川和男：居住福祉，岩波新書，1997
・野口定久・外山義・武川正吾編：居住福祉学，有斐閣，2010
・早川和男・野口定久・武川正吾：居住福祉学と人間，三五館，2002
・須川綾子訳／アンドリュー・ゾッリ，アン・マリー・ヒーリー著：レジリエンス，ダイヤモンド社，2013
・日本社会福祉系学会連合東日本大震災復興対応委員会：調査研究報告書，2014

終 章
社会福祉と福祉政策の課題

　日本では，社会福祉の制度が対象者別にそれぞれ制度化されてきた。しかし一人ひとりの国民の生活を支援できるようにするには，社会生活を営むために必要とされる支援サービスを，誰もが例外なく利用できるような制度にしていく必要があり，そのためには様々な課題が取り上げられている。それらのいくつかを見ていくこととする。

第1節　わが国の社会福祉制度と福祉政策

1 社会における社会福祉分野の捉え方

　様々な社会制度は，通常，法制化の際には基本法を定め，その上で個別各法を定めるようにして体系化を図る。多少の時期の前後があったとしても，基本法を中心に全体のまとまりを形成する。この点から見ると社会福祉の分野は，第二次世界大戦後の荒廃からの必要に迫られて，生活保護法や児童福祉法，民生委員法がまず制度化され，その後に GHQ からの3原則や6項目提案などにより徐々に形成された経緯がある。この時期の社会福祉制度は，国と国民との関係性を重視した制度であった。その後に地方分権の考え方から地方制度が改められ，高齢者や障害者の福祉の事務が地方事務となり，市町村の権限が強化された。2000（平成12）年の介護保険制度は，こうした状況に対応すべく施行された制度であった。

　しかし日本では，未だに子どもに対応する保育所や高齢者に対応する特別養護老人ホームなど，大量の待機者が発生し，支援を必要とする国民のニーズを充足するまでに至らず，これが常態化している。加えて施設設備の内容や人材不足などの面で，不十分さは否めない。こうした基本的な供給体制を整えることが大きな課題となっている。福祉政策を担う行政分野においても，少子高齢

化の状況を反映して高齢者分野の行政課題が年々増加し，これに対応して財政支出も高齢者福祉分野が突出するようになっている。一見すると民生費の中では老人福祉費よりも児童福祉費の方が高額になっているように見える。しかし高齢者福祉分野では複数の特別会計があり，民生費の老人福祉費には特別会計への繰り出し金だけが予算化されており，地方公共団体が実際に支出している福祉関係経費自体は，高齢者福祉分野が突出している。すなわち社会状況が変化し，これに対応すべく行政機関も現場も動いているのである。しかし，そもそも社会福祉に関する枠組みや制度の構造が第二次世界大戦後のままであるため，現状の課題に対応するだけで精一杯という状況にあり，問題を根本的に改善するところまで至らないでいるといえる。その結果が，下図に示すように，対象者と事業所と担い手のズレである。

　具体的な取り組みとしては，現代のわが国で大きな課題の一つとして，職業としての福祉分野の魅力を高めるべく，待遇改善が進んでいる。今後，より一層の充実によって人材確保が進むことが望まれる。また，職業としての社会福祉分野の専門性に対する理解を進めることも，大きな課題となっている。具体的に対応している例としては，地方公共団体において専門職として採用する事例が少なからず見受けられるようになったほか，医療機関でも診療報酬に反映できるようになったことから，採用が進んでいる。

　こうした取り組みをより一層強化しつつ，社会福祉に対する国民の意識や産業界の捉え方などを変えていく必要がある。

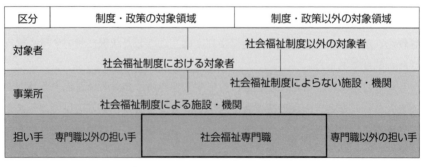

社会福祉の対象と事業所および担い手

② 福祉のまちづくりの取り組み

　社会の福祉分野に対する捉え方が未だしっかりとしていない中で，今後のわが国の方向性を示す様々な指針には，社会福祉分野が必ず含まれるようになってきている。特に2016（平成28）年，総務省から「自治体戦略2040構想研究会報告書」が公表され，将来に向けた地方公共団体のあり方について見直しを図り，地方自治法の改正もにらんだ今後の方向性が示された。

　今後の地方行政，とりわけ福祉行政のあり方に関して，その方向性の模索が続く中で多くの批判を受けながらも，この「自治体戦略2040構想研究会報告書」のもつ意味は大きい。なぜならこの報告書は，少子高齢社会に対応した地方公共団体の方向性に関して検討したもので，ソーシャルワーカーの役割を大きく取り上げたものだからである。この時期には，内閣府や文部科学省からも様々な報告書が出され，福祉のまちづくりに向けた取り組みの必要性が，社会福祉分野だけではなく様々な分野から叫ばれるようになった。

　ここで課題となるのは，実際に福祉のまちづくりを進める協議の場を各分野横断的に設置して，地域における福祉政策や福祉専門職を置き，具体的な事業や活動の展開を進める方策が必要となることである。この取り組みは，市町村の企画部門が計画策定の中心となることが想定される。しかし，その中で市町村社会福祉行政が協議の場において中心的な役割を担う必要があり，そこで従来型の地域振興策以上に福祉のまちづくりを進める協議が必要となる。

　こうした福祉のまちづくりの取り組みを進めていくためには，福祉のまちづくりの担い手として，福祉専門職の役割も期待されるところである。とりわけ福祉のまちづくりに向けた取り組みにおいては，行政運営と福祉専門職の支援活動とを並行して進める計画が必要となる。このため，市町村福祉行政において，企画部門や行財政部門などについて具体的な行政運営ができるようなスキルを身につける必要性の検討が望まれる。一方で福祉専門職としての支援活動においては，ソーシャルインクルージョンに向けた展開が望まれており，市民の理解と協働が必要となるので，そのためのスキルも必要となる。計画づくりには，そうした策定体制が望まれる。

第2節　社会福祉の論点と課題

　様々な課題を抱えながらも，わが国の社会福祉は，今後も推進を図っていかなければならない。そのような中で，市町村における福祉行政の課題として，①人口集中地区と地方，②ソーシャルインクルージョンと地域生活の2点をあげておく。

1　人口集中地区と地方

　少子高齢化と人口減少が進行する中で，人口が集中する地域と人口減少で過疎化が進行する地域の格差が拡大している。過疎化が進行している地域で現在大きな課題となっているのは，過疎地であることから，生活していくために必要な様々な条件が失われ，厳しい生活状況にあるということである。

　人口減少が進む地方の市町村には高齢者が多く，高齢者は定年退職した後，老後の生活のために切り詰めた生活をして暮らしている。そうすると，地域で買い物をする人が減少するばかりでなく，買い物をする人の1回当たりの金額も少なくなる。人口が減少することによって，地域から消費者がいなくなっているのである。そのため，商店も医療機関も，学校も減少している。近くに学校がないため，仕事も含めて若い人は子ども連れて，都市部に転居する。保育所も広域的な圏域でやっと設置されている地域もある。そうすると地域で生活している高齢者は，日常生活をすべて自分で何とかしなければならないため，必要な生活物資を調達するのが困難になる。買い物をするにも病院に行くにも，自分で移動手段を確保しなければならない。車も運転免許証も，生活を維持していくための移動手段であるため，簡単に手放せないのである。

　また，さらに過疎化が進むと，地域の維持自体が困難になる。世帯数の減少により，自治会費が集まらなくなり，地域行事を行うことが困難になる。また，地域で役職員をしてくれる人がなかなか見つからなくなることも，地域行事の維持が困難になる要因である。加えて年金だけで生活している高齢者が多く，参加費や材料費名目で負担金が必要となる行事には，参加できる人が限定され

てくる。地域には民生委員もいるが，民生委員の定数は世帯数で決まるため，人口が減少していくと民生委員の数も減少し，民生委員一人当たりの担当区域面積は拡大し，訪問可能回数が限定されていくのである。

　そうした地域が増え，急激に人口減少と高齢化が進行している一方で，人口集中地区といわれる都市部では，人口が減少し始めたとはいっても，その速度は未だ非常に緩やかである。そうした中で，地域包括ケアシステムの構築や包括的支援体制の整備は，国の制度として定めたわけであるため，都市や地方の別なく対応していかなければならない。つまり，地域は全国で様々であるが，制度は地域性に関係なく全国一律なのである。

　このような地域が今，人口減少地区にはどんどん増えている。しかしどの地域であっても同じ国で暮らしているわけであるため，国内では同じように安心し安全な生活が保障されるべきである。こうした地域で生活している人々の不安感を解消し，安心して暮らせるようにするには，社会福祉分野の政策でどのように対応すべきかが大きな課題となっている。効果として地域の状況で様々な結果となるのは当然であろう。

　たしかに今，地域福祉の分野や高齢者福祉の分野で様々な取り組みがなされている。しかし，人口減少が進み過疎化が進行するまでの間，社会福祉の制度が目まぐるしく変転し，地方公共団体は国の制度改正に追いつくのに精一杯であった。加えて住民が減少し，過疎化が進行すると，住民税や固定資産税という固有の地方税も減少していくため，財源不足で固有の政策を打ち出すだけの余裕がなくなっていく。また，東日本大震災でも明確になったように，現在の地方公共団体は限られた財源で，ギリギリの地方事務を執行しているため，職員数に余裕がない。そうした中で，福祉行政の日常業務を行っており，新たな制度改正に伴う通常業務以上の業務量をこなすことは，かなり過酷な行政課題を抱えることとなる。現在，福祉計画策定に際してシンクタンクに業務委託という実態が生じるのは，そのためとも思われる。

　こうした地方公共団体が地域の実情に応じた固有の福祉政策を打ち出せるようにするためには，財源的にも人員的にも，余裕をもって事務を執行できる体制が望まれる。現在地方公共団体では，自治事務化した福祉行政の実務を執行

している。しかし財源については，法的に定められたルールがあり，地方公共団体の一存で一般財源として扱うことができない。過疎化が進行した地方公共団体ほど，そうした実態が深刻である。ここはやはり行政の事務だけでなく，財源についても地方分権を進める必要があると思われる。併せて制度を適用していく際には，都市部には資源活用のあり方や，過疎地には資源創出に向けた支援など，地域特性に配慮した柔軟な制度設計も求められよう。

2　ソーシャルインクルージョンと地域生活

　社会福祉の実践においては，社会福祉の対象となる「社会的に弱くされた人々」への対応が求められる。様々な人々とともに，地域生活を送ることができるようにすることは，社会福祉法第4条第2項（令和2年6月法律第52号改正，令和3年4月1日施行）の定める通りで，社会福祉の実践において目的としていかなければならない点である。しかし現在，地域における様々な活動を展開すると，そこには，顔見知り同士で，元気にお互いに声をかけ合える人々が集まってくる。それ自体はよいことではあるものの，体の不自由な人や要介護状態の人，さらには知的障害や精神障害のある人々が，一緒に地域の人々と集うことはほとんどない。また，そうした社会福祉の対象となる人々は，ひきこもりではないものの自宅でひっそりと生活しており，あまり地域の人々と接する機会は多くない。そうして自宅でひっそりと生活している人々は，もともとそうだった人もあれば，かつては地域の方々と交流があったものの，病気で要介護状態になったりして交流を絶った人々も多い。地域では予防活動が盛んに展開されているものの，地域住民は「予防」に関して様々に受け止めており，病気で要介護状態になったり障害を抱えたりしてしまうと「予防できなかった」ことが失敗体験となり，それを自分の責任と感じてしまって交流を絶つ人が少なくないのである。

　また，障害者の地域移行の取り組みとして，精神障害者や知的障害者が地域のグループホームで生活する取り組みが奨励されている。社会福祉法第4条第2項に定めるように，「福祉サービスを必要とする地域住民が，地域社会を構成する一員として日常生活」を営むことは，権利であると考えられる。したがっ

てこれを具体的に実現するためには，本人や社会福祉を目的とする事業を経営
する者，社会福祉に関する活動を行う者および地域社会に共通した責務といえ
るであろう。しかし現実には，個々の取り組みが自己完結であったり，一部の
関係者間で終了したり，さらには助成金を受けている間のみの取り組みであっ
たりなど，地域に根差した活動に至った事例は，必ずしも多くはない。同じ国
民でありながらも，私たちの中には「障害」の有無による偏見の意識が，実際
には根深い形で存在しているといえる。こうした人々の意識は，様々な制度を
創設して展開したとしても，一朝一夕に変わるものではない。かといって，実
際に取り組み，結果を出しているところから謙虚に学ぶことをしなければ，出
せる結果も出せなくなってしまう。

　こうした取り組みに対する評価は，様々な場や機会を通じて紹介される必要
がある。実際に紹介される場もあるが，真に結果を出せている地域の事例は，
簡単には消滅しないものである。そしてそのような事例は，多くの地域住民も
ともに役割を担い合いながら取り組んでいるし，幾度となく経験した厳しい地
域内の葛藤などを克服してもいるのである。

　社会福祉の取り組みは，具体的に日々生活している人々のもとで，実際の効
果が発揮される必要がある。そのためには，国が制度を創設しただけで結果が
出るわけでもなく，また行政手続きが済めばそれで結果が出るものでもない。
実際に地域で生活している一人ひとりが，生活の中で活用し，あるいは地域の
人々とのつながりづくりをする中で，結果が確かめられる必要があるのである。
しかもそれは，誰もが例外なく，地域で生活できているところで確認される必
要がある。

　誰もが望む生活を，地域の人々と共に支え合い，励まし合いながら暮らせる
社会を共につくりあげていく取り組みが日常的に実施され，これを行政等が
しっかりと支えていくことができる仕組みづくりが求められている。そのため
にも福祉分野では，市民のボトムアップ型の活動の展開と，市町村行政の政策
企画力が求められてきている。

索　引

執筆者・執筆担当

〔編著者〕

都築 光一（つづき こういち）　東北福祉大学総合福祉学部教授　　序章，第1章第1～4・6節，第2章第1～3節，第6章第5・6節・第7章第1～3節・第6節**3 4**，終章

〔著　者〕（五十音順）

阿部 裕二（あべ ゆうじ）　東北福祉大学総合福祉学部教授　　第6章第1～4節

工藤 健一（くどう けんいち）　東北福祉大学総合マネジメント学部准教授　　第4章第6節

熊坂 聡（くまさか さとし）　宮城学院女子大学教育学部教授　　第5章

佐藤 英仁（さとう ひでのり）　東北福祉大学総合福祉学部准教授　　第4章第1～5節，第7章第6節**1**

菅原 好秀（すがわら よしひで）　東北福祉大学総合福祉学部教授　　第7章第4節・第6節**2**

高橋 聡（たかはし さとし）　岩手県立大学社会福祉学部教授　　第1章第5節，第2章第4節

照井 孫久（てるい まごひさ）　石巻専修大学人間学部教授　　第4章第7節，第7章第5節**1**

二渡 努（ふたわたり つとむ）　東北福祉大学総合福祉学部講師　　第3章

吉田 守実（よしだ もりみ）　八戸学院大学健康医療学部教授　　第7章第5節**2 3**

福祉ライブラリ
改訂 現代の社会福祉

2015年（平成27年）4月15日	初版発行
2017年（平成29年）10月5日	第2版発行
2021年（令和3年）1月25日	改訂版発行

編著者　都　築　光　一

発行者　筑　紫　和　男

発行所　株式会社 建　帛　社
　　　　KENPAKUSHA

〒112-0011　東京都文京区千石4丁目2番15号
　　　　　　TEL（03）3944－2611
　　　　　　FAX（03）3946－4377
　　　　　　https://www.kenpakusha.co.jp/

ISBN 978-4-7679-3390-0　C 3036
Ⓒ都築光一ほか，2015，2017，2021.
（定価はカバーに表示してあります）

中和印刷／ブロケード
Printed in Japan